Bogdan Musial
Mengeles Koffer

Bogdan Musial

MENGELES KOFFER

Eine Spurensuche

Unter Mitarbeit von Andrea Böltken
und Mitwirkung von János Kemény und Oliver Musial

Mit einem Nachwort von Jan Philipp Reemtsma

Osburg Verlag

Erste Auflage 2019
© Osburg Verlag Hamburg 2019
www.osburgverlag.de
Alle Rechte vorbehalten,
insbesondere das der Übersetzung, des öffentlichen Vortrags
sowie der Übertragung durch Rundfunk und Fernsehen,
auch einzelner Teile.
Kein Teil des Werkes darf in irgendeiner Form
(durch Fotografie, Mikrofilm oder andere Verfahren)
ohne schriftliche Genehmigung des Verlages reproduziert
oder unter Verwendung elektronischer Systeme
verarbeitet, vervielfältigt oder verbreitet werden.
Lektorat: Wolf-Rüdiger Osburg
Umschlaggestaltung: Judith Hilgenstöhler, Hamburg
Satz: Hans-Jürgen Paasch, Oeste
Druck und Bindung: CPI books GmbH, Leck
Printed in Germany
ISBN 978-3-95510-200-5

Inhalt

Vorbemerkung 7

1 Ein unvermuteter Anruf 9
2 Erste Sondierungen 21
3 Kampf um die Rechte 29
4 Zwischenstand: Versuche an Häftlingen 37
5 Endlich: Die Übergabe 61
6 Der Druck wächst: Jauch & Co. 69
7 Zwischenstand: Häftlingsärzte in Auschwitz 73
8 Spurensuche I: Erste Erfolge 97
9 Das »Herzstück« 107
10 Spurensuche II: Falsch und Fälscher 115
11 Finten 138
12 »Dieses kleine Wunder« 145

Jan Philipp Reemtsma:
Versprochener Glamour und erlogene Finsternis 165

Dank 179

Anmerkungen 181
Quellen und Literatur 200
Bildnachweis 208

Vorbemerkung

Hochstapler sind geeignet, ihr Publikum um den Verstand zu bringen. Sie betreiben ein flirrendes Spiel aus Lüge und Wahrheit. Das macht sie interessant, ihre Geschichten oft auch lustig. Sie fordern uns in unserem Urteilsvermögen heraus, und rühren sie mit ihren Fiktionen an Unbewältigtes, Traumatisches, gilt dies in noch höherem Maße. Da lässt man sich zunächst auch auf Unwahrscheinliches ein. Denn wenn wie im folgenden Fall Auschwitz und die dort begangenen Verbrechen den Rahmen bilden, kann das tatsächliche Geschehen noch immer die eigene Vorstellungskraft sprengen. Umso wichtiger ist es, den Tatsachen auf den Grund zu gehen. Das schulden wir den Opfern und uns selbst.

Von dieser Suche erzählt dieses Buch. Ich schildere dabei die Ereignisse und Einschätzungen so, wie sie sich mir zum jeweiligen Zeitpunkt dargestellt haben.

Bogdan Musial, im August 2019

1 Ein unvermuteter Anruf

Ich hoffe, dass Magda es nicht lesen wird, und wenn doch, dann wird sie erfahren, was für ein schrecklicher Mensch ihr Großvater war, oder aber sie wird ihren Großvater bewundern und stolz auf ihn sein. Ich hoffe, die ganze Welt wird die Geschichte der Ärzte erfahren. In Auschwitz und in den deutschen Konzentrationslagern ... Und die ganze Welt wird wissen [...] was für ein Grauen der Faschismus war. [...] Ja, ich werde sie moralisch und juristisch entlarven und anklagen, diese Apokalypse!

Memoiren, Bl. 117

»Hallo, Bogdan, Lisbeth hat dich zu ihrer Weihnachtsfeier eingeladen. Hast du Lust mitzukommen?«

Mit dieser harmlosen Anfrage einer befreundeten Ärztin begann eine wissenschaftliche Odyssee, die mich gut zweieinhalb Jahre lang intensiv beschäftigen sollte. Sie führte mich kreuz und quer durch Europa, eröffnete mir ein neues Forschungsfeld – und hätte mich meinen akademischen Ruf kosten können.

Die Anruferin war Dr. Isabel Wassert[I], eine Hausärztin aus meiner näheren Umgebung, die seit vielen Jahren eine enge Freundschaft mit einer vermögenden und national wie international bestens vernetzten Firmenerbin und Unternehmerin aus Süddeutschland verbindet. Jene Elisabeth Lothfels[II], das wusste ich bereits aus Erzählungen, versammelt alljährlich in der Vorweihnachtszeit Familie, Freunde und Bekannte in einem Restaurant unweit ihres Wohnsitzes. Dieser Kreis war so weitläufig wie illuster, und so sagte ich, obwohl mich die Einladung überraschte, neugierig geworden zu.

[I] Name vom Autor geändert. Das betrifft auch die Dokumente, in denen die Ärztin genannt wird.

[II] Name vom Autor geändert. Das betrifft auch die Dokumente, in denen die Unternehmerin genannt wird.

Meine Erwartungen wurden nicht enttäuscht. Die Villa unserer Gastgeberin, in der wir auf ihren Wunsch wie einige andere Gäste auch die Nacht verbrachten, war traumhaft gelegen und eröffnete einen herrlichen Blick in die Umgebung. Lothfels selbst erwies sich als überaus freundliche Dame Ende sechzig, agil und großzügig. Auf der Abendveranstaltung tummelten sich Prominente aus Geld- und Hochadel, Wirtschaft, Politik und Kultur, zumeist aus der näheren Umgebung, aber auch aus anderen Teilen Deutschlands; aus der Schweiz, selbst aus Asien waren Freunde angereist.

Unter den Logiergästen in der Villa befand sich auch eine enge Freundin der Hausherrin. Die distinguierte Dame in ihren Sechzigern, die mir als Professorin Kaiser-Szentágothay vorgestellt wurde, war über mein Kommen offenbar unterrichtet gewesen, denn sie begrüßte mich umstandslos als den »polnischen Professor«. Doch noch ehe sich auf meiner Seite Verstimmung über diese, wie ich fand, merkwürdige Eröffnung breitmachen konnte, bemerkte ich, dass meine Gesprächs- partnerin Deutsch ebenfalls mit einem leichten Akzent sprach. Sie sei Ungarin, erfuhr ich, und habe glänzende Kontakte nach Polen. Wir kamen ins Plaudern. Nach und nach stellte sich heraus, dass Kaiser eine angesehene Virologin ist und seit Jahrzehnten als päpstliche Leibärztin im Vatikan fungiert. Sie hatte den verstorbenen Johan- nes Paul II. auf Reisen nach Polen begleitet, von denen sie lebhaft zu erzählen wusste, gewürzt mit Anekdoten über seine Eigenheiten und Gewohnheiten. Vieles davon hatte ich schon gehört – über den ehe- maligen Kardinal Karol Wojtyła, den ersten Slawen auf dem Heiligen Stuhl, kursieren in Polen naturgemäß unzählige Geschichten. Doch ihre Schilderungen ließen auf Nähe zu den Beteiligten schließen, auch die ein oder andere lockere Bemerkung über Vatikan-Interna fiel. Wel- cher Religion ich denn angehöre? Da ich keine Lust hatte, über derart Persönliches zu sprechen, beließ ich es bei dem Hinweis auf meine Lehrtätigkeit an der Kardinal-Stefan-Wyszyński-Universität, der katholischen Hochschule in Warschau, deren Lehrstuhl für Studien über Mittel- und Osteuropa ich damals innehatte. Sie insistierte nicht weiter, nahm stattdessen den Gesprächsfaden wieder auf und erzählte mir etwas über die Geladenen der Weihnachtsfeier: das übliche Wer mit Wem, Nützliches, Interessantes, ein bisschen Klatsch und Tratsch. Die Professorin schien jeden zu kennen, und jeder kannte sie. Sie bewegte sich unter den Gästen wie der sprichwörtliche Fisch im Wasser. Es war eine vergnügliche Begegnung.

Kurz darauf ließ Wassert mich wissen, dass Lothfels und die Professorin Kaiser mich gern einmal kontaktieren würden. Dennoch traf mich der Anruf, den ich Mitte Januar 2014 erhielt, vollkommen unvorbereitet. Am Apparat war die Professorin, und anders als auf der Weihnachtsfeier, wo ich sie inmitten all der Prominenz als souveräne Persönlichkeit kennengelernt hatte, war sie nun hörbar aufgeregt. So aufgeregt, dass Lothfels ihr bei diesem Telefonat zur Seite stehen musste. Nach einigem Hin und Her erfuhr ich, dass Kaiser es mit einem brisanten Nachlass zu tun habe. Ihr Großvater, ebenfalls Mediziner, habe ihr Schriftstücke hinterlassen, um die sie sich demnächst kümmern müsse. Brisant seien sie – so ihre Befürchtung – deshalb, weil der Großvater, ein seinerzeit angesehener Frauenarzt, als Jude in Auschwitz inhaftiert gewesen sei und dort unter dem berüchtigten Lagerarzt Dr. Josef Mengele als Häftlingsarzt habe arbeiten müssen. Er sei womöglich auch an dessen grausamen medizinischen Experimenten beteiligt gewesen. Sie wisse eigentlich nichts darüber, wolle es auch gar nicht, doch der Großvater habe in einer Schweizer Bank Unterlagen deponiert. Die Dokumente unterlägen einer Sperrfrist. Am 27. Januar 2015 laufe diese aus.

Die Angelegenheit sei für sie äußerst schwierig. Das Verhältnis zum Großvater sei ein enges gewesen, denn er habe sie nach dem frühen Tod der Eltern aufgezogen. Sie habe große Angst vor dem Inhalt der Dokumente, fühle sich aber aus Loyalität dazu verpflichtet, seinem Wunsch, die Welt über das Geschehene in Kenntnis zu setzen, nachzukommen. Sie sehe sich jedoch außerstande, sich selbst damit zu befassen; die Nähe zum Großvater stehe dem ebenso entgegen wie die Tatsache, dass sie als Leibärztin im Vatikan kein Aufsehen auf sich ziehen dürfe. Ob ich Interesse hätte, die Papiere zu sichten – und gegebenenfalls einer breiteren Öffentlichkeit zugänglich zu machen?

Die Idee, die Aufgabe in die Hände eines auf diesem Feld kompetenten Historikers zu legen, stammte von Lothfels. Ihr hatte sich

Kaiser im Sommer 2013 in dieser Sache anvertraut, und die Freundin hatte ihr, ihre Zustimmung vorausgesetzt, versprochen, sich darum zu kümmern. Daher also die Weihnachtseinladung – man hatte mir auf den Zahn fühlen wollen.

Das Angebot war so überraschend wie verlockend. Bislang unbekannte Aufzeichnungen eines jüdischen Häftlingsarztes aus Auschwitz, der womöglich in Mengeles Menschenversuche verstrickt war? Wenn die Andeutungen auch nur ansatzweise stimmten, konnte sich dahinter ein sensationeller Fund verbergen. Auch das Datum 27. Januar 2015 ließ mich aufhorchen. An diesem Tag jährte sich die Befreiung von Auschwitz zum siebzigsten Mal.

Ich bat um Bedenkzeit und um einige weitere biografische Angaben, um mir ein wenigstens rudimentäres Bild machen zu können.

Kurz darauf erhielt ich von der Professorin folgende Informationen: Ihr Großvater hieß Salamon Ferencz Fülöp Grósz Chorin, war am 17. Juli 1879 im siebenbürgischen Szentágota (damals Ungarn, heute Rumänien) geboren worden und am 6. April 1977 in Küssnacht bei Zürich gestorben. Der Prof. Dr. med. Dr. rer. nat. hatte sich auf Anatomie, Neuroanatomie, Hirnforschung und Pathologie spezialisiert und von 1920 bis 1936 in Budapest praktiziert. Wegen der Judenverfolgung in Ungarn änderte er im Jahre 1936 seinen Namen in Ferencz Kiss (= Klein) Chorin. Außerdem ging er ins Ausland. Bis 1938 hielt er sich an verschiedenen Universitäten in Großbritannien, den USA und auch in Deutschland auf, ehe er sich schließlich in Basel niederließ. Von dort aus reiste er im Dezember 1941 anlässlich eines Familienbesuchs nach Budapest. Er wurde verraten, verhaftet und nach Auschwitz deportiert. Nach der Befreiung ging er wieder in die Schweiz, nahm den Namenzusatz Szentágothay an und arbeitete von 1945 bis 1956/68 an der Züricher Frauenklinik – bis 1956 offiziell, danach bis 1968 wegen fortgeschrittenen Alters nur noch inoffiziell.

Verheiratet war er mit der Professorin und Augenärztin Rebekka Lipot, geboren am 1. August 1880, die einer angesehenen Wiener Rabbinerfamilie entstammte. Das Paar bekam sieben Söhne; die vier jüngeren (darunter ein zweieiiges Zwillingspaar) wurden wie die Mutter in Auschwitz ermordet. Die drei älteren überlebten das

Vernichtungslager. Kaiser selbst kam am 13. August 1950 in Zürich auf die Welt. Ihre Mutter, die ungarische Gräfin Krisztina Batthyány, verstarb bei der Geburt, der Vater kurz darauf bei einem Autounfall. Selbst diese dürftigen Informationen, ließ mich die Professorin wissen, könne sie mir nur unter Vorbehalt geben. Sie wisse eigentlich nichts über ihre Familiengeschichte. Ihr Großvater sei ein sehr verschlossener Mann gewesen. Über die Vergangenheit habe er so gut wie nie gesprochen, sich, wenn überhaupt, nur in Andeutungen ergangen. Am ehesten habe ihn noch seine langjährige Haushälterin Elly Ostertag gekannt. Die sei jedoch 1991 verstorben.

Das war tatsächlich wenig, aber dass mündlich tradierte Biografien lücken- und fehlerhaft sind, zumal wenn sie um traumatische Erlebnisse kreisen, liegt in der Natur der Sache. Erste Recherchen würde ich anhand der Daten jedoch anstellen können. Da bis zur Einsichtnahme in die Dokumente noch ein Jahr vergehen sollte, bat ich darum, wenigstens das Schließfach einmal in Augenschein nehmen zu dürfen – ich wollte sichergehen, dass sich überhaupt etwas darin befand. Und hoffte, wenn ja, abschätzen zu können, um wie viel Material es ging.

Mitte Februar erhielt ich von der Professorin die Nachricht, sie habe sich das Schließfach Nr. 268 bei der SNB Zürich im Beisein eines Bankmitarbeiters angesehen. Es enthalte sechs Pakete mit folgenden Aufschriften,[1] die sie ins Deutsche übertragen habe:

1.

Aufzeichnung
Auschwitz
Auschwitz BII
1943–1944
Siegel Dr. Josef Mengele und
Unterschrift Mengeles
In hebräische Sprache:
mir übergeben am 13. Januar 1945
Unterschrift unleserlich

2.

Auf Hebräisch geschrieben:
Aufzeichnungen
Beim Otmar Freiherr von Verschuer
18. Dezember 1941 bis 31. Dezember 1942
Unterschrift unleserlich

3.

Auf Hebräisch geschrieben:
Flecktyphus
NOMA
Masern
Scharlach
Dr. Wirth?
Januar 1943 bis 30. September 1943
Unterschrift unleserlich

4.

Auf hebräisch geschrieben:
Mai 1944
31. Dezember 1944
Selektionen
Unterschrift unleserlich

5.

Auf Hebräisch geschrieben:
Koblenz-Levi
Bertold Eppstein
(Miklös Nyiszli)?????
Weisskopf
Robert Havemann
KWI-Institut
1943–1946
Unterschrift unleserlich

6.

Auf Hebräisch geschrieben:

Genf 1949

Brasilien – Araraquara 1964

Fam. Stammer

Treffen mit Wolfgang Gerhard,

der eine Zahnlücke hatte

Unterschrift unleserlich

Ich traute meinen Augen kaum. Josef Mengele war von Juni 1943 bis Januar 1945 Lagerarzt in Auschwitz, zunächst im sogenannten Zigeunerlager in Auschwitz-Birkenau im Abschnitt Auschwitz B II e. Im November desselben Jahres wurde ihm als Erstem Lagerarzt die Zuständigkeit für den Gesamtkomplex Birkenau übertragen (Auschwitz II). In diesen Funktionen oblagen ihm in erster Linie die Seuchenbekämpfung im Lager und die »Selektion« oder »Ausmusterung« der Häftlinge. Doch was ihn im kollektiven Gedächtnis zum »Todesengel« und »Schlächter« von Auschwitz[2] werden ließ, das waren die medizinischen Versuche und anthropologischen Untersuchungen, die von ihm selbst oder auf seine Veranlassung an ungezählten Häftlingen, insbesondere Kindern, vorgenommen wurden und häufig tödlich endeten. Und genau dazu gab es keinerlei Aufzeichnungen.

Auschwitz war seit dem Herbst 1944 von der SS sukzessive geräumt worden; am 27. Januar 1945 hatte die Rote Armee das Lager erobert und die letzten verbliebenen Häftlinge befreit. Doch schon seit Oktober 1944 hatte die Lagerleitung – die drohende Niederlage vor Augen – damit begonnen, sämtliche Unterlagen, die über das Lager und die darin verübten Verbrechen Aufschluss geben konnten, entweder auszulagern oder zu verbrennen. In Flammen aufgegangen waren auch jene des Krankenblocks.[3] Mengele dagegen, so wurde von verschiedenen Seiten berichtet, soll seine Aufzeichnungen mitgenommen haben, als er das Lager Mitte Januar verließ. Doch seitdem hatte man nichts finden können: keine Labornotizen, keine Tagebücher, Protokolle oder Manuskripte über seine Tätigkeit. Auskunft hatten lediglich überlebende Häftlinge geben können, doch deren Beobachtungen und Erfahrungen waren zwangsläufig eingeschränkt.[4] Dass detaillierte Niederschriften vorgelegen hatten, davon war auszugehen. Der 1911 im schwäbischen Günzburg geborene Mengele, der 1935 mit einer »rassenmorphologischen« Untersuchung zum vorderen Unterkieferabschnitt zum Dr. phil. und 1938 mit einer Studie über den Erbgang der Lippen-Kiefer-Gaumenspalte zum Dr. med. promoviert worden war, galt zum Zeitpunkt seiner Versetzung nach Auschwitz als wissenschaftliche Nachwuchshoffnung.[5] Auf dem Gebiet der sogenannten Rassenanthropologie, Erbpathologie und Rassenhygiene hatte er sich nicht nur mit seinen beiden Dissertationen, sondern auch mit kleineren Artikeln und Rezensionen in Fachpublikationen bereits einen Namen gemacht.[6] Überaus ehrgeizig, fleißig und effizient, hatte er nach einem breitgefächerten medizinischen und naturwissenschaftlichen Studium in München, Bonn und Wien rasch Karriere gemacht. Auf die erste Promotion in Physiologischer Anthropologie folgte im Sommer 1936 die ärztliche Staatsprüfung, im Sommer 1937 erhielt er seine Approbation. Zu der Zeit arbeitete er als wissenschaftlicher Mitarbeiter am Institut für Erbbiologie und Rassenhygiene der Universität Frankfurt, zu dessen Aufgaben die Erstellung von »erbbiologischen Rassen- und Abstammungsgutachten« für das Reichssippenamt zählte. Es folgten Stationen bei der Sanitätsinspektion der SS, beim Rasse- und Siedlungshauptamt der SS, bei der Dienststelle des Reichsarztes der SS und Polizei Dr. Ernst Grawitz, seit 1940 immer wieder unterbrochen durch Kriegseinsätze.

In Frankfurt hatte Mengele für den damaligen Leiter des Instituts für Erbbiologie und Rassenhygiene, Professor Otmar Freiherr von Verschuer, gearbeitet. Verschuer, der als Kapazität auf dem Feld der Humangenetik galt, hatte sich insbesondere als Zwillingsforscher einen Namen gemacht. Mit Zwillings- und Familienforschung hoffte man damals – nicht nur in Deutschland – der Erblichkeit bestimmter Merkmale (und Anomalien) auf die Spur zu kommen. Mengeles erster Doktorvater, der Rassenhygieniker Professor Theodor Mollison, hatte seinen Schüler an das Institut empfohlen, und Verschuer fand schnell Gefallen an seinem neuen Mitarbeiter. Er betreute nicht nur als

Doktorvater dessen zweite Promotion, sondern übertrug ihm immer mehr Verantwortung. Mengele vertrat ihn bei Vorträgen, selbst als er das Institut bereits verlassen hatte. Der Kontakt scheint auch während des Krieges nicht abgerissen zu sein. Verschuer hatte 1927 die Abteilung für menschliche Erblehre am neu gegründeten Kaiser-Wilhelm-Institut (KWI) für Anthropologie, menschliche Erblehre und Eugenik in Berlin-Dahlem aufgebaut und bis zu seinem Wechsel nach Frankfurt 1935 geleitet. Im Oktober 1942 kehrte er als dessen Direktor an das KWI zurück. Mengele, der als Truppenarzt bei der SS-Division »Wiking« am Krieg gegen die Sowjetunion teilnahm, traf im Januar 1943, von der Ostfront kommend, in Berlin ein. Seinen weiteren Wehrdienst (diesmal beim SS-Infanterie-Ersatzbataillon »Ost«) konnte er zunächst in der Reichshauptstadt ableisten; das erlaubte ihm, nebenbei für das Dahlemer Institut tätig zu werden. Seit dem Frühjahr 1943 behandelte Verschuer ihn dort als seinen Assistenten – und vermutlich als Habilitationskandidaten. Die Versuche an Zwillingen, die Mengele unmittelbar nach seiner Ankunft in Auschwitz im Juni 1943 in die Wege leitete, dienten vermutlich nicht nur dazu, die innerhalb der Reichsgrenzen aus kriegsbedingtem Mangel an verfügbaren Probanden erlahmte Zwillingsforschung am KWI wieder voranzutreiben; Mengele versorgte Verschuer und andere mit Präparaten aus Auschwitz. Sie könnten auch mit Mengeles Habilitationsprojekt zusammengehangen haben und dürften entsprechend akribisch dokumentiert worden sein. Dasselbe gilt für die Aufzeichnung darüber hinausgehender Experimente und Untersuchungen. Den Häftlingen schien Mengele jedenfalls »von seinen wissenschaftlichen Ambitionen geradezu besessen«.[7]

Doch geblieben war davon, sofern es die Quellenlage betraf: nichts. »Einige wenige Dokumente im Museum in Auschwitz«, so musste der Wissenschaftshistoriker Benoît Massin 2003 bedauernd feststellen, »ein paar Zeilen in den spärlich überlieferten Akten des KWI für Anthropologie, drei äußerst knappe Berichte über das Eiweißkörper-Projekt Verschuers an die DFG [Deutsche Forschungsgemeinschaft; B. M.] und wenige Sätze in seinem Briefwechsel – das ist alles, was es noch gibt.«[8] Daran hatte sich auch gut zehn Jahre später noch nichts geändert.

Was also hatte die Beschriftung von Pakete 1 zu bedeuten:»Auschwitz B II 1943–1944 Siegel Dr. Josef Mengele« und »Unterschrift Mengeles ... mir übergeben am 13. Januar 1945«? Sollte Grósz Chorin tatsächlich im Besitz von Unterlagen Josef Mengeles gewesen sein und hatte sie unter Verschluss gehalten? Ebenso rätselhaft war die Beschriftung von Paket 2:»Beim Otmar Freiherr von Verschuer 18. Dezember 1941 bis 31. Dezember 1942«. Worauf bezog sich das? War auch Grósz Chorin mit Verschuer in Kontakt gekommen? Seine Enkelin hatte erzählt, er sei nach seiner Verhaftung im Dezember 1941 nach Auschwitz deportiert worden. War dies womöglich nicht sofort geschehen?

Die zu Paket 3 genannten Krankheiten – Flecktyphus, NOMA (auch als Wangen- oder Wasserkrebs bezeichnet), Masern und Scharlach – zählten zu jenen Seuchen, die in Auschwitz auftraten. Dr. Eduard Wirth – hier:»Wirth?«– war seit September 1942 der SS-Standortarzt für den Gesamtkomplex Auschwitz und damit Mengeles Vorgesetzter. In den auf Paket 4 verzeichneten Zeitraum fielen die sogenannten Ungarntransporte: Zwischen April und Oktober 1944 wurden 438 000 ungarische Juden nach Auschwitz verschleppt, nachdem die Wehrmacht im März 1944 in das Staatsgebiet des ehemaligen Verbündeten einmarschiert war. Es war bekannt, dass Mengele unter diesen Deportierten besonders intensiv nach Zwillingen gesucht hatte (»Selektionen«), und es klang plausibel, dass ein ungarischer Häftlingsarzt wie Grósz Chorin mit dieser Opfergruppe in Berührung gekommen war. Paket 5 verwies auf einige bekannte Auschwitzer Häftlingsärzte und das KWI. Dr. Koblenz-Levi, eigentlich Lévy-Coblentz, war im SS-Hygiene-Institut in Rajsko bei Auschwitz eingesetzt, Prof. Dr. Berthold Epstein, ein Kinderarzt von internationalem Renommee, Dr. Miklós Nyiszli und Dr. Rudolf Weißkopf hatten sich an Mengeles barbarischen Versuchen im Lager beteiligen müssen. Der ebenfalls genannte Robert Havemann, ein Verfolgter des NS-Regimes, war von den Sowjets im Juli 1945 als Leiter aller KWI-Institute berufen worden und hatte in dieser Funktion auch Verschuer als Dahlemer Institutsleiter abgelöst. Er machte die alliierten Behörden auf die Verquickung des KWI für Anthropologie, menschliche Erblehre und Eugenik mit den

Verbrechen insbesondere Mengeles in Auschwitz aufmerksam und beteiligte sich an deren Aufdeckung.[9] Die Beschriftung von Paket 6 war wiederum nebulös. Hatte Grósz Chorin außerdem Mengeles Verbleib nach dem Krieg in Brasilien, wo Wolfgang Gerhard vom »Kameradenwerk« und das Ehepaar Stammer ihn unter ihre Fittiche genommen hatten, nachgespürt? Und was bedeutete »Genf 1949«?

Die Aussichten, die diese Auflistung eröffnete, klangen, gelinde gesagt, vielversprechend. Wurde mir hier ein Dokumentenschatz angeboten, von dem jeder Historiker in meinem Feld träumt? Elektrisiert sagte ich endgültig zu. Mein Forschungsschwerpunkt lag zu diesem Zeitpunkt zwar auf der sowjetischen Wirtschaftsgeschichte nach 1945 und den ökonomischen Aspekten, die mit dem Zerfall der Sowjetunion verbunden sind. Aber promoviert hatte ich über die Judenverfolgung im besetzten Polen und auch anderweitig zu dem Thema publiziert.[10] Außerdem gab es zu dem Komplex Auschwitzer Häftlingsärzte auch biografische Anknüpfungspunkte. Geboren und aufgewachsen bin ich in der Nähe von Tarnów. Von dort ging nicht nur der erste Transport nach Auschwitz ab, einige Häftlingsärzte stammten ebenfalls aus der Stadt. Einer meiner Lehrer hatte das Lager überlebt, und von medizinischen Experimenten, die dort an Häftlingen durchgeführt wurden, hatte ich erstmals von zwei Frauen erfahren, die uns Schülern aus eigenem Erleben im Unterricht davon erzählten. Nun sah es so aus, als könnte ich mich dem Thema aus wissenschaftlicher Perspektive noch einmal neu nähern. Das alles war faszinierend. Wir vereinbarten, uns gemeinsam mit Wassert, die mich in medizinischer Hinsicht beraten wollte, und Lothfels zu einem ersten ausführlichen Gespräch zu treffen.

2   Erste Sondierungen

Die vergangene Zeit ist wie Dämmerung, die sie durchdringt. Die Einzelheiten sind mit dem gütigen Schleier des Vergessens verhüllt, nur [...] die Umrisse [...] bleiben in den Erinnerungen enthalten. [...] Aber da meine Memoiren nur für meine Enkelin, nur für Magda als Erinnerung geschrieben werden, so [... werde ich] auch nicht überall das Datum der Geschehnisse angeben, denn [...] nicht die Daten, sondern die durchlebten Fakten sind wichtig!!!
Memoiren, Bl. 7 und Bl. 15

Anfang März reisten Isabel Wassert und ich erneut nach Süddeutschland. Lothfels hatte uns zusammen mit der Professorin in ihre Villa eingeladen. Mittlerweile hatte ich von Wassert schon etwas mehr über die beiden Frauen erfahren, mit denen sie selbst seit Jahren eine enge Freundschaft verbindet. Mit Elisabeth Lothfels steht sie seit mehr als einem Jahrzehnt auf vertrautem Fuß; sie telefonieren nahezu täglich, und Wassert besucht die Unternehmerin regelmäßig. Bei einer dieser Gelegenheiten lernte sie die Vatikanärztin, von der ihre Freundin ihr immer wieder erzählt hatte, endlich auch persönlich kennen. Diese sei ungemein engagiert, so sei auch der Kontakt zu Lothfels über gemeinsame Wohltätigkeitsprojekte entstanden: ein Kinderheim in Rumänien etwa, das Kaiser betreut, oder ein Krankenhausprojekt in Kenia. Hier sei sie gemeinsam mit Pater Florian aktiv, dem gebürtigen Franz-Josef Prinz von Bayern, der seit fast drei Jahrzehnten Missionsarbeit betreibt. Lothfels unterstützt beide Unternehmungen großzügig. Ich erfuhr, dass die Vatikanärztin unserer Gastgeberin in einer persönlichen Krisensituation großen Trost gespendet hatte; sie sei ohnehin ein Mensch, der sich in hohem Maße für andere einsetzt. Auch als Medizinerin stehe sie immer gern mit Rat und Tat bereit. Über ihre nationalen und internationalen Kontakte habe sie schon so manchem einen wertvollen Kontakt zu den richtigen Ärzten vermittelt, neben ihrer Tätigkeit im Vatikan sei sie als Dozentin an der Universität Zürich beschäftigt, außerdem mitunter für die WHO im Einsatz. Die Professorin sei andauernd unterwegs. Manchmal hatten Wassert und

Lothfels sich schon besorgt über das »Helfersyndrom« der Freundin unterhalten. Diese sei persönlich ausgesprochen anspruchslos. Nach Wasserts Kenntnis hatte sie sogar das nicht unbeträchtliche Vermögen ihres verstorbenen Mannes zur Gänze der Caritas gespendet. Sie habe den Eindruck, dass es Lothfels vor diesem Hintergrund umso mehr freue, nun umgekehrt endlich einmal der Freundin mit Rat und Beistand unter die Arme greifen zu können.

Drei Tage saßen wir mit Kaiser und unserer Gastgeberin in wechselnden Konstellationen zusammen. Mal unterhielten wir uns zu viert, mal interviewte Isabel Wassert die Professorin allein, vor allem in privateren Fragen der Familiengeschichte. Wir sprachen über Kaisers Großvater, ihren eigenen Werdegang, das persönliche Verhältnis der beiden. Ich erfuhr, dass Kaiser die Letzte der Batthyány-Familie sei – ungarischer Uradel, der seit dem vierzehnten Jahrhundert nachweisbar ist und im Laufe der Jahrhunderte Grafen, Fürsten und Magnaten hervorgebracht hatte. Ihre Tante, die Schwester ihrer Mutter, habe keine Kinder bekommen können, ihr Onkel als hochrangiger Franziskaner das Zölibat gelebt. Damit sei der ungarische Familienzweig – im Unterschied zum österreichischen – nun kinderlos. Sie selbst nennt sich mit vollem Namen Prof. Dr. med. Magdalena Nicoletta Krisztina Kaiser-Batthyány/Szentágothay. Auf diese Herkunft ist sie stolz. 2013 hatte sie mit Lothfels sogar eine Ungarn-Reise auf den Spuren des weitläufigen Batthyány-Universums unternommen. Den Zusatz »Szentágothay« benutzt die Gräfin, im Gedenken an ihren Großvater, erst seit einigen Jahren.

Über ihre Familie väterlicherseits konnte sie im Grunde nichts sagen. Es handele sich um eine Ärztefamilie, eine Tradition, die sie fortgesetzt habe. Auch ihr 1991 verschiedener Ehemann sei Arzt gewesen, Professor der Neurologie. Beide Eltern seien am Tag ihrer Geburt verstorben, zuerst die Mutter (Dermatologin) während der Entbindung – womöglich eine Folge der in ihrer Familie grassierenden Bluterkrankheit. Der Großvater habe die Enkelin eigenhändig auf die Welt gebracht, doch die Schwiegertochter nicht retten können. Der Vater (Neurologe) sei, vermutlich auf dem Weg ins Krankenhaus, bei einem Autounfall ums Leben gekommen. Die beiden überlebenden

Söhne ihres Großvaters, Ärzte wie er, seien nach dem Krieg ausgewandert, der eine nach Toronto, der andere nach Israel, und hätten den Kontakt zum Vater abgebrochen. Sie vermutete, dass dies mit seiner Tätigkeit als Häftlingsarzt zusammenhing. Selbst im Hinblick auf seinen Namen war sie sich nicht sicher. Sie wisse, dass er ihn schon vor dem Zweiten Weltkrieg geändert hatte, um antisemitischen Anfeindungen zu entgehen, und halte es für wahrscheinlich, dass er es nach der Befreiung erneut getan habe. Diesmal aus Scham.

Sie selbst sei in Zürich geboren und aufgewachsen, versorgt von ihrem Großvater, der sogar ein Studium der katholischen Theologie aufgenommen habe, um dem Wunsch seiner Schwiegertochter zu entsprechen, ihre Tochter katholisch zu erziehen. Sein Judentum habe daher in ihrer Jugend keine Rolle gespielt. Sie habe allerdings Hebräisch lernen müssen. Eine Tätowierung habe sie nicht gesehen, aber eine Narbe am Unterarm; sie glaubt, dass seine Schwiegertochter ihm bei der Entfernung der verräterischen Ziffern auf der Haut geholfen habe. Seine Füße allerdings seien vollkommen vernarbt gewesen. Und gelacht habe er nie.

Über seine Verbindung zu Mengele wisse sie auch kaum etwas. Allerdings sei ihrem Großvater wohl über Mengele und mithilfe eines katholischen Priesters die Flucht aus Auschwitz gelungen. Denn im Herbst 1944 habe Mengele eine Infektionskrankheit vorgetäuscht und deshalb das Lager verlassen müssen. Zur Quarantäne habe er sich in ein deutsches Krankenhaus nach Krakau begeben und den Großvater – mitsamt Unterlagen – dorthin mitgenommen. Der sei dort bei günstiger Gelegenheit einfach herausspaziert und habe Zuflucht bei einem polnischen Priester gefunden. Mit gefälschten Papieren habe man ihn auf eine Wallfahrt nach Lourdes mitgenommen; auf dieser Pilgerreise sei ihm die Flucht in die Schweiz geglückt.

Über das Studium der Theologie habe der Großvater in den fünfziger Jahren Joseph Ratzinger kennengelernt. Kaiser glaubte, dass er auch dessen Schwester ärztlich behandelt habe. Jedenfalls habe sich zwischen den beiden Männern im Laufe der Jahre eine so enge Freundschaft entwickelt, dass der Großvater Ratzinger gebeten habe, sich nach seinem Tod um seine Enkelin zu kümmern. Und tatsächlich habe Ratzinger nach seinem Wechsel in den Vatikan 1982 dafür gesorgt, dass sie, mittlerweile eine hochqualifizierte Virologin, 1983 dort eine Anstellung als Ärztin fand. Nachdem sie erst Johannes Paul II. als päpstliche Leibärztin betreut habe, sei sie in dieser Funktion auch für Benedikt XVI. tätig geworden. Bis heute kümmere sie sich dort, zusammen mit seinem Privatsekretär Georg Gänswein, um sein Wohlbefinden und das seines Nachfolgers Franziskus. Über die Jahre, erzählten mir Wassert und Lothfels später, habe sich zu dem mittlerweile emeritierten Papst ein echtes Vertrauensverhältnis entwickelt. Gänswein und Benedikt seien zu einer Art »Ersatzfamilie« für die Gräfin geworden. Insbesondere Lothfels hatte darin Einblicke gewonnen, stand sie über diese Verbindung doch mittlerweile selbst mit den beiden Würdenträgern in trostreichem Kontakt. Es wunderte die beiden Freundinnen daher auch nicht, dass die Professorin uns mitteilte, Ratzinger sei über die Unterlagen ihres Großvaters informiert und müsse vor jeder wichtigen Entscheidung zurate gezogen werden. Daher habe sie auch vor der Inspektion des Bankschließfachs sein Einverständnis eingeholt.

Diese Grundzüge der Erzählung, so fragmentarisch sie auch waren, boten nach meiner Einschätzung genügend Ansatzpunkte für erste Nachforschungen zu Grósz Chorin. Seine Enkelin stimmte diesem Vorgehen zu und versprach, Dokumente wie den Totenschein des Großvaters und ihre eigene Geburtsurkunde zu diesem Zweck nachzureichen. Wir vereinbarten eine gemeinsame Auschwitz-Reise, an der auch Lothfels teilnehmen wollte, und Wassert und ich machten uns an die Arbeit. Rasch verständigten wir beide uns darauf, die Aufgaben zu verteilen. Uns war aufgefallen, dass die Vatikanärztin zwar stets beteuerte, nichts über die Vergangenheit ihres jüdischen Familienzweigs und insbesondere über die ihres Großvaters zu wissen, dann aber doch im privaten Gespräch mehr verlauten ließ, als wir ursprünglich erwartet hatten. So hatte sie, wie ich später erfuhr, Wassert gegenüber erwähnt, dass ihre Großmutter in den dreißiger Jahren bei Albert Schweitzer in Lambaréné gearbeitet habe, auch die Fluchtgeschichte ihres Großvaters ausführlicher als in der größeren Runde geschildert.

Die medizinischen Einzelheiten ihrer Geburt und die Frage, wie es um die Tätowierung ihres Großvaters bestellt war, hatte sie ebenfalls nur ihrer Arztfreundin erläutert. In weiteren Interviews mit ihr würde Wassert daher Näheres an Persönlichem herauszufinden versuchen, während ich mich auf die wissenschaftlichen Recherchen konzentrierte: zur Geschichte des Konzentrations- und Vernichtungslagers Auschwitz, zu den SS-Ärzten, den medizinischen Experimenten und vor allem zu den Häftlingsärzten.

Rasch stellte ich fest, dass insbesondere über Häftlingsärzte wenig publiziert und noch weniger geforscht worden war. Die Lage ist kompliziert: Zeitgenössische Quellen gibt es kaum, allerdings relativ viele Nachkriegsaussagen, Berichte und sogar Publikationen ehemaliger Häftlingsärztinnen und -ärzte. Diese sind indes mit besonderer Vorsicht zu lesen, da das medizinische Häftlingspersonal sich nach dem Krieg mitunter Beschuldigungen und sogar Ermittlungs- und Gerichtsverfahren ausgesetzt sah. Die meisten dieser Unterlagen liegen in polnischen Archiven, insbesondere im Institut des Nationalen Gedenkens (IPN). Da viele davon entweder nur auf Polnisch verfasst sind oder aber die Beschriftungen der Akten dies zumindest vermuten lassen, selbst wenn sich darin deutsche Texte verbergen, werden sie im Westen vergleichsweise wenig rezipiert. Eine Ausnahme stellt das zweibändige Kompendium »Auschwitz-Hefte« dar, eine deutschsprachige Auswahl von Texten zum Thema – darunter Schilderungen von Häftlingsärzten –, die zwischen 1961 und 1991 in Polen publiziert wurden.[11] Eine Monografie zu dem Fragenkomplex fehlt im Osten wie im Westen. Dies machte die Sache nicht leichter, wissenschaftlich aber umso interessanter, weil mir klar wurde, dass ich Grundlagenforschung betreiben musste. Die Idee von zwei sich ergänzenden Forschungsprojekten entstand: eines über den Nachlass von Grósz Chorin und eines über die Häftlingsärzte in Auschwitz. Selbst wenn sich der Inhalt der avisierten Päckchen als unergiebig herausstellen sollte, wäre die Beschäftigung mit den Häftlingsärzten lohnend.

Am 28. März 2014 trafen wir vier uns erneut, diesmal in Krakau. Tags darauf fuhren wir nach Auschwitz, das Kaiser, wie sie uns erzählt hatte, als wir die Reise verabredeten, zuvor schon zwei Mal als Kind mit ihrem Großvater aufgesucht hatte – aus welchen Anlässen, hatte sie offengelassen. Wie viel ihr Großvater ihr bei diesen Gelegenheiten erzählt hatte, auch. Im Vorfeld des Besuchs hatte ich mit der Gedenkstätte Kontakt aufgenommen, unser Kommen angekündigt und darum gebeten nachzuforschen, ob sich in den dortigen Unterlagen Hinweise auf einen Häftling Salamon Grósz Chorin fänden. Auf Lothfels' Anregung und mit Einverständnis der Professorin war außerdem ein polnischer Kameramann anwesend, der unseren gesamten Aufenthalt dort filmen sollte. Bei unserer Ankunft wurden wir daher von ihm sowie von einem Mitarbeiter des Gedenkstättenarchivs erwartet, der uns ausführlich und sachkundig über die dortigen Bestände informierte. Die Quellenlage sei enorm schwierig, da angesichts der breitangelegten Spurenvernichtung der SS vor der sogenannten Evakuierung des Lagers am 18. Januar 1945 kaum Unterlagen erhalten geblieben seien. Hinweise auf einen Auschwitz-Häftling Salamon Grósz Chorin habe er denn auch nicht gefunden. Dies bedeute aber nichts. Personalunterlagen von ehemaligen Häftlingen gebe es nur noch vereinzelt.

Anschließend besichtigten wir das ehemalige Stammlager (Auschwitz I) und Auschwitz-Birkenau. Vor den Ruinen der Krematorien II und III in Auschwitz-Birkenau überraschte uns Kaiser mit einem mehrseitigen Brief Benedikts XVI., den sie dort verlesen wollte. Es sah nach einem hochoffiziellen Schreiben aus, mit Siegel und Wappen des Vatikans. Sein Privatsekretär Gänswein habe es getippt, berichtete sie. Bewegt, aber gefasst begann sie mit der Lektüre. Erst als der emeritierte Papst in dem Schreiben direkt auf sein persönliches Verhältnis zu ihr und seinem Freund, ihrem Großvater, zu sprechen kam, bat sie ihre Freundin Lothfels, die in dem Brief ebenfalls direkt angesprochen wurde, ihn für sie zu Ende vorzutragen. Es war ihr wichtig, dass dieser Moment auf Film festgehalten wurde. Ich empfand die Szene zwar als leicht befremdlich, wunderte mich aber hauptsächlich darüber, dass in der Epistel zwei Mal der Begriff »Zionismus« fiel. Das schien mir in dieser Situation nicht passend zu sein. Doch der Moment ging vorüber, und dass Kaiser durch die Atmosphäre, die Umgebung und die Angelegenheit als solche aufgewühlt war, fand ich nachvollziehbar. Zudem hatte sie ja immer wieder betont, wie groß ihre Befürchtungen, ja Ängste in Bezug darauf, was sie im Rahmen unserer Nachforschungen über ihren Großvater erfahren mochte, waren. Es war ein emotionaler Besuch, und sie bewältigte ihn mit Würde. Beim anschließenden Bummel durch die Krakauer Altstadt entspannte sie sich. Sie kannte sich gut aus; schließlich hatte sie Johannes Paul II., wie sie uns erzählte, mehrfach hierhin begleitet. Über Anekdoten und Geschichten von diesen Aufenthalten fand sie allmählich zu ihrer gewohnten Sicherheit zurück.

Ehe Wassert und ich uns nun an die eigentlichen Recherchen machten, war mir daran gelegen sicherzustellen, dass wir die Nutzungsrechte an den Safe-Unterlagen bekamen. Lothfels hatte sie nach eigener Aussage von ihrer Freundin übertragen bekommen und übertrug sie nun ihrerseits am 6. April uns:

GEGENSTAND: Sechs Pakete Dokumente und schriftlicher Nachlass von Privat. Schweizerische Nationalbank Zürich Tresor Nr. 268. Erstmalig zu öffnen am 27.1.2015. Frau Elisabeth Lothfels [...] wurde von der Eigentümerin die Verfügungsgewalt über die o. g. Dokumente/Gegenstände rechtlich übertragen. Frau Elisabeth Lothfels bestimmt, dass die Verfügungsgewalt über die o. g. Dokumente/Gegenstände und deren Inhalt ausschließlich an folgende Personen ab dem genannten Zeitpunkt übergeht: Prof. Dr. Bogdan Musial [...] Dr. Isabel Wassert [...]. Die Auswertung und Verwertung, schriftliche Bearbeitung, öffentliche Darstellung und Publikation der o. g. Dokumente/Gegenstände steht ausschließlich den oben bestimmten Personen selbständig und in vollem Umfang zu. Alle genannten Parteien verpflichten sich zur Absprache. München, den 6.4.2014.

Wenige Tage später wurde die »privatschriftliche Vereinbarung« notariell beglaubigt.[12]

Den Schwerpunkt unserer Nachforschungen legten wir zunächst auf die Geschichte und das Nachkriegsschicksal der Häftlingsärzte im Konzentrations- und Vernichtungslager Auschwitz. Unser erster

Anlaufpunkt war das Archiv des Staatlichen Museums Auschwitz; es folgten jene des Instituts des Nationalen Gedenkens in Krakau und Warschau, wo unter anderem Ermittlungsakten zum Fall Mengele sowie die Verfahrensakten aus dem Prozess gegen Lagerkommandant Rudolf Höß, der 1947 in der polnischen Hauptstadt abgehalten wurde, einsehbar sind.[13] Ohnehin haben die meisten Prozesse zum Komplex Auschwitz in Polen stattgefunden; die dortigen Archive erwiesen sich daher als ausgesprochen ergiebig, auch im Hinblick auf weitergehende Fragen nach der generellen medizinischen Versorgung im Lager, nach den SS-Ärzten, nach den Unterschieden zwischen nicht-jüdischen und jüdischen Häftlingsärzten.

Als schwierig stellten sich dagegen die biografischen Recherchen in der Schweiz heraus. Nach Kaisers Angaben hatte ihr Großvater in der Züricher Frauenklinik gearbeitet, die 1956 der dortigen Universität angegliedert worden war. Personalunterlagen der Frauenklinik finden sich allerdings weder im Staats- noch im Universitätsarchiv. Die Personalabteilung der Frauenklinik teilte mir telefonisch mit, dass Personalunterlagen nur in Ausnahmefällen archiviert und spätestens nach fünfzig Jahren vernichtet würden. Angesichts dessen stellten wir die Suche nach Hinweisen auf Grósz Chorin in der Schweiz vorerst ein. Dasselbe galt für bibliografische Recherchen. Solange ich mir nicht sicher war, unter welchem Namen er überhaupt publiziert hatte, wollte ich darauf keine Zeit verschwenden.

3 Kampf um die Rechte

Januar 1945: Mengele kommt in mein Zimmer mit zwei Koffern. Den einen gibt er mir, und sagt: – Passen Sie gut darauf auf mein Freund / – ziehen Sie sich an, wir müssen gehen / – er wartet auf uns im Arbeitslager des KZ – mit seinem Opel Wagen. Er kam zurück um mich zu retten. 10. Januar – die russische Offensive hat begonnen. – Ich ziehe mich an / soll ich mit ihm gehen? Oder soll ich bleiben? Ich bin gegangen
Auschwitz-Notizen

Stattdessen wurde im Sommer 2014 ein Thema virulent, das wir längst für geklärt gehalten hatten. In einem unserer Gespräche hatte Lothfels die Frage aufgeworfen, ob die Dokumente, auf die wir nun so gespannt warteten, überhaupt die Schweiz verlassen dürften. Schließlich handele es sich offenkundig um brisantes historisches Material. Sie regte an, sich zur Absicherung mit einem befreundeten Anwalt in Verbindung zu setzen, der in solchen Fragen versiert sei.

Die Sozietät, die sie vorschlug, hat sich bundesweit durch medienwirksame Strafrechtsprozesse einen Namen gemacht und beste Verbindungen in die Politik. Der Namensgeber der Kanzlei ist, wie Lothfels zum damaligen Zeitpunkt, Honorargeneralkonsul eines asiatischen Landes, außerdem Gesellschafter und Sprecher einer großen Mediengruppe. Ein einflussreicher Medienunternehmer konnte bei unserem Unterfangen nur hilfreich sein, würden wir doch zu gegebener Zeit einen Verlag brauchen. Außerdem ist die Sozietät thematisch breit aufgestellt, mit Schwerpunkten in Medien- und Verlagsrecht, was für uns ebenfalls von Vorteil sein mochte. Ich teilte Lothfels' Besorgnis wegen des Grenzübertritts der Dokumente zwar nicht, hatte aber auch nichts gegen eine diesbezügliche Beratung, zumal wir im Zuge unserer Arbeit womöglich auch jenseits dieser Frage anwaltlichen Rat benötigen würden. In diesem Falle eine Kanzlei an der Seite zu haben, die sich im Laufe ihrer Tätigkeit auch umfangreiche Kenntnisse im Umgang mit Archivmaterial und dessen Auswertung angeeignet hatte, wäre ein weiterer Pluspunkt.

Am 25. Juni trafen Lothfels und ich uns im westdeutschen Stammsitz der Kanzlei, in der uns deren Gründer persönlich zum Gespräch erwartete. Wir erzählten von dem Nachlass Grósz Chorins, dessen Freigabe im Januar bevorstehe. Dabei erfuhr ich, dass der Anwalt die Professorin Kaiser gleichfalls seit Jahren persönlich kennt. Er wusste von ihrer Tätigkeit als Vatikanärztin und ihrer engen Verbindung zu Benedikt XVI. Es gab offenbar zudem private Kontakte. Wie mir später von anderer Seite zugetragen wurde, soll die Gräfin mit ihren Beziehungen zu dem von ihr betreuten rumänischen Kinderheim in einem Adoptionsfall vermittelt haben.

Doch sei dem, wie es sei: Rasch wurde deutlich, dass seine und meine Einschätzung, was den Zugriff auf die erwarteten Unterlagen betraf, auseinandergingen. Meiner Ansicht nach hatten Wassert und ich die Nutzungsrechte durch die notarielle Vereinbarung mit Lothfels vom 15. April bereits rechtssicher erworben. Unser Gesprächspartner hingegen meinte, es müsse zuerst geprüft werden, wer Anspruch auf den Nachlass oder Teile davon habe. Sollten sich Unterlagen aus Auschwitz darin befinden oder gar Niederschriften von Mengele selbst, sei damit zu rechnen, dass beispielsweise dessen Sohn ein Anrecht darauf geltend mache. Doch wenn sich tatsächlich offizielle Papiere aus Auschwitz im Nachlass fänden, wandte ich ein, Karteikarten zur Zwillingsforschung oder Ähnliches, gehörten die Dokumente nach internationalem Recht ohnehin an ihren Entstehungsort und gingen in die Verantwortung des Staatlichen Museums Auschwitz über. Bei rein privaten Aufzeichnungen sieht das anders aus, doch solange wir den Inhalt des Safes nicht kannten, waren solche Überlegungen meines Erachtens müßig.

Die Unterredung ging noch eine Weile hin und her, auch die Frage nach einem möglichen verlegerischen Partner wurde angesprochen. In diesem Zusammenhang wurden meine sonstigen Publikationsprojekte Thema, und an einem davon zeigte der Staranwalt sich als Medienunternehmer interessiert. Er könne mir nicht nur einen passenden Verlag, sondern durch seine weitläufigen politischen Kontakte auch hochrangige Interviewpartner vermitteln, die als politisch unmittelbar Beteiligte zum fraglichen Sachverhalt – es ging um den

Zerfall der Sowjetunion – Einsichten und Erfahrungen aus erster Hand beizusteuern hätten. Das hörte sich vielversprechend an. Gleichwohl verließ ich zusammen mit Lothfels nach zweieinhalb Stunden die Kanzlei mit einem unguten Gefühl. Nach wie vor überzeugt, dass etwaige Ansprüche auf die Dokumente unbedingt vor Öffnung des Schließfachs geklärt werden müssten, hatte der Seniorchef uns noch mit einem Kollegen bekannt gemacht, der den Fall übernehmen könne. Meinem Eindruck nach hatte man versucht, uns zu verunsichern. Die Aussicht auf bislang unbekannte Unterlagen Josef Mengeles begann Kreise zu ziehen.

In den folgenden Monaten hörte ich von der Kanzlei jedoch nichts mehr, weder im Hinblick auf Grósz Chorin noch hinsichtlich der anderen Veröffentlichung. Ich konzentrierte mich weiterhin auf die anstehenden Archivrecherchen, hauptsächlich in Polen, sichtete die Forschungsliteratur, außerdem kam es immer wieder zu Begegnungen mit Kaiser und Lothfels. Denkwürdig war eine Veranstaltung in Budapest, zu der ich die beiden Damen im September auf Einladung der Unternehmerin begleitete. Gefeiert wurde ein Projekt zur Finanzierung von Studenten aus Bhutan, das Kaiser in die Wege geleitet hatte. Die Gelder dafür stellte Lothfels aus ihrem eigenen Vermögen zur Verfügung.

Das Königreich Bhutan, ein Land mit rund 750 000 Einwohnern, im Himalaja zwischen Indien und China gelegen, ist an dem Ausbau seines Hochschulwesens interessiert und hat einen dringenden Bedarf an qualifizierten Fachkräften in den Bereichen Verwaltung, Tourismus, Forst- und Landwirtschaft. Die königliche Universität Bhutan kooperiert zu diesem Zweck mit verschiedenen Universitäten im Ausland. Kaiser, die in Ungarn vor allem als Gräfin Batthyány bekannt ist, pflegt gute Beziehungen zur renommierten Szent-István-Universität, die den Schwerpunkt der an unterschiedlichen Standorten angebotenen Ausbildung auf Landwirtschaft, Ernährungswissenschaften, Umwelttechnik, Sozialwissenschaften und Stadtentwicklung legt. Lothfels hat wiederum sehr gute Kontakte zum bhutanischen Königshaus, das sich als oberster Wahrer von Kultur und Bildung in seinem

Kleinstaat versteht. So entstand die Idee, mithilfe von Stipendien bhutanischen Studenten eine Ausbildung in Ungarn zu ermöglichen. Sowohl die Universität als auch das Königshaus zeigten sich aufgeschlossen. Im Januar 2014 hatten Kaiser und Lothfels dem Rektor, Dr. Jánosz Tözsér, einen ersten Besuch abgestattet, sich die räumlichen Gegebenheiten angesehen und sich über das englischsprachige Angebot der Hochschule informiert, das, wie die Universität betonte, den avisierten fünf bis zehn bhutanischen Studenten uneingeschränkt offenstehe. Bei der Visite war außerdem die feierliche Unterzeichnung eines Memorandum of Understanding in Anwesenheit der Königinmutter Ashi Sangay Choden Wangchuk vereinbart worden. Aus diesem Anlass waren wir nun da.

Es wurde eine glanzvolle Zeremonie. Die Königinmutter war in Begleitung einer mehrköpfigen Delegation angereist, darunter Seine Exzellenz, der Botschafter Bhutans bei der EU Sonam Tshong, samt Gattin sowie der Präsident der ungarisch-bhutanischen Freundschaftsgesellschaft, Zoltán Valcsicsák. Von ungarischer Seite hatten sich der geschäftsführende Direktor des nahe gelegenen Schlosses Gödöllö, die Leiterin der Städtischen Bibliothek in Gödöllö, verschiedene Schulleiter, außerdem als Repräsentanten der Universität neben dem Rektor der Vize-Rektor für Forschung, der Vize-Rektor für Bildungsangelegenheiten sowie die Dekane dreier Fachbereiche eingefunden, von denen einer zudem für die internationalen Beziehungen der Hochschule zuständig war. Gewürdigt wurden die Wohltätigkeitsprojekte Ihrer Majestät, selbstverständlich die Stifterin, Elisabeth Lothfels, aber auch die Gräfin Batthyány-Szentágothay für ihren Beitrag zum Zustandekommen des Programms, das zudem gemeinsame Forschungsvorhaben einschließt. Kinder der Frédéric-Chopin-Musikschule spielten nach der feierlichen Unterzeichnung des Memorandums auf, die Königinmutter trug sich in das Gästebuch der Universität ein, ein festlicher Empfang rundete die Veranstaltung ab.

Kaiser, hochzufrieden und gerührt, nutzte die Gelegenheit, um im Beisein ihrer Freunde am Mausoleum des Grafen Lajos Batthyány (1807–1849) auf dem Budapester Friedhof Kerepesi Blumen niederzulegen. Schließlich sei dieser ungarische Nationalheld einer ihrer Vorfahren. In welch hohem Ansehen ihre Familie in Ungarn immer noch stand, hatten wir ja gerade miterleben dürfen.

Allmählich rückte das Übergabedatum der von uns mit Spannung erwarteten Dokumente näher. Anfang Dezember 2014 sprach ich meine Mitstreiterin Wassert darauf an, und wir vereinbarten, die alljährliche Lothfelssche Weihnachtsfeier abzuwarten. Kaiser würde wie jedes Jahr ebenfalls da sein, sodass sich die Modalitäten dann mit allen Beteiligten am ehesten klären ließen.

Es kam zwar zu einem kurzen Gespräch, aber geregelt wurde bei dem Fest in Süddeutschland noch nichts. Dafür erhielt ich kurz darauf einen aufgeregten Anruf Isabel Wasserts, die mir mitteilte, die Kanzlei aus Westdeutschland solle nun die Unterlagen übernehmen. Auf ihr Insistieren hin, dass ihr und mir doch die Nutzungsrechte längst übertragen worden seien, habe Lothfels geantwortet, dieses Vorgehen sei bei dem Anwaltstermin so vereinbart worden.

Ich war schockiert. All die Arbeit und die Zeit, die Wassert und ich im vergangenen Jahr in die Vorbereitung des Projekts investiert hatten – und nun sollten wir womöglich davon ausgeschlossen werden? Wie sich allmählich herausstellte, hatte die Kanzlei hinter unserem Rücken wenige Tage, nachdem Lothfels und ich dem Inhaber von dem Nachlass erzählt hatten, mit Kaiser selbst Kontakt aufgenommen. Der Kollege, der Lothfels und mir so freundlich vorgestellt worden war, hatte keine Zeit verloren und sich per E-Mail an die Nachlassverwalterin gewandt.[14] Diese erklärte auf Nachfrage wiederum uns gegenüber, sie habe sich von den Anwälten so unter Druck gesetzt gefühlt, dass sie am 5. Juli der Kanzlei den Auftrag erteilt habe, die fraglichen Pakete am 27. Januar 2015 in Zürich in Empfang zu nehmen und von dort in die Kanzlei zu überführen.[15] Das klang nach einem heillosen Durcheinander, hatte Kaiser doch die Rechte an den Dokumenten längst an Lothfels abgetreten, die sie wiederum uns übertragen hatte. Sich mit einer mächtigen Kanzlei wegen Dokumenten anzulegen, deren Inhalt noch völlig unklar war, erschien Wassert und mir jedoch nicht sinnvoll. Wir schlugen daher einen Kompromiss vor: die gemeinsame

Sichtung des Nachlasses am 27. Januar in Zürich, um dann vor Ort über die weitere Vorgehensweise zu entscheiden. Die Kanzlei lehnte dies in einer weiteren E-Mail an Kaiser rundweg ab:

> Wir vertreten als Ihre Rechtsanwälte ausschließlich Ihre Interessen. Das können wir nur tun, wenn wir die Unterlagen als Erste nach Ihnen bzw. mit Ihnen allein einsehen, bevor Kopien o. ä. gefertigt werden, und Sie dann nach Einsicht bezüglich der weiteren Vorgehensweise beraten können. Es wäre nicht zielführend, Bogdan Musial und seiner Mitarbeiterin Frau Dr. Isabel Wassert erfolgen würde und dann vor Ort in Zürich diskutiert würde, wer denn nun welche Unterlagen mitnimmt bzw. kopiert. Mit einer solchen Verfahrensweise könnten wir uns daher nicht einverstanden erklären. Wir bitten Sie daher um eine kurze Rückmeldung und Bestätigung, dass Sie mit uns übereinstimmen, dass entsprechend der von uns vorstehend geschilderten Vorgehensweise verfahren werden soll.[16]

Es wurde weiter telefoniert und verhandelt, zwei Tage später wandte sich der Staranwalt direkt an seine Freundin Lothfels, um sie davon zu überzeugen, dass die Unterlagen in seine Räumlichkeiten gehörten. Sie gab in dem Gespräch anscheinend nach, denn am folgenden Tag, mittlerweile war es kurz vor Weihnachten, bestätigte sein Kollege die zwischen dem Kanzleigründer »und Ihnen gestern getroffene Vereinbarung über die Verfahrensweise [...] wie folgt«:

> Die in Rede stehenden Unterlagen, die in Stahlgitter eingeschweißt sind, werden in Zürich ungeöffnet von uns mitgenommen und in [...] dann von uns durch einen/Schlosser geöffnet. Nach der Öffnung werden wir Sie informieren, um mit Ihnen und Herrn Kopien für Sie, Herrn Prof. Musial und uns gefertigt. Die Originale werden von uns für die Mandantin verwahrt.[17]

Wir protestierten erneut, verwiesen auf die bestehende Nutzungsvereinbarung, auf unsere nicht unerheblichen Vorarbeiten, außerdem bot ich an, die »Stahlgitter«, von denen ich hier zum ersten Mal hörte, eigenhändig zu entfernen. Immerhin bin ich auch gelernter Maschinenbaumechaniker.

Letztlich entschied Kaiser sich für Wassert und mich. Der »Süden« habe es so gewollt, gab sie uns zu verstehen. Gemeint war damit offenbar, dass der emeritierte Papst Benedikt zu unseren Gunsten interveniert hatte. Dem Vatikan sei daran gelegen, dass ein Historiker die Unterlagen bekomme. Die Kanzlei zog sich fürs Erste zurück. In einer weiteren E-Mail an Lothfels bestätigte der die Korrespondenz führende Anwalt »Ihre heutige im Auftrag von Frau Prof. Kaiser-Batthyány/Szentágothay übermittelte Nachricht, dass […] und ich am 27. 1. nicht in Zürich dabei sein sollen, sondern Sie sich im neuen Jahr und nach dem 27. 1. mit uns in Verbindung setzen werden«.[18]

Ich war gespannt, was noch folgen würde.

4   Zwischenstand: Versuche an Häftlingen

Mein ehemaliger guter Freund von der Frankfurter Universität und aus dem
Anthropologie-Institut Verschuer hat nach dem Krieg seine Korrespondenz
mit Mengele vernichtet und gesagt, dass das Ganze nur wissenschaftliches
Material war. Vor Weihnachten wird er mich hier besuchen in Zürich.
Memoiren, Bl. 87

In Erwartung der Dokumente, deren Übergabe nun unmittelbar
bevorstand, hatten wir das vergangene Jahr mit weitläufigen Recherchen verbracht. Einen Schwerpunkt bildeten – neben der Suche nach
Spuren Grósz Chorins und den Häftlingsärzten – die Menschenversuche, zu denen Mengele und andere SS-Ärzte Häftlinge aus diesem
Lager missbrauchten.

KZ-Häftlinge hatten schon früh die Begehrlichkeiten von SS-Medi-
zinern geweckt. Im weitverzweigten deutschen Lagersystem waren zu
Zigtausenden Menschen interniert, die das NS-Regime auszubeuten
und zu vernichten trachtete: politische Gegner, »Asoziale«, »Kriminelle«, Homosexuelle, Polen und Verfolgte anderer Nationen aus
den eroberten Gebieten, Sinti und Roma – und vor allem Juden. Aus
Sicht der SS-Medizin bot sich hier ein weites Feld zur Erprobung von
»Behandlungs«- und Forschungsmethoden, so fragwürdig sie auch
sein mochten. Im Frauen-KZ Ravensbrück unternahmen SS-Ärzte
unter Karl Gebhardt als verantwortlichem Chirurgen Experimente
an polnischen Frauen zur Verbesserung der Wundheilung bei Front-
soldaten durch Knochentransplantation und Sulfonamidversuche.
In Buchenwald testete man Fleckfieberimpfungen an Häftlingen. In
Dachau unterzog unter anderen Dr. med. Sigmund Rascher Gefan-
gene Unterdruck- und Kälteversuchen für die Luftfahrtmedizin.[19]

Als besonders »ergiebig« aber sollte sich Auschwitz erweisen. Das
Lager, das im Mai 1940 ursprünglich zur Internierung und Vernichtung
polnischer Angehöriger von Widerstand, Klerus, Militär und Eliten
eingerichtet worden war, galt von Anfang an als mörderisch. Bis Ende
1941 wurden nach den Angaben der polnischen Widerstandsbewegung

von den insgesamt über 25 000 eingelieferten Häftlingen etwa 2000 als Juden registriert.[20] Kaum einer von den jüdischen Häftlingen hat diese Zeit überlebt, von den polnischen weniger als die Hälfte. Doch schon seit dem Sommer 1941 wurde Auschwitz in seinen Funktionen erweitert und sukzessive zu einem weitläufigen Lagerkomplex ausgebaut.

Bereits zuvor war um das Lager auf Anregung von Lagerkommandant Rudolf Höß ein »Interessengebiet Auschwitz« als Sperrgebiet gezogen worden, das zuletzt eine Fläche von rund 40 Quadratkilometern umfasste. Alle Polen und Juden wurden daraus vertrieben. Höß hatte sich am 12. Juli 1940 bei Richard Glücks, dem Inspekteur der Konzentrationslager, beschwert, dass die Bevölkerung von Auschwitz »fanatisch polnisch und zu jeder Aktion gegen die verhaßten SS-Männer bereit sei. Jeder Häftling, dem es gelänge zu fliehen, könne sofortige Hilfe erwarten, sobald er das nächste polnische Gehöft erreiche.«[21] Stattdessen siedelte man deutsche Kolonisten sowie Familien von SS-Lagerpersonal dort an; außerdem entstanden im sogenannten Interessengebiet zahlreiche Nebenlager.

Im sechs Kilometer östlich des Ursprungslagers gelegenen Monowice bauten die I.G. Farben die Buna-Werke mit angeschlossenem Zwangsarbeiterlager zwecks Herstellung synthetischer Treibstoffe für die Kriegführung. Ende Juli 1944 erreichte die Belegstärke von Auschwitz-Monowitz mit rund 11 350 überwiegend jüdischen Zwangsarbeitern ihren Höchststand.[22] Drei Kilometer nordwestlich des ursprünglichen Lagers Auschwitz wurde auf dem Gelände der Ortschaft Brzezinka Auschwitz-Birkenau errichtet. Anfangs als Lager für sowjetische Kriegsgefangene gedacht, wurden diese Pläne rasch revidiert. Mit der Radikalisierung der Judenverfolgung im Zuge des Kriegs gegen die Sowjetunion und der damit verbundenen »Endlösung der Judenfrage« sollte sich Auschwitz-Birkenau zum größten deutschen Vernichtungslager entwickeln. Etwa 1,1 Millionen Juden, zunächst aus den besetzten polnischen Gebieten, bald aus ganz Europa und der Sowjetunion wurden hier ermordet, außerdem 123 000 nicht-jüdische Opfer.[23] Getötet wurde vor allem durch Gas. In Birkenau gab es schließlich vier Krematorien mit angeschlossenen Gaskammern, auf dem Gelände des ursprünglichen KZ – nunmehr

Auschwitz (Stammlager) – eines. Wer den Gaskammern entging, der sah sich mit Hunger, Krankheiten, Ausbeutung, Erschöpfung, Misshandlungen – und medizinischen Versuchen konfrontiert. Denn angesichts der ohnehin vorhandenen Vernichtungsabsicht konnten sich »wissenschaftlich interessierte« SS-Ärzte unter den stetig ankommenden Transporten »Forschungs- und Experimentiermaterial« nach Belieben aussuchen.

Zwischen Juni 1940 und Januar 1945 waren mindestens 36 namentlich bekannte SS-Ärzte in Auschwitz als Lagerärzte eingesetzt,[24] und nicht wenige von ihnen nutzten die ihnen schutzlos ausgelieferten Häftlinge für eigene Bedürfnisse aus. Schon seit 1941 machten sich junge, beruflich unerfahrene, aber »lernwillige« SS-Lagerärzte daran, sich in Auschwitz chirurgisch auszubilden bzw. fortzubilden. Als besonders »lernbegierig« galten die SS-Lagerärzte Friedrich Entress und Horst Fischer, die sich an schwierigste Operationen »wagten«, um – mithilfe qualifizierterer Häftlingsärzte – chirurgische Kenntnisse, Erfahrungen und Fertigkeiten zu erwerben.[25] Entress übte sich in Operationen am Magen, Fischer suchte unter den angekommenen Häftlingen Kranke mit Leistenbruch und Bandscheibenvorfällen, die er nach den 18 in einem deutschen Lehrbuch enthaltenen Methoden operierte.[26] Der Anatom Prof. Dr. med. Johann Paul Kremer von der Universität Münster, Ende August bis Mitte November 1942 vertretungsweise nach Auschwitz abkommandiert, befasste sich mit Hungererscheinungen bei Menschen und ließ sich für diesbezügliche »Forschungen« Häftlinge im letzten Hungerstadium »reservieren«. Nach eingehender Befragung der Unglücklichen zu Vorgeschichte und Symptomen befahl er unverzüglich ihre Ermordung durch eine Injektion in die Herzgegend und besorgte sich durch anschließende Autopsie Proben von Leber, Milz und Bauchspeicheldrüse. Die »Präparate« wurden fein säuberlich konserviert.[27] Dr. med. Hellmuth Vetter, wissenschaftlicher Mitarbeiter bei Bayer Leverkusen, testete von Oktober 1942 bis März 1943 in Auschwitz unter anderem Fleckfieberpräparate der I.G. Farben an Häftlingen. Viele der zu diesem Zweck mit der Seuche infizierten Gefangenen starben. Nach Vetters Versetzung in das KZ Gusen setzte SS-Lagerarzt Entress die Experimente fort.[28]

Traurige Berühmtheit erlangten außerdem Prof. Carl Clauberg und Dr. Horst Schumann. Beide unternahmen Sterilisationsversuche, an denen sowohl Viktor Brack von der Kanzlei des Führers als auch der Reichsführer-SS Interesse gefunden hatten. Am 23. Juni 1942, als die »Aktion Reinhardt« – die Ermordung polnischer Juden im sogenannten Generalgouvernement in den Vernichtungslagern Bełżec, Sobibór und Treblinka – in vollem Gange war, hatte Brack sich mit folgendem Anliegen an Himmler gewandt: »Bei ca. 10 Millionen europäischen Juden sind nach meinem Gefühl mindestens 2–3 Millionen sehr gut arbeitsfähiger Männer und Frauen enthalten. Ich stehe in Anbetracht der außerordentlichen Schwierigkeiten, die uns die Arbeiterfrage bereitet, auf dem Standpunkt, diese 2–3 Millionen auf jeden Fall herauszuziehen und zu erhalten. Allerdings geht das nur, wenn man sie gleichzeitig fortpflanzungsunfähig macht.« Da eine operative »Sterilisierung, wie sie normalerweise bei Erbkranken durchgeführt wird, [...] zu zeitraubend und kostspielig« sei, empfehle er die Röntgenkastration.[29] Himmler bestätigte Brack am 11. August 1942 sein »absolutes Interesse, dass die Sterilisierung durch Röntgenstrahlen mindestens in einem Lager einmal in einer Versuchsreihe erprobt wird«.[30] Brack beauftragte damit Dr. Horst Schumann. Der am 1. Mai 1906 in Halle (Saale) geborene Arzt hatte bereits bei der »Aktion T4« (Euthanasie) und der »Aktion 14f13«, der Selektion und Ermordung von »arbeitsunfähigen« oder als unheilbar krank geltenden KZ-Häftlingen, Erfahrungen gesammelt, im Juli 1942 auch in Auschwitz. Damals hatte er sich an der Selektion von 575 Häftlingen beteiligt, die anschließend in die Tötungsanstalt Sonnenstein transportiert und dort vergast wurden.[31]

Nur wenige Monate darauf, Ende November 1942, nahm Schumann seine »Versuchsreihe« in Block 30 im Frauenlager B I a in Auschwitz-Birkenau auf.[32] Die Firma Siemens hatte zwei »Röntgenbomben« geliefert und Schumann in deren Bedienung geschult. Nun suchte er junge jüdische Frauen zur Bestrahlung aus, die anschließend beobachtet und untersucht werden sollten. Ende Dezember 1942 musste Schumann seine Experimente allerdings wegen einer Fleckfiebererkrankung für einige Wochen unterbrechen.[33]

Zu der Zeit wurde auch Prof. Clauberg mit einer eigenen Versuchs-reihe in Block 30 aktiv. Clauberg – acht Jahre älter als Schumann, Gynäkologe, Chefarzt der Frauenklinik im oberschlesischen Chorzów (Königshütte) und SS-Gruppenführer der Reserve ehrenhalber – betä-tigte sich seit den dreißiger Jahren auf dem Gebiet der Sterilisations-forschung. Himmler hatte bereits 1940 zu ihm Kontakt aufgenommen und ihn im Rahmen eines persönlichen Gesprächs auch gefragt, ob er, Clauberg, Möglichkeiten einer operationslosen Sterilisierung »unerwünschter« Bevölkerungsgruppen erarbeiten könne. Himmler dachte dabei in erster Linie an jüdische und polnische Frauen.[34] Clau-berg nahm sich der Angelegenheit mit großem Eifer an, testete seine Methode zunächst an Kaninchen und schlug Himmler im Mai 1941 vor, sie an »K.Z.-Insassinnen« zu erproben.[35] Ein Jahr später konkre-tisierte er seinen Vorschlag und bat darum, die »notwendigen Ver-suche sowie Einrichtungen im KZ. in Auschwitz durchführen lassen zu wollen«.[36] Im Dezember durfte er dann auf Befehl Himmlers im gleichen Block wie Schumann seine Versuchsstation aufbauen und mit den Experimenten beginnen.[37] Claubergs Ansatz lief darauf hinaus, Frauen durch Eileiterverklebung mittels einer per Spritze induzierten Infektion unfruchtbar zu machen.

Anfang April 1943 zog Clauberg mit seiner Versuchsstation von Auschwitz-Birkenau in das Stammlager um. Im dortigen Block 10 war alles hergerichtet worden: Im Erdgeschoss befanden sich zwei große Krankensäle, ein Röntgenraum, ein Operationssaal, ein Zim-mer für Häftlingspflegerinnen und eines für SS-Aufseherinnen. Im ersten Stock konnten etwa 500 Frauen unterkommen, die als Ver-suchsobjekte dienen sollten. Vom übrigen Lager war die Versuchs-station strikt isoliert; Unbefugten war der Zutritt zu Block 10 streng verboten.

Die meisten Häftlingsfrauen im Block 10, etwa die Hälfte, zog Clauberg für seine Experimente heran. Ende 1943 waren es 175. Die Einspritzungen nahm Clauberg nicht immer persönlich vor, sondern delegierte sie an den von ihm angelernten SS-Sanitäter August Büning, später an seinen Mitarbeiter, den Chemiker Dr. Johannes Goebel. Die Einspritzungen waren sehr schmerzhaft, und in der Folge traten oft

Symptome einer Bauchfellreizung mit Fieber, Erbrechen und Unterleibsschmerzen auf. Todesfälle gab es jedoch nicht.[38]

Dr. Horst Schumann »gehörte« in Block 10 eine Gruppe von etwa dreißig jungen jüdischen Häftlingsfrauen aus Griechenland, die er zuvor im Block 30 in Birkenau bestrahlt hatte. Fünfzehn von ihnen wurden hier operativ Eierstöcke entfernt, die man anschließend als histologisches »Material« zur Untersuchung nach Breslau sandte.[39] Schumann bezog auch Männer in seine Untersuchungen ein. Zwischen Mai und November 1943 wurden 159 Häftlingen die Hoden entfernt. Es ist unklar, wie viele dieser Eingriffe nach Schumanns Röntgenbestrahlung erfolgten; einige dürften auch auf Verletzungen und Misshandlungen durch besonders brutale Kapos – aufsichtführende Funktionshäftlinge – zurückzuführen sein oder auf die Bestrafung homosexueller Handlungen. In der Regel führte die Bestrahlung bei den weiblichen wie den männlichen Versuchsopfern Schumanns zu Verbrennungen und eitrigen Entzündungen, die mit großen Schmerzen verbunden waren und auch tödlich endeten. Überwiegend starben die Versuchsopfer jedoch infolge der Krankheiten, die im Lager grassierten, insbesondere Fleckfieber.

Ende 1943 beendete Schumann seine Sterilisierungsversuche in Auschwitz. Am 29. April 1944 übersandte die Kanzlei des Führers seinen Abschlussbericht über die Einwirkung von Röntgenstrahlen auf die menschlichen Keimdrüsen an Himmler mit dem Fazit, dass »eine Kastration des Mannes auf diesem Wege ziemlich ausgeschlossen ist oder einen Aufwand erfordert, der sich nicht lohnt. Die operative Kastration, die, wie ich mich selbst überzeugt habe, nur 6–7 Minuten dauert, ist demnach zuverlässiger und schneller zu bewerkstelligen als die Kastration mit Röntgenstrahlen.«[40] Auch bei Frauen zog das Verfahren so große Zerstörungen im Gewebe nach sich, dass ihre »Arbeitsfähigkeit« dadurch beeinträchtigt wurde. Gerade die aber sollte ja erhalten bleiben.[41] Clauberg hingegen setzte seine Experimente bis zur Evakuierung des Lagers im Januar 1945 fort und baute sie sogar noch aus. Seit Februar 1943 stand ihm ein eigener Röntgenapparat zur Verfügung, um überprüfen zu können, ob die Eileiter nach den Einspritzungen tatsächlich verklebt waren.

Während Schumann und Clauberg danach trachteten, die Fort-
pflanzung »unerwünschter« Bevölkerungsgruppen – insbesondere
Juden – im Sinne des Himmlerschen Wunsches nach einer »negativen
Bevölkerungspolitik« massenhaft und »kostengünstig« zu unterbinden, nutzten die Gebrüder Wirths die Versuchsstation in Block 10,
um Forschungen zur Früherkennung von Gebärmutterhalskrebs
voranzutreiben. Dr. Eduard Wirths war seit dem 1. September 1942
SS-Standortarzt in Auschwitz und damit der Vorgesetzte des gesamten
medizinischen Personals. 1909 in Geroldshausen bei Würzburg geboren, hatte Wirths nach Medizinstudium und Promotion zunächst als
Assistenzarzt, unter anderem in der Jenaer Frauenklinik, gearbeitet,
ehe er sich 1938 als Landarzt niederließ. Der NSDAP war Wirths im
Mai 1933, der SS im Oktober 1934 beigetreten. Seit Mai 1940 diente er
als SS-Arzt bei der Waffen-SS, auch bei deren Sanitätsinspektion. Im
Frühjahr 1942 wurde er, da aus gesundheitlichen Gründen kriegsun-
tauglich geschrieben, im KZ Dachau erstmals als Lagerarzt eingesetzt.
Im Juli 1942 wechselte er als Erster Lagerarzt in das KZ Neuengamme,
dann folgte die Versetzung nach Auschwitz.

Die Idee, die Versuchsstation in Block 10 ebenfalls für Experimente
zu nutzen, entstand zusammen mit seinem fünf Jahre jüngeren Bruder. Helmuth Wirths, gleichfalls promovierter Mediziner, war seit 1938
am Allgemeinen Krankenhaus in Altona unter dem dortigen Leiter
der Abteilung für Geburtshilfe und Gynäkologie Prof. Hans Hinselmann beschäftigt. Hinselmann hatte 1924 mit dem Kolposkop – einer
Art Kamera, die in die Vagina eingefügt wurde – ein Gerät zu Früherkennung von Gebärmutterkrebs entwickelt, und der Erforschung
dieser Krankheit widmete sich auch der jüngere Wirths-Bruder. Im
April 1943 reiste er für zwei Wochen nach Auschwitz, um die Versuche anzuleiten. Die Genehmigung dafür hatte den Brüdern Himmler direkt erteilt, wie Lagerleiter Rudolf Höß zu berichten wusste.[42]
Offenbar ging es vor allem darum, krebsverdächtiges histologisches
Material zu »gewinnen«, das anschließend an das im Mai 1943 gegründete SS-Hygiene-Institut im benachbarten Rajsko zur histologischen
und zur mikroskopischen Untersuchung nach Altona zu Prof. Hinselmann weitergeleitet wurde.[43] Verglichen mit den medizinischen

Experimenten Schumanns und Claubergs waren jene im Auftrag der Wirths-Brüder »harmlos«. Sie hinterließen in der Regel zumindest keine bleibenden körperlichen Schädigungen. Seit September 1943 beschränkten sie sich vornehmlich auf Untersuchungen mit dem Kolposkop.[44] Im Frühjahr 1944 wurde das Unterfangen offenbar gänzlich eingestellt.

Die Menschenversuche in Konzentrationslagern orientierten sich an verschiedenen Anliegen und erfolgten durch unterschiedliche Auftraggeber. Himmler und die Kanzlei des Führers suchten nach Wegen, die Ausbeutung menschlicher Arbeitskraft mit negativer Bevölkerungspolitik zu verbinden; die Wehrmacht wollte Methoden der Wundheilung, der Seuchenbekämpfung und die Belastbarkeit des menschlichen Organismus erproben; Pharmazieunternehmen nutzten den tabulosen Zugriff auf »Probanden«, um die Wirkungsweise von Medikamenten, insbesondere gegen Fleckfieber und Malaria, zu testen; Mediziner diverser Fachrichtungen und anatomische Institute benutzten die Häftlinge, um sich »weiterzubilden«, an »Präparate« bestimmter Krankheitsbilder für anatomische Sammlungen zu gelangen und eigene Forschungen voranzutreiben. Im Winter und Frühjahr 1943 kam es in Auschwitz zu Veränderungen, die das Lager auch für das Kaiser-Wilhelm-Institut für Anthropologie, menschliche Erblehre und Eugenik in Berlin-Dahlem interessant machten.

Das 1927 gegründete Dahlemer Institut verfolgte in den dreißiger und vierziger Jahren im Wesentlichen drei Schwerpunkte: »Rassenbiologie«, »Erbpathologie« und »Phänogenetik«. Die drei Bereiche griffen ineinander. Die »Rassenbiologie« befasste sich mit den (vermeintlichen) genetischen Abgrenzungen zwischen einzelnen menschlichen »Rassen« und deren physiologischem und psychologischem Ausdruck. In der »Erbpathologie« ging es um abnormale und krankhafte Zustände und Veränderungen im Körper sowie um deren Ursachen, insbesondere um solche genetischer Natur. Die »Phänogenetik«, so fasste es ihr Verfechter am KWI, der Gründungsdirektor Dr. Eugen Fischer, zusammen, sei als »die Entwicklung ›zwischen dem durch die Befruchtung eines Eies neuentstandenen Genom und dem fertigen

Phänom«« zu verstehen.[45] Fischer etablierte die Phänogenetik zu Beginn der vierziger Jahre als neues Paradigma am KWI; unter diesem Dach ließen sich nun Forschungen aufeinander beziehen, die ursprünglich unabhängig voneinander am Dahlemer Institut und in dessen Umfeld entstanden waren, das Konzept war außerdem vage genug formuliert, »um ein umfassendes Forschungsprogramm mit übergreifenden Fragestellungen darauf zu gründen«.[46] Die Grundlage all dessen aber war nach Fischers Ansicht eine umfassende Datensammlung, ein Vorhaben, das er 1940 dergestalt konkretisierte: »Die phaenogenetische Forschung, vor allem die am Menschen, braucht [...] reichliches embryologisches Material. [...] Durch systematisches Sammeln von Menschen– und Tierembryonen aus erkrankten Stämmen und von verschiedenen Rassen soll eine Centralsammlung entstehen, deren Forschungsgut dann frühzeitig auch fremden Forschern zugänglich gemacht werden soll.«[47] Als besonders aussagekräftig für die Entwicklungsgenetik von Erbkrankheiten und Rassenmerkmalen galten damals Untersuchungen an Zwillingen, um herauszufinden, ob das beobachtete Merkmal tatsächlich genetisch bedingt ist. Mit Methoden der Familienforschung suchte man anschließend den Erbgang zu entschlüsseln.

Eugen Fischer wurde im Oktober 1942 durch Prof. Otmar von Verschuer abgelöst, der dem KWI schon lange verbunden war. Der international bekannte und renommierte Zwillingsforscher hatte das Institut von 1927 bis zu seinem Weggang an das Institut für Erbbiologie und Rassenhygiene der Frankfurter Universität 1935 zum Hauptzentrum für Zwillingsforschung in Deutschland und ganz Europa ausgebaut. Mithilfe kommunaler Stellen, insbesondere Krankenhäusern, Hebammen und Geburtshelfern, Wohlfahrtsämtern und Schulen, hatte er als Leiter der Abteilung für menschliche Erblehre am KWI mehr als 4000 Zwillinge aus dem Berliner Raum mit Namen und Anschrift erfasst. Mehr als 200 Doktorarbeiten entstanden in Deutschland während der NS-Zeit zum Thema Zwillingsforschung.[48] Probanden wurden eingeladen, eingehend befragt, vermessen, im Falle der Zustimmung geröntgt und weiteren Untersuchungen unterzogen. Invasive Methoden aber wie Injektionen oder Ähnliches, die nicht in direktem Zusammenhang mit einer Heilbehandlung standen, waren bei Kindern und Jugendlichen unter 18 Jahren grundsätzlich verboten, die Einwilligung von erwachsenen Probanden zu solchen Eingriffen nur schwer zu bekommen.[49] Ausgeschlossen war ohnehin die absichtliche Infektion von Probanden, zumindest, soweit es sich um deutsche Staatsbürger handelte. Die Rolle der Vererbung bei der Reaktion auf Infektionskrankheiten war jedoch für Erbpathologen wie Verschuer von besonderem Interesse und die Zwillingsforschung in dieser Hinsicht nach ihrer Auffassung aufschlussreich. Für solche Forschungen benötigte man allerdings vergleichende histologische oder anatomisch-pathologische Untersuchungen. Dazu bedurfte es entweder schwerwiegender körperlicher Eingriffe an den Probanden, oder man benötigte Leichen. Mehr noch: Die Zwillinge mussten bestenfalls zum gleichen Zeitpunkt gestorben sein, damit sich durch simultane Sektionen die – ähnliche oder divergierende – Reaktion der Organe genetisch derart eng verwandter Personen auf Infektionen oder andere äußere Einflüsse feststellen ließ. War es noch möglich, aus Frauenkliniken tote früh- oder neugeborene Zwillinge zu erhalten, da Zwillinge häufiger als andere Kinder vor oder während der Geburt verstarben, so war die Wahrscheinlichkeit, dass ältere oder gar erwachsene Zwillinge gleichzeitig verstarben, verschwindend gering.

Die Zwillingsforschung sah sich daher – auch unter den Bedingungen des NS-Staates – mit gravierenden Problemen konfrontiert, an jenes »Material« zu kommen, das ihren weitreichenden Bedürfnissen entsprach. Die Ausrichtung des Dahlemer KWI an der Phänogenetik steigerte die Wünsche nach einer umfassenden Ausstattung mit Humanpräparaten noch. Gesammelt werden sollten laut Institutsleiter Eugen Fischer für die angestrebte »Erbbiologische Centralsammlung«:

I. Zwillinge:
(1) Früchte und Neugeborene von EZ und ZZ [eineiigen und zweieigen Zwillingen]
(2) Organe kindlicher und Erwachsener – EZ und ZZ
(3) Doppelmissbildungen aller Art
(4) Tierische Mehrlinge und Doppelmissbildungen.

II. Europäische Rassen: Früchte, Neugeborene und Organe
1. von den Rassen des Deutschen Volkes
2. aus anderen Völkern Europas
3. Juden

III. Außereuropäische Rassen: wie oben [...]

V. Erbkrankheiten: Früchte, Neugenorene und Organe aus Sippen
mit bestimmten erbpathologischen Anlagen
(Gliederung später nach Krankheiten).[50]

Als Verschuer im Oktober 1942 als Direktor an das KWI zurückkehrte, war die Zwillingsforschung in Deutschland nahezu zum Erliegen gekommen. Durch den Krieg waren Familien auseinandergerissen, die Männer zumeist eingezogen, die Mütter mit anderem beschäftigt als damit, ihre Zwillingskinder nach Dahlem zu bringen, um sie vermessen zu lassen.[51]

Da wurde im Februar 1943 auf Befehl Himmlers[52] in Auschwitz-Birkenau das sogenannte Zigeunerlager errichtet. Bis zur endgültigen Entscheidung über die »Lösung der Zigeunerfrage« sollten alle Sinti und vor allem Roma, überwiegend aus Deutschland und Österreich, wo sie bereits in Zwangslagern interniert waren, aber auch aus Polen und Tschechien, der Slowakei, Ungarn, Kroatien, Belgien, Frankreich, den Niederlanden und Norwegen hier zusammengeführt werden. Insgesamt 22 969 Frauen, Kinder und Männer wurden zwischen Februar 1943 und Juli 1944 nach Auschwitz deportiert und – ohne vorherige Selektion – in einem geschlossenen Lagerabschnitt (B II e) zusammengepfercht. Im Unterschied zu anderen Häftlingsgruppen wurden die Familien nicht getrennt, sondern gemeinsam untergebracht; da »Zigeuner« als unfähig zu geregelter Arbeit galten, wurden sie im Wesentlichen lediglich zu Aufräumarbeiten innerhalb des Lagers und zum Sammeln von möglichen Speisezutaten zur dürftigen Wassersuppe im »Außenbereich« herangezogen. Den Arbeitseinsatz in den Betrieben des sogenannten Auschwitzer Interessengebiets traute man ihnen nicht zu. Die

Verhältnisse im Lager waren entsetzlich, die Sterblichkeit immens: Mehr als die Hälfte der Eingekerkerten (etwa 13 600 Personen) ging bis Juli 1944 an Mangelernährung, Krankheiten und Seuchen, allen voran Fleckfieber, zugrunde. Mehr als 5600 wurden in den benachbarten Gaskammern ermordet, zuletzt am 2. August 1944 bei der Auflösung des Lagers.

In Birkenau entstand damit eine Sammelstätte an »Menschenmaterial«, von dem man am Dahlemer KWI nicht zu träumen gewagt hätte. Die Wahrscheinlichkeit für Zwillingsgeburten, so hatte man dort gerade herausgefunden, lag unter »Zigeunern« mit zwei Prozent ungefähr doppelt so hoch wie in der europäischen Gesamtbevölkerung. Einige der Deportierten waren am KWI sogar bereits als Probanden bekannt.[53] Die Tatsache, dass im Zigeunerlager ganze Familien interniert waren, ließ überdies darauf hoffen, Versuche an Zwillingen durch Methoden der Familienforschung ergänzen zu können. An Infektionskrankheiten, Seuchen, extremen äußeren Einflüssen auf den menschlichen Organismus herrschte ohnehin kein Mangel. Im Mai 1943 baute das Hygiene-Institut der Waffen-SS und Polizei zudem wie erwähnt im wenige Kilometer vom Stammlager Auschwitz entfernten Ort Rajsko eine Außenstelle auf. Serologische und histologische Untersuchungen würden sich dort ohne lange Verzögerung bewerkstelligen lassen.[54]

In Auschwitz befanden sich mithin im Frühjahr 1943 Juden und Zigeuner – letztere sogar nach »Sippen« zusammengefasst – in großer Zahl und vollkommen schutzlos. Wer wie das KWI für Anthropologie, menschliche Erblehre und Eugenik für seine »rassenbiologischen« und »erbpathologischen« Forschungsvorhaben nach Probanden und für die aufzubauende »Erbbiologische Centralsammlung« nach Präparaten suchte, war hier am richtigen Platz.

Ende Mai 1943 wurde Josef Mengele aus Berlin nach Auschwitz-Birkenau, konkret: in den Abschnitt B II e, das Zigeunerlager, abkommandiert. Dort sollte er als der zuständige SS-Lagerarzt die medizinische Versorgung regeln, Selektionen vornehmen – und konnte Experimente realisieren, die mit den Bedürfnissen des Dahlemer Instituts auffallend korrespondierten.

Mengele, so dürften es die Verantwortlichen für seine Versetzung gesehen haben, war für die Aufgaben, die ihn erwarteten, bestens geeignet. Der promovierte Anthropologe und Mediziner hatte sich mit seiner (zweiten) Promotion über den Erbgang der Lippen-Kiefer-Gaumenspalte als qualifizierter Biomediziner empfohlen; seine Studie wurde international rezipiert und noch bis in die sechziger Jahre als Standardreferenz zu diesem Thema betrachtet.[55] Er hatte sowohl im Zusammenhang mit dieser Untersuchung als auch zuvor als wissenschaftlicher Mitarbeiter Verschuers an der Frankfurter Universität Erfahrungen mit Zwillings- wie mit Familienforschung gesammelt.[56] Welche »Möglichkeiten« die SS-Medizin bot und welche Zwecke sie verfolgte, dürfte ihm bekannt gewesen sein und seine Zustimmung gefunden haben. Wenn auch nicht besonders engagiert, so hatte er doch an seinen politischen Präferenzen keine Zweifel erkennen lassen. Nach Mitgliedschaft in Stahlhelm und SA während seiner Studentenzeit war er im Mai 1937 der NSDAP, ein Jahr später der SS beigetreten. Im Juni 1940 meldete er sich freiwillig zur Waffen-SS.[57] Zum Militärarzt wurde er von August bis November 1940 bei der Sanitätsinspektion der Waffen-SS ausgebildet, von dort aus zum Rasse- und Siedlungshauptamt der SS, Abteilung II des Sippenamtes, beordert, die für »Erbgesundheitspflege« und »Erbgesundheitsprüfungen« zuständig war. Im Juli 1942 erfolgte die Versetzung zur Dienststelle des Reichsarztes SS und Polizei Ernst Grawitz in Berlin. Auch wenn unsicher ist, ob Mengele dort je seinen Dienst antrat – er war zu der Zeit und offenkundig bis Ende des Jahres im Kriegseinsatz –, so haben doch zumindest Verbindungen zur Dienststelle bestanden. Grawitz aber oblag in seiner Funktion die Aufsicht über die Konzentrationslager und die dort durchgeführten Menschenversuche. Sein Cousin, der Personalreferent im Sanitätsamt der SS Siegfried Liebau – der in dieser Eigenschaft auch Mengeles Versetzungsbefehl zum Reichsarzt SS und Polizei unterzeichnet hatte – hielt sich im Frühjahr 1943 selbst in Auschwitz auf und brachte Fotomaterial einer »Zigeunersippe« mit heterochromen (veschiedenfarbigen) Augen für Karin Magnussen vom KWI mit. Am Institut ging er seit Februar 1943 ein und aus. Verschuer hatte ihn zur Weiterbildung angefordert. Liebau und Mengele könnten sich dort also durchaus begegnet sein und über die Situation in Auschwitz ausgetauscht haben.[58]

Auf wessen Veranlassung Mengele letztlich nach Auschwitz abkommandiert wurde, lässt sich nicht abschließend belegen. Ob Verschuer dahintersteckte, ob Grawitz und Liebau oder Mengele selbst, ist unklar. Sicher aber ist: Ein Zufall war es nicht. Mengele war nach Liebau der zweite SS-Arzt in Auschwitz mit Verbindungen zum KWI, und als er im Sommer und Herbst 1943 erst an Malaria, dann an Fleckfieber erkrankte und monatelang ausfiel, kam mit Dr. Erwin von Helmersen, der seit 1942 am Dahlemer Institut tätig war, im August 1943 Ersatz. Helmersen wurde wie Mengele als Lagerarzt im Zigeunerlager eingesetzt und war diesem offenbar zeitweise unterstellt.[59] Verschuer wiederum fädelte im Frühjahr 1943 ein Forschungsprojekt zur Untersuchung »Spezifischer Eiweißkörper« zum Zwecke serologischer Rassentests ein, für das er im August die Zusage finanzieller Förderung durch die Deutsche Forschungsgemeinschaft (DFG) erhielt. Im März 1944 konnte er über den Fortgang der Arbeiten berichten: »Als Mitarbeiter in diesen Forschungszweig ist mein Assistent Dr. med. et Dr. phil. Mengele eingetreten. Er ist als Hauptsturmführer und Lagerarzt im Konzentrationslager Auschwitz eingesetzt. Mit Genehmigung des Reichsführers-SS werden anthropologische Untersuchungen an den verschiedensten Rassengruppen dieses Konzentrationslagers durchgeführt und die Blutproben zur Bearbeitung an mein Laboratorium geschickt.«[60] Die Venenpunktionen zur Erlangung dieser Blutproben waren im Reich unter der herrschenden Gesetzgebung verboten, die »Rassengruppen« der Juden und Zigeuner zu diesem Zeitpunkt innerhalb der Reichsgrenzen nicht einmal mehr in Konzentrationslagern auffindbar.[61]

Als Mengele Anfang Juni 1943 in Birkenau eintraf, fand er daher ein in seinem Sinne ideales Experimentierfeld vor. Die Verschränkungen seiner Versuche und Forschungsvorhaben mit denen des KWI sind so weitreichend, dass man den Eindruck gewinnt, er habe dort unverzüglich eine »Außenstelle« des Dahlemer Instituts eingerichtet.[62] Rudolf Höß, der damalige Kommandant des Lagers, bestätigte nach dem Krieg diese Einschätzung: »Er führte Untersuchungen über eineiige Zwillinge [...] Er führte sie durch mit schriftlicher Genehmigung von Himmler zusammen mit einem Universitätsprofessor, bei dem er arbeitete – an den Namen kann ich mich nicht erinnern.«[63] Womöglich folgte Mengele auch den Interessen, die er sich im Laufe seiner wissenschaftlichen Karriere an verschiedenen Instituten angeeignet hatte, und baute sich anhand dessen – durchaus mit Rückbindung an das KWI – ein eigenes »Forschungsimperium« auf.[64] Keinen Zweifel hingegen gibt es an seiner Besessenheit, die »Chancen«, die ihm sein neuer Einsatzort bot, rücksichtslos zu ergreifen. »Über seine ›wissenschaftliche‹ Arbeit im ›KZ Auschwitz‹«, so gab Horst Fischer, als stellvertretender SS-Standortarzt einer von Mengeles Dienstvorgesetzten, zu Protokoll, »äußerte sich Mengele begeistert, da das ›Material‹, das ihm hier zur Verfügung stehe, wohl einmalig sei und kaum je wieder einem ›Wissenschaftler‹ geboten würde.«[65] Dr. Hans Münch, der stellvertretende Leiter des SS-Hygiene-Instituts in Rajsko, der sich mit Mengele angefreundet hatte, drückte es noch drastischer aus. Er glaubte, aus dessen Sicht wäre es »eine Sünde, es wäre ein Verbrechen [...] die Gelegenheiten, die die Zwillingsforschung in Auschwitz bietet, vorbeigehen zu lassen. Wenn die sowieso ins Gas gehen. [...] Die gibt es nie wieder, diese Chance.«[66] Was mit diesen »Gelegenheiten« gemeint war, sollte sich rasch zeigen.

Obwohl als Lagerarzt zunächst nur für das Zigeunerlager verantwortlich, machte sich Mengele sogleich daran, in Auschwitz-Birkenau ein »anthropologisches Forschungsinstitut«[67] aufzubauen und unter der Masse der Häftlinge Spezialisten und Fachkräfte für die Mitarbeit auszusuchen und zu rekrutieren. Binnen weniger Monate stellte er mehrere »Forscherteams« aus Auschwitzhäftlingen zusammen, die auf seinen Befehl sowie unter seiner Führung und Aufsicht aufwendige Untersuchungen und Forschungen, aber auch Experimente an Menschen durchführten: Ärztinnen und Ärzte aus den Bereichen Augenheilkunde, HNO, Pädiatrie, Gynäkologie, Zahnheilkunde und Pathologischer Anatomie, Wissenschaftlerinnen und Wissenschaftler, technische Assistenten, Krankenschwestern, Pfleger, Kindergärtnerinnen und Sekretärinnen.[68] Zuweilen wurden Spezialisten, die er brauchte, sogar aus anderen Lagern herbeigeschafft. Mindestens drei solcher Teams lassen sich nachzeichnen: Das größte unter dem Häftlingsarzt Prof. Berthold Epstein, dem ehemaligen Chef der Kinderklinik an der deutschen Universität Prag, befasste sich – zunächst in einer Versuchsbaracke im Zigeunerlager – mit verschiedenen medizinischen Forschungen und Experimenten, ein zweites unter Leitung der Anthropologin Martina Puzyna nahm im Frauenlager die anthropologischen Untersuchungen vor, ein drittes unter dem Gerichtsmediziner Dr. Miklós Nyiszli sezierte in der Nähe des Krematoriums I die »anfallenden« Leichen und machte die »Präparate« versandfertig. Der »Erkennungsdienst« der Politischen Abteilung – der Lagergestapo – fertigte außerdem Fotos von all jenen an, für die Mengele sich aus den unterschiedlichsten Gründen interessierte.[69]

Die Strukturierung dieser Teams folgte der unerbittlichen Logik der Erbpathologie: klinische und anthropologische Examinierung der lebenden Versuchsobjekte mit anschließender pathologischer Untersuchung ihrer Leichen, um Annahmen überprüfen und neue Schlüsse ziehen zu können. Handelte es sich bei den »Probanden« um Zwillinge, folgte auf den Tod des einen oftmals binnen kürzester Zeit zum Zwecke simultaner Sektionen die Ermordung des anderen. Nirgendwo sonst als in Auschwitz war ein derart tödlicher Forschungsansatz möglich.

Im Zigeunerlager richtete Mengele sein Augenmerk daher rasch auf die Zwillinge. Er ließ in den Baracken 29 und 31 einen Kindergarten für Mehrlingsgeschwister und alle Kinder bis zum Alter von sechs Jahren einrichten, bei Baracke 31 sogar einen umzäunten Spielplatz mit Sandkasten, Schaukeln, Karussell und Turngeräten. Er rekrutierte Häftlinge für die Betreuung der mehreren hundert Kleinen, die den Kindergarten täglich zwischen 8 und 14 Uhr besuchten und dort besser verpflegt wurden als die übrigen Häftlinge. Mengele kümmerte sich um seine »Schützlinge«, verteilte Süßigkeiten, manchmal sogar Spielzeug, und erwarb so deren Vertrauen. Sie betrachteten ihn als ihr »gutes Onkelchen«.[70] Doch diese Freundlichkeit, so fiel den erwachsenen Häftlingen bald auf, diente nur einem Zweck: die Kinder für Experimente gefügig zu machen, die für viele von ihnen mit dem Tod endeten.

Denn im Kindergarten konnte Mengele jene »Probanden« aufspüren, die für seine Forschungszwecke geeignet waren. Auf wen seine

SS-Offiziere in Solahütte bei Auschwitz, Namen (v. l.n. r.): Richard Baer,
Josef Mengele, Josef Kramer, Rudolf Höß and Anton Thumann.

Wahl fiel, der wurde in einen speziell eingerichteten Arbeitsraum
gebracht, medizinisch und anthropologisch untersucht sowie verschiedenen Experimenten unterzogen. Die Kinder mussten häufige
Blutentnahmen und Injektionen über sich ergehen lassen, wurden
eingehend fotografiert, nach Haar- und Augenfarbe klassifiziert, Fin-
gerabdrücke wurden genommen. Mengeles Hauptaugenmerk galt den
eineiigen Zwillingen, deren Zahl sich auf mindestens 17 Paare belief.[71]
Bezieht man die zweieiigen mit ein, handelte es sich vermutlich um
wenigstens 80 Paare.[72] Anschließend ließ er diese Kinder töten bzw.
tötete sie selbst, um sie sezieren und als wissenschaftliches Anschauungsmaterial für unterschiedlichste Zwecke und Interessenten asser-
vieren zu lassen.

Im September 1943 wurde ein weiteres Familienlager in Birkenau
(Abschnitt BIIb) errichtet, dieses Mal für vornehmlich tschechische
Juden aus dem Ghetto Theresienstadt. Bis zum Mai 1944 wurden hier
17 517 Männer, Frauen und Kinder eingeliefert, die wie die Sinti und

Roma ohne vorherige Selektion als ganze Familien interniert wurden, wenn auch, anders als diese, nach Geschlechtern getrennt. Auch unter ihnen suchte Mengele – der im November 1943 zum Ersten Lagerarzt für ganz Birkenau befördert wurde – nach Zwillingen, die er teilweise mit ihren Müttern gesondert unterbringen ließ.[73] Wieder ließ er einen Kinderblock als eine Art Tageshort bzw. Schule (für die älteren) einrichten, auch hier gerierte er sich gegenüber den Kleinen als »guter Onkel«.

Mengele hatte mittlerweile erkannt, dass es sich lohnte, die jüdischen Deportierten generell bei ihrer Ankunft an der Rampe nach Zwillingen zu durchforsten – immerhin ging man bei der europäischen Gesamtbevölkerung von einem Prozent Zwillingsgeburten aus. 600 000 Juden wurden allein 1944 nach Auschwitz verschleppt,[74] und mit Beginn der Massendeportationen aus Ungarn Mitte Mai 1944 schnellte die Zahl der Zwillings-»Probanden« denn auch in die Höhe. Das Bild Mengeles, der, elegant und gutaussehend, mit einer Reitgerte in der Hand an der berüchtigten Rampe stand und nach Zwillingen sowie nach Menschen mit körperlichen Anomalien Ausschau hielt, hat sich den Häftlingen eingebrannt. Nach der Erinnerung eines Zeugen aus dem Frankfurter Auschwitz-Prozess war Mengele »ständig da«. Ein anderer meinte: »Mengele kam zu allen Transporten [...] Und wenn er verhindert war, schickte er einen anderen cleveren SS-Arzt.«[75] Nach Aussage der polnischen Anthropologin Dr. Martina Puzyna, deren Dienste Mengele sich kurz zuvor gesichert hatte, selektierte er aus den ungarischen Transporten etwa 250 Zwillingspaare.[76]

Ein Teil der Zwillinge wurde seit Mai 1944 in einer Baracke im Krankenbau des Frauenlagers (Abschnitt B I a) untergebracht. Diese Gruppe umfasste Mädchen von zwei bis sechzehn und Jungen bis acht Jahren sowie Mütter mit kleinen Kindern bis zwei Jahren. Ältere Jungen und erwachsene Männer, männliche Kleinwüchsige und männliche Körperbehinderte wurden in Block 15 im Birkenauer Männer-Häftlingskrankenbau (B II f) zusammengefasst.[77] »In der Krankenbaustatistik wurden sie als Zwillings- und Zwergenmaterial geführt.«[78] Menschen mit körperlichen Anomalien, insbesondere Klein- oder Riesenwuchs, machten einen zweiten Schwerpunkt von Mengeles wissenschaftlichen Interessen aus.

Bis zum Sommer 1944 hatte er sich also in vier Lagerabschnitten – dem Zigeunerlager (B II e), dem Theresienstädter Familienlager (B II b), dem Männer- (B II f) und dem Frauenlager (B I a) – den uneingeschränkten Zugriff auf Zwillinge und Menschen mit körperlichen Auffälligkeiten gesichert, die er eigens zu diesem Zweck dort sammelte. In seiner gesamten Zeit in Auschwitz konnte er vermutlich wenigstens 900 Zwillinge für seine Forschungen heranziehen.[79] Am 11. und 12. Juli 1944 wurde das Theresienstädter Familienlager »aufgelöst«; wer bis dahin trotz der hohen Sterblichkeit im Lager überlebt hatte, aber nicht wenige Tage zuvor als »arbeitsfähig« in andere Konzentrationslager überstellt worden war, wurde ermordet. Zwischen 6500 und 7000 Menschen gingen in diesen zwei Tagen ins Gas. Für eine Ausnahme hatte Mengele allerdings gesorgt: »Seine« Zwillinge blieben am Leben.[80] Als die Existenz des sogenannten Zigeunerlagers am 2. August auf dieselbe Weise beendet wurde, gelang ihm dies nicht. Auch die Zwillinge wurden ermordet. Er ließ sie sezieren.[81]

Das erste »Forschungsprojekt«, das Mengele im Sommer 1943 in Angriff nahm, ging über Zwillingsforschung allerdings hinaus. Im »Zigeunerlager« war zusätzlich zu einer seit dem Frühjahr wütenden Fleckfieberepidemie eine schwere bakterielle Erkrankung ausgebrochen, die in Europa weitgehend unbekannt war: Noma. Die auch als Wangen- oder Wasserkrebs bezeichnete Infektion beginnt meist an der Mundschleimhaut mit der Bildung von Geschwüren und frisst sich durch Weichteile und Knochen in Wangen und Gesicht bis hin zu deren völliger Zerstörung. Bis heute sind die Ursachen der Krankheit nicht abschließend geklärt. Als Risikofaktoren aber gelten Unterernährung, schlechte sanitäre Verhältnisse und zusätzliche Infekte – all das war im Zigeunerlager gegeben. Mengele ergriff die »Gelegenheit«. Unter dem euphemistischen Titel »Abteilung zur Erforschung und Heilung von Noma«[82] installierte er sein erstes Forscherteam. Neben dem bereits erwähnten Pädiater Prof. Epstein rekrutierte er im August 1943 Dr. Rudolf Weißkopf, einen aus Theresienstadt nach Auschwitz deportierten Spezialisten für Hautkrankheiten.[83] Was Mengele unter »Erforschung und Heilung« verstand, wurde schnell deutlich. Er sorgte für bessere Verpflegung der ausgemergelten und zum Teil bereits furchtbar entstellten Kranken, Kinder wie Erwachsene; verbesserte sich ihr Zustand, reduzierte er die Rationen wieder, um Veränderungen im Krankheitsverlauf zu beobachten. Er ließ Zeichnungen seiner »Probanden« anfertigen. Wer verstarb, wurde nach Rajsko in das Hygiene-Institut der SS geschafft und dort seziert; über ein eigenes Sektionsteam verfügte Mengele zu dem Zeitpunkt noch nicht. Waren unter den Toten Zwillinge, ließ er das überlebende Zwillingsgeschwister (sofern es eines gab) ebenfalls töten, um vergleichende Sektionen der Leichen vornehmen zu können bzw. zu beauftragen. Waren im Falle von Zwillingen nicht von vornherein beide Geschwister erkrankt, sorgte er mitunter dafür, dass das gesunde ebenfalls infiziert wurde, um herauszufinden, wie die beiden Organismen unter Lebensverhältnissen, deren Gestaltung ihm allein oblag, jeweils auf die Krankheit reagierten.[84]

Über weitere Experimente im Forschungsteam unter Prof. Epstein ist kaum etwas bekannt. Sowohl er als auch die anderen Häftlingsärztinnen und -ärzte in der Versuchsbaracke, die samt angeschlossenem Forschungslabor nach der Liquidierung des Zigeunerlagers in Block 15 im Häftlingskrankenbau des Männerlagers verlegt wurde, schwiegen nach der Befreiung des Lagers weitgehend über ihre Tätigkeit im Bereich der Zwillingsforschung.[85] Von den Gründen wird wie von den Häftlingsärztinnen und -ärzten generell noch die Rede sein.

Da die Unterlagen zu Mengeles »Forschungsimperium«, wie Hans-Walther Schmuhl es nennt, weitestgehend verloren sind, überlebende »Probanden« nicht wussten oder einordnen konnten, was an ihnen getestet wurde, und auch das beteiligte medizinische Häftlingspersonal nur versuchen konnte, sich auf das einen Reim zu machen, was sich in seinem unmittelbaren Blickfeld abspielte, lassen sich Mengeles Schwerpunkte und Vorhaben nur indirekt erschließen. Neben der Beschäftigung mit der Entstehung und Therapie von Noma experimentierte er offenbar mit der Pigmentierung der Iris. Die anthropologischen und genetischen Aspekte der Irispigmentierung waren den zeitgenössischen Genetikern unklar, entsprechende Untersuchungen wurden aber mit Blick auf Abstammungsgutachten gefördert, um Juden von »Ariern« unterscheiden zu können. Ebenso rätselhaft waren die Ursachen für den Wechsel der Augenfarbe im Verlauf eines Lebens – eines der Probleme, die Eugen Fischer und andere Erbforscher unter dem Begriff der Phänogenetik subsumieren wollten, und ein klassisches Feld für die Zwillingsforschung. Am Dahlemer KWI befasste sich Karin Magnussen (von der DFG finanziert) mit diesen Fragen. Vermutlich von ihr bekam Mengele Substanzen, die er Zwillingskindern in die Augen träufelte, wahrscheinlich in dem Bemühen, die Irisfarbe zu verändern. Bei einigen führte dies zum Verlust der Sehfähigkeit; ein Neugeborenes soll daran gestorben sein. Von besonderem Interesse waren für Magnussen Fälle von Heterochromie, Menschen mit verschiedenfarbiger Iris. Entsprechendes Fotomaterial von Zwillingen einer »Zigeunersippe«, in der dieses ungewöhnliche Merkmal gehäuft auftrat, hatte sie von Liebau nach seinem Auschwitz-Aufenthalt bekommen. Mengele sorgte dafür, dass ihr diese – und weitere heterochrome – Augenpaare auch als »Präparate« zugesandt wurden. Die Voraussetzung war die Tötung der »Merkmalträger«.[86]

Verschuer erhielt von ihm etwa 200 Blutproben von Menschen unterschiedlicher »Rassenzugehörigkeit« für sein Projekt »Spezifische Eiweißkörper«,[87] außerdem die Ergebnisse entsprechender anthropologischer Untersuchungen. Köpfe von Zigeunerkindern mit Noma-Symptomatik, die in Rajsko präpariert wurden, gingen anschließend als Anschauungsmaterial nach Graz an die neu gegründete Medizinische Akademie der SS, die sich eine eigene medizinische und anthropologische Sammlung aufbauen wollte.[88] Skelette von Menschen mit Besonderheiten des Wachstums (Klein- oder Riesenwuchs) oder der Körperform (Buckel, Klumpfuß etc.) sowie Embryonen und Föten, die Mengele durch angeordnete Abtreibungen im Häftlingskrankenbau des Männerlagers »gewinnen« ließ,[89] außerdem Organe mit unterschiedlichsten Krankheitsbildern wurden nach Dahlem versandt. Die Sammelgebiete decken sich auffallend mit jenen der »Erbbiologischen Centralsammlung«, und die Suche nach entsprechenden »Präparaten« scheint neben der Zwillingsforschung seine Hauptaufgabe gewesen zu sein. Eventuell gab es auch Forschungen mit Typhus- und/oder Tuberkuloseerregern sowie pharmakologische Untersuchungen für die I. G. Farben.[90] Zwanzig Kinder suchte Mengele jedenfalls für die Infizierung mit Tuberkuloseerregern aus und schickte sie ins KZ Neuengamme – noch kurz vor Kriegsende wurden sie im nahe gelegenen Hamburg im berüchtigten Keller der Schule am Bullenhuser Damm ermordet.[91] Daneben scheint Mengele wie erwähnt ein Habilitationsprojekt vorbereitet zu haben. Hans Münch ging jedenfalls davon aus und unterstrich damit Mengeles wissenschaftlichen Ehrgeiz;[92] und die Tatsache, dass Mengele Gipsabdrücke von Zwillingsgebissen anfertigen ließ, deutet darauf hin, dass er womöglich über Gebissformen oder -anomalien weiterarbeiten wollte.[93]

Sowohl Verschuer als auch Höß haben von einer Genehmigung Himmlers für diese weitgespannten »Forschungen« gesprochen, und führt man sich vor Augen, wie tief diese in den Lageralltag eingriffen, wird dies auch notwendig gewesen sein. Häftlingsärztinnen und -ärzte sowie weiteres medizinisches und Aufsichtspersonal wurden hier an den unterschiedlichen »Wirkungsstätten« Mengeles zusammengezogen und mussten für diese Aufgaben freigestellt – oder von der Vernichtung verschont –, mitunter sogar herbeigeschafft werden. Er selbst musste von Aufgaben als verantwortlicher Lagerarzt, erst für das Zigeunerlager, dann für ganz Auschwitz-Birkenau, zumindest in gewissem Maße entbunden werden.[94] Sein Labor und die Pathologie waren bestens ausgestattet, mit technischem und medizinischem Gerät, das den Standards der Zeit entsprach. Mengele durfte seine Testpersonen aus Häftlingsgruppen auswählen, die in Auschwitz ansonsten direkt von der Rampe in die Gaskammer geschickt worden wären: jüdische Menschen mit körperlichen Besonderheiten und Kinder. Für seine Zwecke wurden sie in eigenen Versuchsbaracken untergebracht, mit Lebensmitteln versorgt, galten für die anderen Häftlinge mitunter als so privilegiert, dass manche Kinder sich als Zwillinge ausgaben, um ebenfalls dort unterzukommen. »Für uns, für die Zwillinge, war er wie Papa, wie Mama«, erinnerte sich ein überlebender Zwilling. Die Erkenntnis: »Und gleichzeitig war er ein Mörder« stellte sich erst später ein.[95]

Diese Doppelgesichtigkeit Mengeles durchzieht alle Schilderungen. Er wird als elegant beschrieben, gutaussehend, freundlich zu den Kindern – die er aber im nächsten Moment töten und sezieren ließ, um einer ihn interessierenden wissenschaftlichen Fragestellung auf die Spur zu kommen. Er schlug keine Untergebenen, war aber in den Krankenbauten gefürchtet, da kein anderer SS-Arzt so unerbittlich selektierte wie er. Er schickte Tausende ohne mit der Wimper zu zucken in die Gaskammern. Und verschonte Einzelne aus Gründen, die ihnen nicht ersichtlich waren. Er pfiff unablässig Opernmelodien vor sich hin – selbst wenn er selektierte, ob an der Rampe oder in den Krankenstationen – und geriet in Wut, wenn seiner Ansicht nach die Lagerregeln verletzt wurden. Er war akribisch, wenn es um Wissenschaft, wie er sie verstand, und deren Dokumentation ging, und hinterließ keinerlei Aufzeichnungen darüber. Was er an »Forschungsberichten« hatte, soll er kurz vor der Evakuierung des Lagers hastig in einen Koffer gestopft haben, der seitdem als verschollen gilt.[96] Was an das Dahlemer KWI und andere Institute, mit denen er zusammengearbeitet hatte, gegangen war, wurde weitestgehend vernichtet, die Kooperation vertuscht.

All dies hatte in den vergangenen Jahrzehnten der Legendenbildung um den »Todesengel« Vorschub geleistet. Was würden wir nun Neues erfahren?

5 Endlich: die Übergabe

Trypaflavin – 6,3 Diamino-10-methylacridiniumchlorid/1-10-1/Baracke
B III e/B II f
Auschwitz-Notizen

In den Wochen um den Jahreswechsel 2014/15 hielt sich die Unruhe, die durch das Eingreifen der berühmten Sozietät entstanden war. Hatte ich vorher auf die mit Lothfels und Kaiser getroffenen Vereinbarungen vertraut, war ich mir in dieser Hinsicht mittlerweile nicht mehr so sicher. Doch es blieb alles ruhig, und Ende Januar war es endlich so weit.

Am 27. Januar 2015 fuhren Wassert, Kaiser, Lothfels und ich gemeinsam nach Zürich. Für die Übergabe selbst bestand Kaiser nun auf einer strikten Einhaltung der »Formalien«, wie sie es nannte. Sie ging allein zur Bank, während wir Übrigen in der traditionsreichen Confiserie Sprüngli auf sie warteten. Dann erfolgte ein Anruf, sie habe den Nachlass und werde uns jetzt abholen. Um halb zwei nachmittags befanden wir uns bereits auf dem Rückweg. Im Hause von Elisabeth Lothfels holte ich drei in Samt eingeschlagene Pakete aus dem Kofferraum, die Kaiser nun feierlich ihrer Freundin übergab, die sie wiederum an Wassert und mich weiterreichte. So war der Vereinbarung vom 6. April 2014, um die es so viel Gerangel gegeben hatte, Genüge getan.

Zum Vorschein kamen ein lederner Aktenkoffer, eine kleinere lederne Kiste und ein Paket mit Büchern und Zeitschriften, die jeweils mit eigens geschmiedeten und vernieteten Stahlgittern vor unbefugter Einsichtnahme gesichert waren. Noch ohne die Schutzvorrichtung geöffnet zu haben, wurde mir klar, dass sich das, was wir in die Hand bekamen, von den im Februar 2014 avisierten Unterlagen deutlich unterschied. Von Büchern und Zeitschriften war nicht die Rede gewesen, außerdem erhielten wir drei Pakete statt sechs. Schon unmittelbar nach der Übergabe hatte Kaiser uns allerdings erzählt, dass bei der Öffnung des Bankschließfachs ein Vertreter des Vatikans anwesend gewesen sei, der, wie sie bei einem anschließenden gemeinsamen Essen in ihrer Münchner Wohnung erklärte, einen Teil des Nachlasses an sich genommen habe. Der größere Part sei nämlich für den Vatikan bestimmt. Wir waren verblüfft, nahmen diese überraschende Information jedoch erst einmal stillschweigend zur Kenntnis.

Am Tag darauf befreite ich die Pakete zu Hause von ihrer stählernen Vergitterung und begann den Inhalt zu sichten. Schnell stellte ich fest, dass wir es definitiv nicht mit den uns versprochenen Dokumenten zu tun hatten. Gleichwohl befanden sich in dem ledernen Koffer und in der kleinen Kiste Unterlagen, die aus historischer Sicht durchaus interessant zu sein schienen. Der Nachlass enthielt neben Familienfotos, verschiedenen Dokumenten aus der NS-Zeit und alten medizinischen Fachbüchern Notizhefte und Taschenkalender, die zum Teil mit umfangreichen handschriftlichen Aufzeichnungen gefüllt waren, einige davon verschlüsselt. Nach der Durchsicht hielten wir folgende für vielversprechend:

- Einen *ungarischen medizinischen Taschenkalender von 1936* mit handschriftlichen Aufzeichnungen in Ungarisch (zu etwa 95 Prozent) und Deutsch, von denen etwa 80 Prozent aus den Jahren 1942 bis 1945 stammten, der Rest nach 1945 verfasst war. Es handelte sich offenkundig um die Auschwitz-Notizen Grósz Chorins. Insgesamt umfasst der Taschenkalender knapp hundert Seiten.
- Das »*Trachoma*«-*Buch*, ein medizinisches Fachbuch in ungarischer Sprache mit dem Titel »A Trachoma« von Dr. Emil Grósz, das 1940 in Budapest erschienen war. Die Publikation konnte aus dem Besitz von Rebekka Grósz Chorin stammen, die sich als Fachärztin für Augenheilkunde sicherlich mit Trachomen – eitrigen Entzündungen des Auges, die zur Erblindung führen – befasst hatte. Nach Kaisers Angaben hatte Grósz Chorin das Buch in Auschwitz bei sich haben dürfen und es für verschlüsselte Informationen genutzt, die sich unter anderem auf seine Tätigkeit für das Dahlemer KWI, namentlich für Verschuer, bezogen. Ein handschriftlicher Bleistifteintrag schien dies zu bestätigen: »*1942. Januar – 1942 – Dezember, Arbeiten in* [sic] *Kaiser-Wilhelm-Institut in Berlin war sehr*

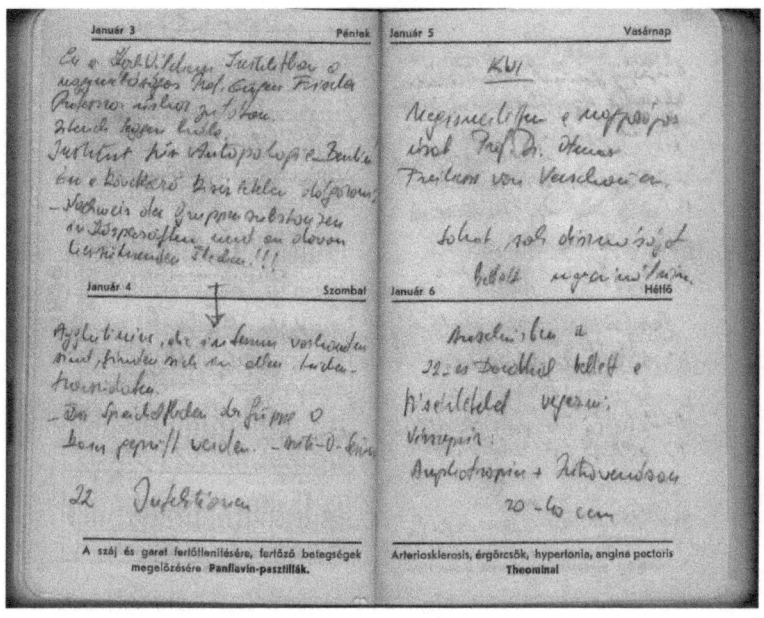

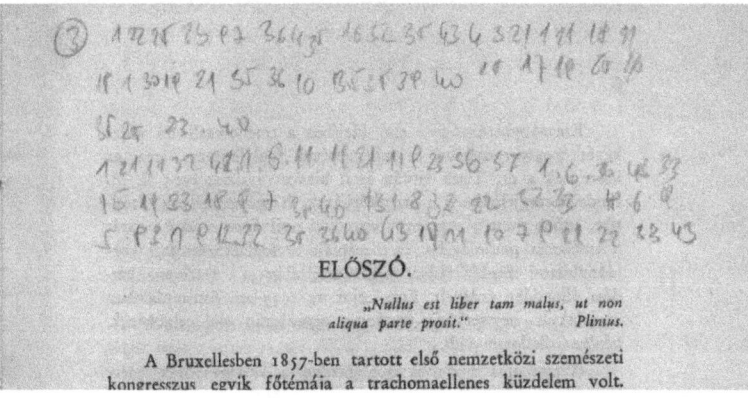

ELŐSZÓ.

„Nullus est liber tam malus, ut non
aliqua parte prosit." Plinius.

A Bruxellesben 1857-ben tartott első nemzetközi szemészeti
kongresszus egyik főtémája a trachomaellenes küzdelem volt.

Die Auschwitz-Notizen im Taschenkalender 1936 (oben) sind flüchtig hingekritzelt. Die
Zahlenkolonnen im »Trachoma«-Buch (unten) harrten der Entschlüsselung.

erfolgreich. Dr. Otmar Freiherr von Verschuer hat mir erlaubt meine Berichte auf ungarisch zu übersetzen. Grósz Chorin.« Alles Übrige war in Form von Zahlen kodiert.

Insgesamt befinden sich in dem »Trachoma«-Buch zwanzig chiffrierte, teilweise seitenlange Einträge. In einem weiteren Buch aus dem Nachlass mit dem Titel »Itéljetek! Néháy Kiragadott Lap a Magyar-Zsidó Életközösség könyvéböl« (zu Deutsch: Urteilt! Einige herausgegriffene Seiten aus dem Buch der ungarisch-jüdischen Lebensgemeinschaft), Budapest 1939, trafen wir auf ähnliche Zahlenkolonnen, die jedoch nicht so umfangreich sind.

– *Zwei medizinische Gedeon-Notizhefte* enthielten ebenfalls handschriftliche Notizen, eines davon in Form langer Zahlenreihen.

Diese Art der Kodierung schreckte uns nicht ab. Im Gegenteil: Dass Kassiber, von Häftlingen oder Ghettoinsassen für die Nachwelt erstellt, verschlüsselt und auf das wenige Papier gekritzelt wurden, dessen man habhaft werden konnte, ist bekannt. Alte Notizbücher, Taschenkalender, Bücher, alles, was man in der Hast des Aufbruchs einpacken und später an den Wachen vorbeischmuggeln konnte, wurde für solche Aufzeichnungen genutzt.[97] Ein Arzt wie Grósz Chorin mochte medizinische Fachliteratur oder Taschenkalender auf seiner Fahrt nach Budapest, die zu seiner Verhaftung geführt hatte, durchaus mit sich geführt haben. Womöglich hatte er auch am KWI oder gar in Auschwitz als Häftlingsarzt Zugriff auf solche Broschüren gehabt, zumal die medizinischen Taschenkalender häufig als kleine Kompendien wichtigster Fachbegriffe über die Tagesaktualität hinaus von Belang waren. Angesichts der Tatsache, dass aus dem KZ Auschwitz nur wenige Aufzeichnungen überliefert sind, mochte der historische Wert derer, die nun vor uns lagen, beträchtlich sein.

Ich fing an, den medizinischen Taschenkalender von 1936 durchzublättern, die Auschwitz-Notizen, wie ich sie fortan für mich nannte. Leider kann ich kein Ungarisch, aber schon auf den ersten Seiten sprangen mir vertraute Namen und Begriffe ins Auge: Auschwitz, Berlin, KWI, Kaiser-Wilhelm-Institut, Eugen Fischer, Institut für Anthropologie,

Prof. Dr. Otmar Freiherr von Verschuer, Baracke, Krematorium, Zyklon B, Sonderkommando. Ich bat einen befreundeten Historiker, der des Ungarischen mächtig ist, mir eine Seite zu übersetzen.

> *18. März 1942: Zum ersten Mal muss ich bei der Vergasung mitmachen. 200 Menschen wurden in die Gaskammer gebracht. Danach befahl ein SS-Arzt, die Zyklon-B-Kanister zu öffnen und durch die Gitter hineinzuschütten. Der Exitus trat erst nach 10–20 Minuten ein. Arme, unglückliche Menschen – meine jüdischen Mitmenschen! Oh mein Gott.*

Das klang authentisch – und nach einer aussichtsreichen Quelle. Der Kollege zeigte sich regelrecht »erschüttert«. Nun galt es, rasch eine Übersetzung zu erstellen. Zu meiner Überraschung bot sich Kaiser selbst dafür an, obwohl sie uns gegenüber immer wieder betont hatte, nichts mit dem Inhalt der nachgelassenen Dokumente zu tun haben zu wollen. Ich nahm denn auch Abstand von der Idee, da ich angesichts ihrer offensichtlichen emotionalen Zerrissenheit in dieser Angelegenheit fürchtete, es könne zu Fehlübersetzungen kommen. Ob bewusst oder unbewusst mochte sie im Zuge der Übertragung ihren Großvater zu schützen versuchen. Wir aber brauchten, wenn wir mit dem Material wissenschaftlich arbeiten wollten, eine unbedingt zuverlässige Grundlage.

Im Februar fand ich einen vereidigten Übersetzer in meiner näheren Umgebung, der sich gleich an die Arbeit machen konnte. Obwohl er sich mit der Entzifferung von Grósz Chorins Handschrift schwertat, lag eine orientierende Übertragung der Auschwitz-Notizen bereits im März zu gut 50 Prozent vor. Das, was ich zu lesen bekam, ließ mich hoffen, dass wir tatsächlich außergewöhnliche Zeugnisse in die Hand bekommen hatten. Aus den übersetzten Auszügen ging Folgendes hervor:

Salamon Grósz Chorin wurde am 6. Dezember 1941 in Budapest verhaftet und über Berlin in das KZ Auschwitz deportiert. In Auschwitz-Birkenau führte er als Häftlingsarzt im Auftrag des Berliner Kaiser-Wilhelm-Instituts für Anthropologie, menschliche Erblehre und Eugenik medizinische Experimente durch, unter anderem pathologisch-physiologische Untersuchungen und Testreihen. Die

»Versuchs- und Forschungsstelle« befand sich in unmittelbarer Nähe der Gaskammern und Krematorien, im Bereich des für die Leichenverbrennung zuständigen Sonderkommandos.

Grósz Chorin und seine Kameraden wurden zu unmittelbaren Zeugen von Massenvergasungen, mussten Mithäftlinge mit Krankheitserregern infizieren, Obduktionen durchführen, Grósz Chorin selbst wurde auch zu Sterilisationen herangezogen. In den Aufzeichnungen wechselten stichwortartige Einträge, meist zu Medikamentengaben oder Versuchsanordnungen, mit längeren Ausführungen, mal über die Ereignisse und Aufträge selbst, mal über die Empfindungen, die all dies in dem Häftlingsarzt auslöste. Beispiele wie das folgende finden sich in unterschiedlichen Varianten immer wieder:

> *Typhus Impfstoff, nur 500 Stück bekommen für 25 000 Menschen.*
> *Wem sollen wir davon geben? Schwangere Mädchen müssen infiziert werden. Ich als Frauenarzt. Was ist aus uns geworden?*
> *Mein Gott! Mein Gott!*

Quälende Schuldgefühle, Verzweiflung und Entsetzen angesichts des allseits herrschenden Grauens und der eigenen Verstrickung darin brachen sich immer wieder Bahn. Neben häufigen Anrufungen des Allmächtigen (»Mein Gott!!!«) tauchen wiederholt Sätze wie »Ich werde hier verrückt!« oder »Mein Gott, wie tief bin ich gefallen!« auf. Auch eine eigene Abhängigkeit von Luminal, einem starken Schlaf- und Beruhigungsmittel, ließ sich herauslesen.

Außerdem wurde deutlich, dass Grósz Chorin eng mit Josef Mengele zusammengearbeitet hatte. Laut den Einträgen hatte Mengele ihn gezwungen, auch bei den Selektionen der sogenannten Ungarntransporte auf der Rampe anwesend zu sein, was den jüdischen Häftlingsarzt in schwere innere Konflikte stürzte:

> *Selektion, dieser verrückte Mengele bringt mich auch mit auf*
> *die Rampe – Selektionsrampe. Was würden meine Kinder und*
> *meine Frau Rebekka sagen, wenn sie mich da sehen würden neben*
> *Mengele!!*

Mengele wird in den Aufzeichnungen oft erwähnt und in seinen Eigenheiten geschildert, mitunter gar zitiert. Auch der SS-Standortarzt Wirths (der hier allerdings konsequent falsch als »Wirth« bezeichnet wird) taucht im Notizbuch immer wieder auf. Andere SS-Obere wie der Leiter der Sonderkommandos in Birkenau und spätere Bevollmächtigte für die Vernichtung der ungarischen Juden, Otto Moll, und Krematoriumschef Erich Muhsfeldt (in den Aufzeichnungen: Mussfeld) fielen uns ebenfalls auf.

Nicht weniger brisant wirkten die Einträge, die sich auf die Zeit nach 1945 beziehen. Sie betreffen überwiegend die Person Josef Mengeles oder das Verhältnis zwischen Grósz Chorin und ihm. Aus den Einträgen geht hervor, dass Grósz Chorin nach dem Krieg mit Mengele in Verbindung stand und ihm mehrfach – wenn auch äußerst widerwillig – geholfen hat, sowohl bei dessen Flucht aus Europa als auch danach. Als besonders spektakulär erschienen die Einträge, die darauf hindeuteten, dass der Vatikan Fluchthilfe für Mengele geleistet hatte. So hieß es über Begegnungen 1948/49 in einem Gemisch aus Deutsch und Ungarisch:

> [Mengele:] *Mein Freund, ich habe Deinen leben und das Leben Ihrer Söhne gerettet. Ich glaube, Du weißt, was Deine Arbeit ist. – Jawohl Herr Oberst-Dr. Mengele. – Dann habe ich ihm gesagt, dass ich von der Schweizer Garde einen Rot-Kreuz-Pass aus dem Vatikan besorgen werde. – Er ist noch mal ohne sich zu verabschieden gegangen. Er kam Anfang April zurück. – Ich habe ihm zwei Adressen gegeben/Helmut Gregor ist sein neuer Name/Zürich – Günzburg/Zürich Genua – Rom – Genua (Vatikan Pius XII empfangen)/ 20. Juni 1949 an Bord des Schiffes North King fuhr er nach Buenos Aires.*

Der letzte Eintrag der Aufzeichnungen bezieht sich auf Prof. Dr. Joseph Ratzinger.

Hatte der Vatikan also nicht nur aufgrund der Männerfreundschaft zwischen Grósz Chorin und seinem Theologieprofessor dafür gesorgt, dass ein Großteil des Nachlasses unseren Blicken entzogen worden war? Steckten in dem Konvolut womöglich weitere Hinweise auf eine Verstrickung Pius XII., die das ohnehin umstrittene Verfahren zu dessen Seligsprechung zusätzlich zu belasten drohten?

Mir wurde rasch klar, dass wir angesichts der Fülle des Materials und der Implikationen, die damit verbunden waren, mehr Unterstützung brauchen würden. Konkret bedeutete dies: Mittel für die Transkription der handschriftlichen Notizen, für einen weiteren Übersetzer, für die notwendigen Recherchen im In- und Ausland, eventuell für die Hinzuziehung eines wissenschaftlichen Mitarbeiters. Nebenher ließen sich diese Aufgaben nicht bewältigen. Zwar hatte Lothfels schon im Vorfeld der Schließfachöffnung davon gesprochen, sie sei zu finanzieller Unterstützung des Projekts bereit, und diesen Gedanken später wieder aufgegriffen. Ich bevorzugte jedoch einen unabhängigen Geldgeber und machte mich auf die Suche. Im April bekam ich die Zusage der Hamburger Stiftung zur Förderung von Wissenschaft und Kultur, von der ich schon einmal gefördert worden war. Jetzt konnte es wirklich losgehen.

Eine forensische Verifizierung der Unterlagen war ausgeschlossen. So viel hatte ich bereits mithilfe eines polnischen Kollegen, der sich auf solche Untersuchungen spezialisiert hat, herausgefunden. Das Papier stammte zweifelsohne aus der angegebenen Zeit. Ob das auch für die Aufzeichnungen galt, ließ sich mit forensischen Mitteln nicht klären, da der Verfasser ausschließlich Blei- und Kopierstifte verwendet hatte. Deren Minen aber haben sich in ihrer Zusammensetzung – einem Gemisch aus Ton und Grafit – seit dem neunzehnten Jahrhundert nicht verändert.[98]

Die Authentizität der Aufzeichnungen würde sich also allein durch eine sorgfältige Textanalyse und umfassende Forschungsarbeit bezüglich der in den Schriftstücken genannten Daten, Ereignisse und Namen feststellen lassen. Es kam viel Arbeit auf uns zu, zumal Kaiser uns im April weitere Dokumente aus jenen Paketen ankündigte, die an den Vatikan gegangen waren. Aber wenn sich ihre Echtheit bestätigte, würden diese Unterlagen für Wirbel sorgen.

6 Der Druck wächst: Jauch & Co.

1964, als ich im Krankenhaus war und Onkel Fritz meine kleine Enkelin
Magda besucht und angelogen hat, ... hat sie ihm [meine Auschwitz-Notizen]
übergeben, denn sie wusste nicht, was in ihnen stand. [...] Danach ist Mengele
noch mal im Nebel verschwunden [...] Aber meine ganzen Notizen und die
offiziellen Notizen von Mengele – sind verloren → Dr. Josef Mengele war der
Dieb [...] Er persönlich.
Memoiren, Bl. 181 und Bl. 183

Dass unvermutet Papiere von Josef Mengele aufgetaucht sein könnten, blieb auch einigen Medien nicht verborgen. Während wir die Unterlagen noch sichteten und einen Forschungsplan erstellten, erfuhren Günther Jauch und mit ihm die ARD von der Geschichte. Jauch hatte in seine Talk-Sendung vom 26. April 2015 Eva Kor eingeladen, eine Überlebende von Mengeles Zwillingsversuchen. Kor hatte zuvor von sich reden gemacht, als sie im Lüneburger Auschwitz-Prozess dem angeklagten ehemaligen SS-Mann Oskar Gröning die Hand gereicht, ihn sogar umarmt und erklärt hatte, sie habe ihm vergeben. Diese Geste hatte große Aufregung verursacht. Kor hatte ihren Akt des persönlichen Verzeihens allerdings mit der Aufforderung an Gröning verbunden, umfassend auszusagen und zur Aufklärung beizutragen. Außerdem nutzte sie die folgende mediale Aufmerksamkeit für einen Appell an jeden, der etwas über Mengeles medizinische Akten wisse, sich mit ihr in Verbindung zu setzen. Denn auch siebzig Jahre nach dem Geschehen habe sie keine Ahnung, was der SS-Arzt ihr und ihrer Schwester eigentlich injiziert habe und welche Spätfolgen womöglich noch zu erwarten seien. Ihre Schwester, die jenen Menschenversuch ebenfalls überlebt hatte, war mittlerweile verstorben.[99]

In diesem Zusammenhang trat der Staranwalt wieder in Erscheinung. Im Vorfeld der Sendung rief er Lothfels, wie sie mir sofort weitertrug, an, da Eva Kor wegen eines langwierigen Nierenleidens auf Mengeles Notizen angewiesen sei. Ob sich unter den Dokumenten aus dem Schweizer Banksafe Aufzeichnungen zu den

Zwillingsexperimenten befänden, mit denen ihr geholfen werden könne? Was er nicht wusste: Ich hatte selbst ein Jahr zuvor ausführlich mit Kor und ihrem Sohn über ihre Erlebnisse in Auschwitz und die körperlichen Folgen gesprochen. Von einem Nierenleiden war da nicht die Rede gewesen. Meiner Ansicht nach ging es dem Anrufer eher darum herauszufinden, ob sich aufsehenerregende Papiere zu Mengeles berühmtesten Experimenten in dem Nachlass befanden, an dem er so vehement Interesse gezeigt hatte. Jauch jedenfalls hatte seine Sendung mit Eva Kor mit den Worten beendet, in Bälde seien neue Dokumente von Josef Mengele zu erwarten.

Anfang Mai bemühte sich ein Mitarbeiter Günther Jauchs, mit der Professorin Kaiser direkt Kontakt aufzunehmen. Das war nicht einfach: Obwohl Dozentin an der Universität Zürich, tauchte sie dort weder im Lehrkörper- noch im Vorlesungsverzeichnis auf. Dafür seien Gründe der Geheimhaltung verantwortlich, hatte sie uns erklärt. Als Leibärztin im Vatikan dürfe sie öffentlich nicht in Erscheinung treten; daher habe sie mit der Uni eine Sondervereinbarung getroffen. Solche Konstrukte gibt es tatsächlich. Ich kannte selbst Kollegen, die aus unterschiedlichen Gründen ihre Lehrtätigkeit nicht publik machen wollten oder konnten. Dass Kaiser dennoch in regem Kontakt mit ihren Studierenden stand, Studienmaterialien und Prüfungen vorbereitete etc., hatte Wassert auf gemeinsamen Reisen mehrfach mitbekommen. Manches hatte ihre Freundin auch mit ihr besprochen, so wie diese sie ohnehin in medizinischen Fragen mitunter zurate zog, selbst wenn es um die von ihr behandelten Päpste ging. Der Vatikan selbst erteilt aus Prinzip keine Auskünfte zu Beschäftigten, dieser Weg war der Jauch-Redaktion also auch verstellt. Vermutlich stieß deren Rechercheur im Internet auf Berichte über die Veranstaltung an der Budapester Universität, mit der im Vorjahr die Studienstiftung für Bhutan so glanzvoll gefeiert worden war.[100] Jedenfalls versuchte er es über die Universität.

Kaiser reagierte unangenehm berührt. Man habe sie in »Rom« belästigt, beschwerte sie sich bei Lothfels, Wassert und mir. Kurz darauf bekam ich einen Anruf von Jauch selbst, während ich mich in Wiesbaden mit den Mengele-Ermittlungen im Hessischen Hauptstaatsarchiv befasste. Wir verabredeten ein Treffen für Anfang Juni.

Die Begegnung verlief angenehm sachlich. Mir fiel allerdings auf, dass Jauch über Insider-Informationen verfügte, die nur aus der westdeutschen Kanzlei stammen konnten. Von Kaiser und Lothfels ermächtigt, berichtete ich dem Fernsehmoderator und seinem damaligen Rechercheur, dass wir im Besitz von Aufzeichnungen eines ehemaligen Häftlingsarztes aus Auschwitz seien. Diese müssten jedoch erst übersetzt, anschließend auf ihre Echtheit überprüft und wissenschaftlich aufgearbeitet werden, ehe sie der Öffentlichkeit zugänglich gemacht werden könnten. Das sei ein arbeits- und zeitaufwendiges Unterfangen, zumal auch die Identität des Verfassers noch der Klärung harre. Bevor all dies nicht abgeschlossen sei, wünsche die Nachlassnehmerin keinen Kontakt mit den Medien.

Es blieb nicht bei dieser einen Anfrage. Neben anderen hatte das ZDF lebhaftes Interesse bekundet. Wir beantworteten jede Erkundigung so, wie wir es Jauch gegenüber getan hatten. Dennoch machte sich Unruhe breit. Es war offenkundig, dass die Geschichte Kreise zog. Wie lange würde die Presse noch stillhalten?

Energisch trieb ich die Recherchen voran. Ich reiste erneut nach Warschau, um Akten zu Auschwitz und insbesondere den dortigen Häftlingsärzten durchzusehen. In Berlin suchte ich die Behörde des Bundesbeauftragten für die Stasi-Unterlagen (BStU) auf, wo Unterlagen zu dem SS-Arzt Horst Fischer, dem 1966 in der DDR der Prozess gemacht wurde, liegen, sowie das Max-Planck-Institut, den Nachfolger der Kaiser-Wilhelm-Institute. In Moskau sichtete ich die Berichte der sogenannten Außerordentlichen Staatlichen Kommission (ASK), einer Einheit zur Untersuchung von NS-Verbrechen, die seit November 1942 im Gefolge der Roten Armee Beweise für die von den Deutschen verübten Gräueltaten gesammelt und unzählige Zeugen befragt hatte; das betraf auch die Auschwitzer Häftlingsärzte. In Heidelberg durchforsteten wir das Universitätsarchiv nach Hinweisen auf einen Studenten namens Grósz Chorin. In Wien, wo er laut seiner Enkelin fünf Jahre lang das Gymnasium besucht hatte, existierte die Schule noch, selbst die alten Maturazeugnisse hatte man aufbewahrt. Doch ausgerechnet jene für die Jahre 1894 bis 1897, in denen Grósz Chorin das Abitur hätte ablegen müssen, fehlten. Das war bedauerlich, aber nicht ungewöhnlich. Enttäuschungen wie diese ist man als Historiker gewohnt.

Derweil hatten wir mit Dr. János Kemény von der Budapester Corvinus-Universität einen sprachbegabten Historiker gefunden, der uns bei der Entzifferung, Transkription und Übersetzung der Auschwitz-Notizen unterstützte. Kaiser hatte zwar skeptisch auf diese Nachricht reagiert, weil sie befürchtete, dass der junge Mann, der noch am Anfang seiner Karriere stand, das Material selbst verwenden wollte. Doch dieses Misstrauen hielt ich für unbegründet. Kemény machte auf mich einen absolut integren Eindruck, er war mir von einem befreundeten Professor empfohlen worden, und dass wir angesichts der vielschichtigen Aufgaben – zumal vor dem Hintergrund des wachsenden Interesses von außen – dringend Hilfe benötigten, lag auf der Hand. Wassert und ich beschlossen, die Gräfin aus Gründen der Arbeitsökonomie in dem Glauben zu lassen, wir hätten die Zusammenarbeit mit Dr. Kemény auf ihre Intervention hin aufgegeben. Tatsächlich hielten wir an ihm fest, auch wenn ich anfangs dafür sorgte, dass die Textpassagen, die er zur Durchsicht bekam, stets so kurz und zusammenhanglos waren, dass die Einblicke begrenzt blieben und sich daraus erst recht keine eigenständige Veröffentlichung konstruieren ließ.

7   Zwischenstand:
Häftlingsärzte in Auschwitz

– wieso komme ich nicht ins Krematorium
Auschwitz-Notizen

Parallel hatten wir über die medizinische Versorgung in Auschwitz – so man denn davon sprechen kann – und das daran beteiligte
Häftlingspersonal schon einiges herausgefunden. Bis 1942 war der Einsatz von medizinisch ausgebildeten Lagerinsassen als Häftlingsärztin
oder -arzt in Auschwitz offiziell untersagt. Darin ähnelte das Lager den
anderen KZ. Die wichtigsten Funktionsposten hatten als Revierkapos,
Block- und Häftlingskrankenbauälteste deutsche Häftlinge inne, Kriminelle und Politische, die über keinerlei medizinische Kenntnisse
verfügten. Ihre herausgehobene Position im Lagergesundheitswesen
nutzten Letztere vor allem dazu, Mithäftlinge zu schützen, die ihnen
politisch nahestanden. Fachkundige Hilfe konnten Kranke von ihnen
jedoch nicht erwarten. Im besten Falle linderten die Funktionshäftlinge ihre Qualen oder ließen sie zumindest in Ruhe. Im schlimmsten
griffen sie – etwa bei Verletzungen – selbst zum Skalpell.[101]
Von Beginn an arbeiteten im Häftlingskrankenbau in Auschwitz
indes nicht-jüdische polnische Ärzte als Häftlingspfleger und Hilfs-
kräfte. Sie stellten den personellen Unterbau und bauten ihre Position
gegenüber den Funktionshäftlingen nach und nach aus. Jüdische
Insassen durften zu diesem Zeitpunkt nicht einmal als Kranke in den
Krankenbau aufgenommen, geschweige denn dort beschäftigt werden.
Im November 1941 änderte die SS mit dem Ausbau des Lagerkomple-
xes Auschwitz ihre Politik: Die stetig wachsende Zahl an Häftlingen
bei gleichzeitiger Ausbreitung von Seuchen erforderten eine zumindest rudimentäre medizinische Versorgung der Insassen. Nun durften
inhaftierte Ärzte auch formal als Häftlingsärzte eingesetzt werden,[102]
zunächst nur »arische« (polnische), spätestens seit dem Sommer 1942
auch jüdische.[103] Sowohl mit Blick auf die Seuchenbekämpfung – vor

allem die Fleckfieberepidemie – als auch hinsichtlich der chirurgischen Versorgung verletzter Zwangsarbeiter gewannen die Häftlingsärzte immer mehr an Bedeutung. Sie waren häufig qualifizierter und erfahrener als die oft jungen SS-Lagerärzte, die ihnen daher sukzessive einen Teil ihrer genuinen Aufgaben übertrugen: Diagnosen stellen, operieren, Krankenberichte verfassen, Leichen sezieren und vieles mehr. Einige ließen sich von ihnen sogar wie bereits erwähnt fachlich aus- und weiterbilden.

In der zweiten Jahreshälfte 1942 begann die SS unter den Lagerinsassen gezielt nach Medizinern und anderen Spezialisten zu suchen. Mieczysław Kieta, ein ehemaliger Auschwitzhäftling, schreibt,

> dass man zu dieser Zeit den Ärzten und Pflegern der Lagerspitäler in Auschwitz und Birkenau besonderes Interesse zuwandte. Im November [1942] erschien in beiden Lagern ein bisher unbekannter SS-Arzt, der sich die Spezialisten auf dem Gebiet der Bakteriologie, der pathologischen Anatomie, der Biologie und der Chemie vorstellen ließ. Manchmal unterhielt er sich allein mit ausgewählten Spezialisten über ihr Fachgebiet und ihre bisherige wissenschaftliche Arbeit in der Freiheit; manchmal wurden auch andere SS-Ärzte hinzugezogen. Dieses Interesse für Spezialisten war übrigens nicht auf die Lager-Reviere beschränkt. Man suchte auch in anderen Kommandos nach ihnen, bestimmt unter Vermittlung des *Arbeitseinsatzes* (des Arbeitsamtes im Lager).[104]

Insbesondere der am 1. September 1942 zum SS-Standortarzt berufene Dr. Eduard Wirths setzte auf geschultes medizinisches Häftlingspersonal. Die Sterblichkeit unter den Lagerinsassen war in allen Konzentrationslagern hoch, in Auschwitz aber überproportional. Allein im Juli 1942 starben in allen deutschen Konzentrationslagern (mit Auschwitz) nach internen Angaben 8329 Häftlinge bei einer durchschnittlichen Gesamtbelegstärke von 98 000 Häftlingen; die Sterblichkeit lag im Schnitt bei 8,5 Prozent.[105] Die Hälfte all dieser Todesfälle (4125) entfiel allerdings auf das KZ Auschwitz, wo zu dieser Zeit mit etwa 18 600 Häftlingen nur circa 19 Prozent aller KZ-Insassen interniert waren.[106] Die sowjetischen Kriegsgefangenen und Juden, die – unregistriert – gleich nach ihrer Ankunft ermordet wurden, sind in dieser Statistik nicht erfasst.

Es kam zu Beschwerden. Firmen wie die I. G. Farben, die in Monowitz die Buna-Werke aufbauten und dafür Zwangsarbeiter heranzogen, beklagten sich über die hohen »Ausfälle«. Himmler ordnete an, dass die Sterblichkeit in den Konzentrationslagern »unbedingt geringer werden muss«,[107] und das SS-Wirtschafts-Verwaltungshauptamt (WVHA) bekräftigte in einem Schreiben vom 28. Dezember 1942: »Die 1. Lagerärzte haben sich mit allen ihnen zur Verfügung stehenden Mitteln dafür einzusetzen, dass die Sterblichkeitsziffer in den einzelnen Lagern wesentlich herabgeht. Nicht derjenige ist der beste Arzt in einem Konz-Lager, der glaubt, dass er durch unangebrachte Härte auffallen muss, sondern derjenige, der die Arbeitsfähigkeit durch Überwachung und Austausch an den Arbeitsstellen möglichst hoch hält.«[108] Mit dieser Rückendeckung konnte Wirths sich gegen Lagerkommandant Höß durchsetzen, der deutsche Funktionshäftlinge insbesondere mit dem grünen (Kriminelle) oder roten Winkel (Politische) vorzog.

Zu den ersten Häftlingsärzten, die Wirths rekrutierte, gehörte Stefan Budziaszek (nach dem Krieg: Buthner). Budziaszek, Jahrgang 1913, hatte seine letzten ärztlichen Prüfungen erst während der deutschen Besetzung illegal abgelegt und in einem Krakauer Krankenhaus gearbeitet, ehe er im Juni 1941 verhaftet und nach mehrmonatigem Gefängnisaufenthalt am 10. Februar 1942 nach Auschwitz deportiert wurde. Bei der Ankunft brach ihm ein SS-Mann einen Arm, daher wurde er in den Krankenbau aufgenommen. Dort traf er auf Krakauer Kollegen, erhielt zunächst Arbeit im Laboratorium, wurde dann aber bei anderen Arbeitskommandos eingesetzt, insbesondere in Buna/Monowitz. Ende August 1942 fand er mithilfe seiner Kollegen Beschäftigung als Häftlingspfleger in der chirurgischen Abteilung des Krankenbaus im Stammlager.[109]

Am 17. September 1942 erschien der neue SS-Standortarzt Dr. Wirths und ließ alle Häftlingspfleger und -ärzte antreten. Nach einer kurzen Befragung zu Beruf und Haftgrund entschied er sich für Budziaszek und brachte ihn noch am selben Tag persönlich mit

einem Sanitätswagen zum Nebenlager Jawischowitze, einer Kohle-
grube, wo die Häftlinge unter Tage schuften mussten. Budziaszek, seit
dem Tag dort Revierältester, verband berufliche Qualifikation offenkundig mit organisatorischem Talent. Innerhalb weniger Monate
baute er ein für die Auschwitzer Lagerverhältnisse sehr gut funkti-
onierendes Krankenrevier auf.[110] Im Juni 1943 folgte die Verlegung
nach Buna, weil es dort unter den Häftlingen zu hohe Verluste gebe.
Die Menschen litten unter Lungenentzündung, Phlegmone – einer
eitrigen, sich diffus ausbreitenden Entzündung des Bindegewebes –,
Blutvergiftung, Hungerödemen und Hungerdurchfall, hochgra-
diger Abmagerung und Verletzungen durch Stürze von Gerüsten,
zumeist Frakturen, Quetschungen und Schnittwunden. Sechzig
Prozent derer, die im Krankenbau »behandelt« wurden, starben.[111]
Wie in Jawischowitze suchte Budziaszek, mittlerweile Ältester des
Häftlingskrankenbaus Monowitz, unter den Insassen gezielt nach
Ärzten, »organisierte« mit seinen Mitarbeitern Ausstattung, medi-
zinische Instrumente und Ähnliches, und schränkte den Einfluss
der bisherigen Funktionshäftlinge im Krankenbau sukzessive ein.[112]
Mit Zustimmung von SS-Lagerarzt Horst Fischer, der seine Operati-
onstechnik verfeinern wollte, richtete er eine chirurgische Abteilung
ein. Die Sterberate sank zur Zufriedenheit von I. G. Farben und der
SS-Lagerführung deutlich.

In Birkenau ging Wirths ähnlich vor. Dr. Otto Wolken aus Wien
wurde im Januar 1943 nach Auschwitz deportiert. Nach einem Einsatz bei einem Außenkommando für sogenannte Erdarbeiten kam er
ins Birkenauer Männerlager, wo er als Nachtwache arbeiten musste.
»Im Juli 1943 brach in Birkenau eine große Fleckfieberepidemie aus.
Um dieser Epidemie wirksam entgegentreten zu können, forderte
man damals alle Ärzte auf, sich zu melden, was ich auch dann tat«,
so Wolken, »und in einem Krankenbau des Lagers B II d wurden
wir alle versammelt und wurden von einem Häftlingsarzt aus Polen
mit Namen Dr. Senkteller [Zenkteller] sozusagen geprüft in recht
unsachlicher Form. Bei dieser Gelegenheit erkundigte sich dann
der SS-Lagerarzt Dr. Thilo nach meinem medizinischen Werdegang. Nachdem ich meinen Ausbildungsgang bekanntgegeben hatte,

erhielt ich von Thilo den Auftrag, in dem Lagerabschnitt B II a eine Quarantänestation aufzubauen.«[113]

Von 1943 an verbesserten sich die allgemeinen sanitären und medizinischen Verhältnisse in den Krankenbauten wesentlich, teilweise kann man sogar von ärztlicher Behandlung der kranken und verletzten Häftlinge sprechen, vor allem mit Blick auf chirurgische Eingriffe. Entsprechende Abteilungen gab es mittlerweile auch im Stammlager und in Birkenau. Im Jahr 1944 setzten sich Häftlingsärzte in den Krankenbauten endgültig durch; seit dem Sommer 1942 waren immer mehr jüdische Häftlinge aus verschiedenen Ländern Europas, überwiegend aus Polen, Frankreich, Deutschland, Tschechien, Ungarn und der Slowakei, darunter. In den Krankenrevieren übernahmen sie außerdem Funktionshäftlingsposten. Darüber hinaus gab es vereinzelt nicht-jüdische tschechische, französische, russische und auch deutsche Häftlingsärzte.

Die Gesamtzahl der Häftlingsärztinnen und -ärzte im KZ und Vernichtungslager Auschwitz einschließlich der Nebenlager geht in die Hunderte. Die genaue Größenordnung ist heute jedoch kaum zu ermitteln. Es fehlen Unterlagen dazu, und die Fluktuation war sehr hoch. Viele von ihnen starben an verschiedenen Krankheiten, allen voran an Fleckfieber, andere wurden in andere KZ verlegt, einige wenige polnische Häftlingsärzte sogar freigelassen.

Wer eine Beschäftigung im Krankenbau ergattern konnte, steigerte seine Überlebenschancen immens. Die meisten der »normalen« Häftlinge starben binnen weniger Monate an Entkräftung, Hunger und Krankheiten.

Władysław Fejkiel wog bei der Einlieferung ins Lager am 8. Oktober 1940 rund 75 Kilogramm, nach vier Monaten war sein Gewicht auf 41 Kilo abgesackt. In dieser Zeit überwogen unter den eingelieferten Häftlingen junge und starke Männer, aber »nach kurzem Aufenthalt im Lager, höchstens nach drei Monaten, litten diese Menschen an Hungeratrophie«, stellt Fejkiel in seiner Nachkriegsaussage nüchtern fest.[114] Fejkiel selbst überlebte, weil er nach wenigen Monaten im Lager als Hilfspfleger und später als Häftlingsarzt im Krankenbau beschäftigt wurde. Horst Fischer, seit November 1942 SS-Arzt im KZ und Vernichtungslager Auschwitz, machte ähnliche Beobachtungen:

Durch diese [unzureichende] Kalorienmenge sank der allgemeine Kräftezustand der Häftlinge immer weiter ab und es entstanden typische Erscheinungen der Unterernährung, wie Hungerödeme und Kachexie – völliger Verlust des Unterhautfettgewebes, Muskelschwund, Austrocknung der Haut. Im Lagerjargon wurden diese völlig ausgezehrten, unterernährten und sich mühsam aufrecht haltenden Häftlinge als »Muselmänner« bezeichnet. Durch meine Tätigkeit als SS-Lagerarzt habe ich [...] festgestellt, dass der überwiegende Teil der Häftlinge auf Grund der nicht ausreichenden Verpflegung nach spätestens drei Monaten einen so mangelhaften Ernährungs- und Kräftezustand zeigten, dass ein Arbeitseinsatz des Häftlings nicht mehr möglich war.[115]

Die entkräfteten und kranken Häftlinge wurden in regelmäßigen Abständen von den SS-Ärzten als »arbeitsunfähig« ausgesondert und in die Gaskammern geschickt.

Stefan Budziaszek war der erste Arzt unter den Häftlingen, der als Ältester des Häftlingskrankenbaus zum Einsatz kam, und er blieb es bis zur Evakuierung des Lagers im Januar 1945. Im Stammlager übernahm im August 1943 der polnische Häftlingsarzt Dr. Władysław Dering diese Funktion bis zu seiner Freilassung aus Auschwitz im Januar 1944. Ihm folgte Władysław Fejkiel. In Auschwitz-Birkenau gab es im März 1944 mit dem polnischen Häftlingsarzt Dr. Roman Zenkteller den ersten medizinisch qualifizierten Ältesten des Häftlingskrankenbaus. Als er am 7. Dezember 1944 nach Buchenwald verlegt wurde,[116] bestimmte Mengele den tschechisch-jüdischen Häftlingsarzt Prof. Berthold Epstein als seinen Nachfolger.

»In einer abnormalen Situation ist eine abnormale Reaktion eben das normale Verhalten«, schreibt Viktor E. Frankl in seinem Buch »Ein Psychologe erlebt das Konzentrationslager« im Jahre 1946.[117] Frankl, ein angesehener Neurologe und Psychologe, wurde unter anderem in Theresienstadt und Auschwitz gefangen gehalten.

Wer in Auschwitz überleben wollte, hatte keine andere Wahl, als das zu tun, was von ihm verlangt wurde. Diesen Umstand machten sich Mengele und die anderen SS-Ärzte, die Häftlingsärzte für ihre Experimente und Forschungsvorhaben rekrutierten, rücksichtslos zunutze. Unter den eingelieferten Häftlingen befanden sich immer häufiger medizinische Kapazitäten aus den unterschiedlichsten Fachrichtungen, und derer suchten die Machthaber sich zu bedienen. Zwar setzte Mengele grundsätzlich auf »Freiwilligkeit«, doch unter den Verhältnissen in Auschwitz war dieser Begriff eine bedeutungslose Hülle.

Mengeles »Mitarbeiter« waren wie die Häftlingsärzte im Allgemeinen gegenüber den übrigen Lagerinsassen »privilegiert«. Sie gehörten zu den sogenannten Prominenten, waren von der körperlich aufzehrenden und oft tödlich verlaufenden Sklavenarbeit in den zahllosen Arbeitskommandos unter Schlägen und Misshandlungen der Kapos und SS-Wärter freigestellt, sie wurden in der Regel gesondert untergebracht und besser verpflegt als die übrigen Häftlinge. Im Spätherbst 1942 erfuhren Häftlinge im Stammlager Auschwitz, dass in Auschwitz ein wissenschaftliches Institut gegründet werden sollte: das Hygiene-Institut der Waffen-SS, das im Frühjahr 1943 tatsächlich eingerichtet wurde. Das Gerücht stieß unter dem Häftlingspersonal im Häftlingskrankenbau des Stammlagers auf großes Interesse. Der ehemalige Auschwitzhäftling Mieczysław Kieta schreibt: »Manche erzählten sogar, die Häftlinge, die im Institut beschäftigt würden, könnten als Fachleute sogar die Rechte von Zivilbeschäftigten erhalten, sie dürfen lange Haare tragen und ihr Status würde sich entscheidend verbessern.«[118]

Wer in den Krankenbauten oder auch in Rajsko unterkam, wo das SS-Hygiene-Institut schließlich Ärzte, Wissenschaftler und medizinisches Fachpersonal aus dem Häftlingsreservoir in Auschwitz und anderen Lagern zusammenzog, erhielt somit zumindest eine Chance, dem sicheren Hungertod, dem tausendfachen Schicksal der abgezehrten »Muselmänner«, zu entgehen. Das galt insbesondere dann, wenn die Häftlinge schon aufgrund ihres Alters bei der Einlieferung ins Lager den dortigen Härten körperlich nichts mehr entgegenzusetzen hatten.

Der Erste, dessen Mitarbeit Mengele sich sicherte, war der erwähnte Professor Epstein. Der Pädiater von internationalem Ansehen, vor dem Krieg Chefarzt der Kinderklinik an der deutschen Universität

Prag, hatte nach dem Einmarsch der Wehrmacht im März 1940 Zuflucht und Arbeit in Norwegen gefunden. Im Oktober 1942 wurde er dort mit seiner Ehefrau auf deutschen Befehl von der norwegischen Polizei verhaftet und an die deutschen Stellen ausgeliefert. Mit einem Transport von 532 jüdischen Männern, Frauen und Kindern traf er am 1. Dezember 1942 über Stettin in Auschwitz ein.[119] Seine Frau wurde als »arbeitsunfähig« selektiert und anschließend vergast, er selbst als »arbeitsfähig« ausgesondert, registriert und am 17. Dezember 1942 nach Monowitz überstellt. Laut der deutsch-jüdischen Häftlingsärztin im Zigeunerlager Lucie Adelsberger »hat er sich nicht verziehen, dass er seine Frau in den Tod geführt hat«. Denn »als die Lage in seinem Land brenzlig wurde, wollten Freunde ihn über die Grenze bringen. Er lehnte es ab, weil jedes Heimlichtun ihm zuwider war. So kam er nach Auschwitz, mit dem norwegischen Transport.«[120]

Im Lager Monowitz arbeitete Epstein im Krankenbau zunächst als Häftlingspfleger, dann als Häftlingsarzt. Er hatte insofern Glück, als er in der Quarantäne im Stammlager unter den dort eingesetzten Häftlingen einen seiner ehemaligen Studenten, Dr. Schattin, getroffen hatte, der ihm helfen konnte.[121] Bald sprach sich auch unter den SS-Ärzten herum, dass der bekannte Kinderarzt in Monowitz beschäftigt sei. Karel Minc, ein tschechisch-jüdischer Häftling, der von Januar 1943 bis zur Evakuierung des Lagers als Hilfskraft im Krankenbau Monowitz tätig war, sagte im März 1966 im Gerichtsverfahren gegen den ehemaligen SS-Arzt Dr. Horst Fischer in Ost-Berlin aus: »Als Professor Epstein kam, so weiß ich, dass Dr. [Horst] Fischer einmal mit noch mehreren von der SS gefragt hat: Wo ist Herr Professor Epstein? Und sie haben ein Buch gehabt oder etwas, das habe ich von weitem gesehen, und haben gefragt: Haben Sie das geschrieben? Da hat er gesagt: Ja.«[122] Auch Mengele dürfte davon gehört haben.

Als Nächsten rekrutierte er den tschechisch-jüdischen Arzt Dr.med. Rudolf Weißkopf, der nach dem Krieg seinen Nachnamen in Vitek ändern ließ. Weißkopf wurde nach eigener Aussage bis zur Evakuierung des Lagers im Januar 1945 »sozusagen [...] persönlicher Assistent« Mengeles.[123] Der 1895 geborene Spezialist für Hautkrankheiten traf am 28. Oktober 1942 mit dem ersten Theresienstädter Transport in

Auschwitz ein, insgesamt 1866 jüdische Männer, Frauen und Kinder, darunter seine Ehefrau Eleonora, die Tochter Susanne und die Söhne Robert und Harry. Seine Frau wurde bei der Ankunft, weil sie »klein und schwach war«, sofort in die Gaskammer geschickt, seine Tochter in das Frauenlager in Birkenau, wo sie später ums Leben kam. Weißkopf und seine Söhne lieferte die SS in Monowitz ein, wo die beiden Söhne ebenfalls starben. Weißkopf selbst arbeitete in Monowitz zunächst als Häftlingspfleger, wurde dann aber nach einer Erkrankung ins Stamm-lager überstellt, dort operiert und im Juni 1943 als Häftlingsarzt für Infektionskrankheiten in das Zigeunerlager weitergereicht.[124]

Im August 1943 sprach Mengele ihn und Epstein an, ob sie beide sich an der »Abteilung zur Erforschung und Heilung von Noma« beteiligen wollten, die Mengele im Zigeunerlager aufbaute. Es handele sich um wissenschaftliche Arbeit; um Menschenversuche, so soll er ihnen ver-sprochen haben, gehe es dabei nicht, wie Weißkopf nach dem Krieg mit Nachdruck aussagte.[125] »Mengele suchte uns«, so Weißkopf, »aus einem großen Kollektiv von Häftlingsärzten wahrscheinlich wegen unserer hervorragenden Kenntnisse der deutschen Sprache aus.«[126] Das Beherrschen der deutschen Sprache dürfte tatsächlich für Mengele wichtig gewesen sein, schließlich mussten Forschungsberichte ver-fasst werden und die Kommunikation untereinander sollte möglichst unproblematisch verlaufen. Dass er Menschenversuche ausdrücklich ausgeschlossen haben soll, ist allerdings wenig glaubhaft.

Epstein und Weißkopf wurden zu Mengeles wichtigsten Mitarbei-tern. Epstein fungierte als Leiter der »Forschungsstelle«, Weißkopf als dessen Stellvertreter und Mengeles persönlicher Assistent. Dieser behandelte die beiden besser als die übrigen Häftlingsärzte, waren sie doch für die »wissenschaftlichen« Arbeiten Mengeles im Auftrag des KWI auf dem Gebiet der Noma- und der Zwillingsforschung unent-behrlich.[127] Nach und nach stockte Mengele seine schnell wachsende Forschungsstelle um weitere wissenschaftliche Fachleute aus dem Kreis der Häftlinge auf.

Darunter war die promovierte Anthropologin Martina Puzyna aus Lemberg, die ihr Überleben der Mitarbeit an dem Zwillingsfor-schungsprojekt verdankt. Puzyna wurde im März 1943 als Angehörige der polnischen Widerstandsbewegung verhaftet und im August nach Auschwitz überstellt, wo sie anfangs bei verschiedenen Arbeitskommandos im Freien Zwangsarbeit leisten musste. Da sie die schwere körperliche Arbeit nicht gewöhnt und die Verpflegung vollkommen unzureichend war, schwanden ihre Kräfte schnell; sie wurde krank. Nach einiger Zeit gelang es ihr, in den Krankenbau aufgenommen zu werden, wo sie wegen Phlegmone und Krätze behandelt wurde. Als sie allmählich genas, ließen sie polnische Häftlingsärztinnen, die ihren beruflichen Werdegang kannten, im Krankenbau als Hilfspflegerin arbeiten. Bald erkrankte sie jedoch erneut, diesmal an Fleckfieber.[128]

Die polnische Häftlingsärztin Katarzyna Łaniewska, die Puzyna behandelte, wusste, dass Mengele Anthropologen für sein Forschungsprojekt über Zwillinge suchte, und machte ihn auf die bettlägerige Puzyna aufmerksam. Sie stellte Puzyna als Anthropologin und Assistentin von Prof. Jan Czekanowski vor, »der auf dem Fachgebiet der Anthropologie eine weltbekannte Kapazität war. [...] Mengele war dieser Name bekannt.«[129] Unmittelbar danach erhielt Puzyna die Nachricht, dass sie sich am nächsten Tag bei Mengele zu melden habe.

Da ich [zu] schwach war, um allein gehen zu können, mussten mich zwei Häftlingsfrauen an den Armen führen zu einer anderen Baracke im Frauenlager, wo Mengele sein Dienstzimmer hatte. [...] Mengele fragte mich, i[n] Gegenwart von Dr. König [ein SS-Lagerarzt], ob ich Schüler von Czekanowski wäre, dies bejahte ich, dann fragte er mich, was ich bis jetzt im Lager gemacht hätte. Daraufhin antwortete ich wahrheitsgemäß, dass ich hätte Steine tragen müssen, worauf sie beide lachten. [...] Dann wurde ich wieder zu meiner Krankenbaracke zurückgeschickt. Mengele ordnete an, dass ich zusätzliche Verpflegung zu bekommen hätte und dass ich so unterzubringen wäre wie die Häftlingsärzte. Diese wohnten in einer kleineren Abteilung in der Baracke mit vier oder fünf Betten und einem besonderen Ofen. Es wurde mir gesagt, dass Mengele ein großes Interesse daran habe, meine Arbeitsfähigkeit möglichst bald wieder hergestellt zu sehen. Für mich war das, verglichen mit meiner Situation vorher, der Himmel auf Erden.[130]

Kaum hatte Puzyna sich gesundheitlich erholt, ließ Mengele sie zu sich rufen und erklärte ihr, er wolle vergleichende Forschung an Zwillingen betreiben. Puzyna kannte die Bedeutung der Zwillingsforschung für die Anthropologie, insbesondere mit Blick auf die Vererbungslehre. Mengele machte ihr klar, dass er sich für alle Arten von Zwillingen interessiere:

> Es war offensichtlich, dass die besonderen Verhältnisse eines Konzentrationslagers von der Größe, wie es Birkenau war, sonst nicht gekannte Möglichkeiten boten, Zwillinge in erheblicher Zahl zur Verfügung zu haben. [...] Mengele beschrieb mir das zu beachtende Verfahren. Es sollten besondere Schädelmessungen vorgenommen werden, d. h. also Länge und Breite der Schädel, selbstverständlich die Körpergröße. Es bestand auch ein Untersuchungsschema mit mehreren Punkten, worin z. B. enthalten waren Form der Ohren, Form der Nase, Farbe der Augen und ähnliche Merkmale. Diese Punkte mussten anhand eines Fragebogens stets erhoben werden.[131]

Mengele stellte Puzyna spezielle Messinstrumente, insbesondere Zirkel, zur Verfügung, außerdem einen eigenen Raum und zwei Assistentinnen. Die eine hatte als ehemalige Studentin der Anthropologie Erfahrung mit derartigen Messungen und nahm sie zusammen mit Puzyna an Zwillingen sowie an Kleinwüchsigen vor. Die zweite hatte die Ergebnisse schriftlich festzuhalten. »Es wurde praktisch täglich gemessen. Meine Arbeit begann, wenn ich mich recht erinnere, im Frühjahr 1944, bevor die großen Transporte aus Ungarn kamen.« Als auch diese von Mitte Mai 1944 an im Lager eintrafen, konnte Puzyna Mengele bei deren Ankunft sehen und rufen hören: »Zwillinge raus. Er schien mir wie von Sinnen zu sein, wenn er auf der Rampe herum lief und Zwillinge suchte. Immerhin kamen auf diese Weise aus den Ungarntransporten 250 Zwillingspaare etwa zusammen.«[132]

Den Sinn und Zweck der durchzuführenden Untersuchungen erklärte Mengele der Häftlingsfrau Puzyna nicht. »Ich hatte allerdings den Eindruck«, so die Anthropologin, »dass er offenbar an der Lösung von Fragen aus dem Bereich der Vererbung interessiert war, aus denen er anscheinend mit Methoden der Pathologie mehr lernen wollte.«[133]

Der Leiter jenes dritten Teams, das pathologische Untersuchungen gestorbener oder ermordeter »Probanden« vornahm, wurde der ungarisch-jüdische Arzt und Gerichtsmediziner Dr. Miklós Nyiszli aus Nagyvárod (heute Oradea in Rumänien). Nyiszli, der in den zwanziger Jahren unter anderem in Breslau Medizin studiert und dort schließlich in Gerichtsmedizin promoviert hatte, kam am 22. Mai 1944 im Zuge der Ungarntransporte mit seiner Ehefrau und Tochter nach Auschwitz. Alle drei wurden als »arbeitsfähig« ausgesondert und ins Lager überführt. Nyiszli brachte man nach Monowitz zu den Buna-Werken, wo er nach der Quarantäne im Betonkommando Nr. 197 eingesetzt wurde. Für einen 43-jährigen Mediziner, der zuvor nie schwere körperliche Arbeit geleistet hatte, kam dies einem Todesurteil gleich.

Nyiszli war etwa zwölf Tage im Betonkommando, als der SS-Lagerarzt in Buna sämtliche Ärzte unter den Häftlingen antreten ließ. Es meldeten sich mit Nyiszli etwa fünfzig Personen. Der SS-Arzt »forderte uns auf, dass diejenigen, die die Pathologie präzise beherrschen, sich zu einer leichten Arbeit melden sollten. Von 50 Ärzten meldeten wir uns zu zweit, umso lieber, als ich merkte, dass ich infolge der schweren Betonarbeit früher oder später zusammenbrechen müßte. Nach einer gründlichen mündlichen Prüfung und Befragung hat man uns beide auch angenommen. [...] Meine Anstellung ging glatt, genauso wie die meines Kollegen, der ein Arzt der Straßburger Fakultät war.« Bei dem Kollegen kann es sich um Dr. Jecheskiel (Josef) Körner gehandelt haben, der am 20. Dezember 1943 aus Drancy bei Paris nach Auschwitz deportiert worden war und am 27. Juni 1944 als Nyiszlis Helfer nach Birkenau kommandiert wurde.[134]

»Es dauerte keine Stunde«, so Nyiszli in seiner Aussage ein Jahr später, »als man uns in der Begleitung von zwei bewaffneten SS-Leuten in einem luxuriösen Rot-Kreuz-Wagen wegbrachte und uns zu meinem Entsetzen im Hof des Krematoriums Nr. 1 in Auschwitz [Birkenau] auslud.« Der Kommandant der Krematorien I und II, SS-Oberscharführer Erich Muhsfeldt, nahm die beiden Häftlinge in Empfang, unterrichtete sie darüber, »was wir hier sehen durften und was nicht«.

Nyiszli und sein Kollege befanden sich nun im Lagerbereich des Sonderkommandos, das die Vergasungen und die Leichenverbrennung vornehmen musste. »Dann führte man uns in ein sauber eingerichtetes Zimmer, welches [...] Dr. Mengele uns zur Verfügung gestellt hatte. [...] Der Oberscharführer ließ sofort vollständige Kleidung und Unterwäsche aus den Beständen der Vergasten besorgen. Nach einigen Stunden erschien Dr. Mengele, der uns ebenfalls einer Prüfung von etwa einer Stunde unterzog. Sodann versorgte er uns mit Arbeit.«[135]

Später bekam Nyiszli zwei weitere Helfer zugewiesen: Dr. Dénes Görög, einen ungarisch-jüdischen Gerichtsmediziner, der vor der Verschleppung nach Auschwitz im Staatlichen Krankenhaus in Szombathely gearbeitet hatte, und Adolf Fischer, einen tschechischen Juden, der zwanzig Jahre lang als Sektionsdiener im Prager Institut für Anatomie beschäftigt gewesen war. Auch sie habe Mengele eigenhändig ausgesucht.[136] Zunächst aber staunte Nyiszli über den Arbeitsplatz, der ihm und seinen Kollegen im Erdgeschoss des Krematoriums I zugewiesen wurde. Es handelte sich um einen Sektionssaal »modernsten Typs«: roter Betonfußboden, ein Sektionstisch mit mehreren Abflüssen, die technische Ausstattung umfasste unter anderem drei Mikroskope, es gab neueste Fachliteratur. Nyiszli fühlte sich an ein »modernes, großstädtisches gerichtsmedizinisches Institut« erinnert.[137]

Dem SS-Personal der Krematorien habe Mengele klargemacht, so Nyiszli, »dass ich dienstlich nur ihm, Dr. Mengele, unterstellt bin. Das SS-Personal des Krematoriums darf in keiner Weise über meine Person verfügen. Um meine Verpflegung kümmert sich die SS-Küche. Meine Kleidung und meine Wäsche kann ich aus dem Lager ergänzen und wechseln. Zum Rasieren und Haareschneiden kann ich den im Krematoriumsgebäude verfügbaren SS-Friseur beanspruchen. Beim morgendlichen und beim abendlichen Zählappell muss ich nicht erscheinen.«[138] Für Auschwitz-Häftlinge waren das kaum vorstellbare »Privilegien«.

Welche »Arbeiten« dafür von ihm verlangt wurden, machte Mengele ihm schnell klar. Das Team um Nyiszli nahm in den nächsten Monaten umfangreiche Sektionen im Auftrag des Ersten Lagerarztes vor. Am 28. Juni 1945 sagte der Chefpathologe dazu aus:

Diese Arbeit bestand aus der ärztlichen Untersuchung derjenigen (lebenden) Personen, die wegen ihrer anormalen körperlichen Entwicklung aus den Transporten selektiert worden waren. Wir nahmen an ihnen Vermessungen vor, dann tötete sie Oberscharführer Muszfeld [Muhsfeldt] mit dem Kleinkaliber, d. h. mit dem 6 mm Gewehr durch Genickschuß. Danach erhielten wir Befehl, die Leichen zu sezieren und ein sehr genaues Protokoll über die Sektion herzustellen. Sodann ätzten wir die Leichen der anormalen Personen mit Chlorkalk und stellten die sauberen Knochen in Pakete zusammen, und schickten diese dem anthropologischen Institut in Berlin-Dahlem.[139]

Erich Muhsfeldt bestätigte nach dem Krieg diese Geschehnisse, ohne allerdings seine persönliche Täterschaft zu erwähnen.[140] In derselben Aussage erwähnt Muhsfeldt einen weiteren Vorfall, den auch Nyiszli schildert, und zwar die Ermordung von acht Zigeuner-Zwillingskindern:

Die SS-Ärzte Mengele und Brand[141], die für das Rasse- und Siedlungsamt Forschungen durchführten, hatten ihren Arbeitsraum im ersten Krematorium im Parterre [...]. Ich erinnere mich, dass sie 8 Zigeunerkinder, Zwillinge, getötet hatten. Als ich zum Dienst erschien, traf ich drei Häftlingsärzte bei[m] Sezieren der Leichen dieser Kinder an. Ich fragte, was das für Leichen seien. Die Ärzte antworten darauf, dass die Kinder von Mengele mit einer Giftinjektion getötet worden seien, weil sie Merkmale hatten, die Mengele im Zusammenhang mit seinen Forschungen besonders interessierten. Er hatte nämlich festgestellt, dass von den Zwillingspaaren jeder Zwilling ein blaues und ein graues Auge hatte. Bei der Sektion wurden die Augenäpfel entfernt und als Ausstellungstücke nach Berlin geschickt.[142]

Andere Häftlingsärztinnen und -ärzte in Auschwitz-Birkenau mussten Einzelaufträge von Mengele ausführen. Dr. Gisella Perl, Gynäkologin aus Sighet (heute Rumänien), wurde im Mai 1944 mit Ehemann,

Mutter und jüngerem Bruder nach Auschwitz deportiert. Während man sie als »arbeitsfähig« ins Lager überstellte, wurden die anderen Familienangehörigen unmittelbar nach der Ankunft vergast. Einige Wochen später beauftragte Mengele Perl mit der Leitung des neu errichteten Krankenreviers im Block 15 in Birkenau. »Ich solle«, so Perl, »einige andere Ärzte unter den Gefangenen versammeln und solle die kranken Leute dort betreuen [...] Neben mir waren zwei weitere absolvierte Ärzte, ein Zahnarzt und einige Frauen von Ärzten. Wir waren alle Ungarn.«[143]

Außerdem forderte Mengele von ihr, »einen lebendigen Embryo« für Forschungszwecke zu »beschaffen«, der anschließend nach Berlin zu schicken sei. »Ich musste daher eine große Anzahl von Abtreibungen [bei schwangeren Häftlingsfrauen] ausführen, um Embryos zu bekommen. [...] Ich möchte aussagen, dass ich Mengele viele Embryos gegeben habe, nicht nur einen. Diese Abtreibungspraxis dehnte sich auf mehrere Wochen aus.«[144]

Perl war nicht die Einzige, die in Mengeles Auftrag Abtreibungen vornehmen musste. In Block 2, dem Häftlingskrankenbau im Männerlager (B II f), wurde in der zweiten Jahreshälfte 1944 ein spezielles Zimmer für schwangere Frauen eingerichtet, bei denen, wie der ehemalige Häftlingsarzt Wolken berichtete, »über Anordnung Dr. Mengeles eine Frühgeburt oder ein Abortus eingeleitet wurden. Die Frauen mussten sich freiwillig diesen Operationen unterziehen, da sie sonst um ihr Leben fürchten mussten.« Denn, so erläuterte Wolken: »Alle schwangeren Jüdinnen wurden vergast. Die Feststellung der Schwangerschaft war ein Todesurteil.«[145] Hier mussten die Häftlingsärzte Stern, Herman und Cohen[146] das »embryologische Material« beschaffen, das offenkundig für die »Erbbiologische Centralsammlung« des Dahlemer KWI gedacht war.

Auch Dr. Armin Sreter aus Kisvarda (der nach dem Krieg seinen Namen in Hajdu Arpad änderte), wurde im Mai 1944 mit einem der Ungarntransporte samt seiner ganzen Familie nach Auschwitz deportiert. Auf der Rampe selektierte Mengele persönlich. Ihm fielen dabei Sreters Zwillingstöchter auf:

Er fragte sie: »Sind Sie Zwillinge?« Meine Töchter – die deutsch sprachen – sagten, ja. Er erkundigte sich, wo sich ihre Angehörigen befänden. Sie sagten, dass die Familie zusammen angekommen sei. Ihre Mutter war auch gleich bei ihnen, doch meine Schwiegermutter war bereits von Mengele zuvor zu den Arbeitsunfähigen gestellt worden, und wie wir später erfuhren, bereits auf dem Wege ins Krematorium. Darauf schickte Mengele einen SS-Soldaten der Gruppe der Arbeitsunfähigen nach, der meine Schwiegermutter zurückbrachte. Danach wurde[n] meine Schwiegermutter, Frau Hartmann Janos, sowie meine Frau und meine Töchter – auf Anweisung Mengeles – in dem FKL-Lager [Frauenlager] untergebracht. Von dort gingen sie zu anthropologischen Untersuchungen, die Mengele in der Ambulanz vornahm. Dort wurden die Untersuchungen im Zusammenhang mit der Zwillingsforschung an ihnen vorgenommen.[147]

Sreter selbst wurde von Mengele als »arbeitsfähig« in das Zigeunerlager geschickt. Nach drei Wochen bestellte Mengele ihn zu sich und befragte ihn nach seiner ärztlichen Ausbildung. Als Sreter ihm mitteilte, er habe an deutschen Universitäten studiert, bekam er von ihm den Auftrag, anhand der in der Ambulanz vorhandenen Karteien über die beobachteten Zwillinge die »Verteilung der Zwillingsgeburten in Ungarn« zu untersuchen. Wo kamen sie am häufigsten vor? Als Vater von Zwillingen wurde Sreter überdies zum Untersuchungsgegenstand, denn:

> Aus Gründen der Forschung erachtete er [Mengele] es für bedeutsam, dass sie gleichzeitig die Vorgänger meiner Zwillingstöchter beobachten konnten. Während meinem dortigen Aufenthalt wurde auch ich regelmäßig untersucht auf internem, neurologischem und augenkundlichem Gebiete. Es wurden anthropologische Messungen vorgenommen, verschiedene Lichtbilder angefertigt, es wurden mir Finger- und Fußabdrücke abgenommen sowie verschiedene Zeichnungen von mir angefertigt. Mengeles Ordinationsraum war angefüllt mit anthropologischen Messungsinstrumenten.[148]

Nachdem Sreter die Aufstellung abgeschlossen und Mengele ausgehändigt hatte, versetzte dieser ihn als Häftlingsarzt in das Lagerkrankenhaus im Birkenauer Männerlager. Sreter und seine Familie überlebten den Krieg. Er wurde von den Amerikanern in Dachau befreit, seine Familie in Auschwitz von Soldaten der Roten Armee.

Auch aus anderen Lagern bzw. Ghettos wurden Spezialisten und Mediziner angefordert. Das betraf allerdings nur jüdische Ärzte. Dr. Alina Brewda, Fachärztin für Frauenheilkunde und Geburtshilfe, die im KZ Majdanek als Häftlingsärztin eingesetzt war, wurde im September 1943 nach Auschwitz verlegt, um dort die Funktion der Blockärztin in Block 10 zu übernehmen und an den medizinischen Experimenten mitzuwirken.[149] Bereits am 7. Februar desselben Jahres waren vier Mediziner und Wissenschaftler des renommierten Weigel-Instituts in Lemberg mit ihren Ehefrauen und Kindern nach Auschwitz gebracht worden: der Arzt und Mikrobiologe Dr. Ludwik Fleck, Dr. Jakub Seemann, Dr. Bernard Umschweif und Dr. Owsiej Abramowicz. Sie wurden in Rajsko für die Entwicklung von Fleckfieber-Impfstoffen herangezogen.[150]

Prof. Géza Mansfeld, ein ungarisch-jüdischer Mediziner und Wissenschaftler aus Budapest von internationalem Rang, wurde am 24. März 1944 verhaftet und nach wenigen Wochen in das KZ Mauthausen eingeliefert. Im Juni wurde er ebenfalls nach Auschwitz verlegt, auf Anweisung der SS-Zentrale in Berlin, wie man ihm mitteilte. Wie etwa fünfzig andere Häftlingswissenschaftlerinnen und -wissenschaftler wurde er in Rajsko in diverse Forschungsprojekte einbezogen. Mansfeld arbeitete über Malaria und Syphilis, verfasste aber auch eine wissenschaftliche Abhandlung über Fleckfieber, die der SS-Arzt Hans Delmotte als seine eigene Doktorarbeit einreichte.[151]

Henri Limousin, Professor für pathologische Anatomie und experimentelle Gerichtsmedizin an der Universität von Clermont–Ferrand, wurde im März 1941 wegen »antideutscher Propaganda« verhaftet und in das KZ Dachau eingeliefert. Dort beschäftigte man ihn in der Leichenhalle. Im November 1944 wurde er als Pathologe nach Auschwitz beordert; ehe er seine Tätigkeit aufnehmen konnte, erkrankte er allerdings. Mit ihm zusammen kamen weitere 14 Häftlinge – Ärzte und Pfleger –, die in Auschwitz polnische Häftlingsärzte und -pfleger ersetzen sollten, die in Konzentrationslager im Reich verlegt worden waren.[152]

»Ist es vorstellbar, dass mich Dr. Mengele oder das Dahlemer Institut am Leben lassen würden?«, hatte Nyiszli sich angesichts der Grausamkeiten, die er gesehen hatte, gefragt.[153] Tatsächlich scheint niemand aus dem medizinischen Häftlingspersonal wegen seiner Zeugenschaft ermordet worden zu sein. Die SS vernichtete wie erwähnt weitestgehend die Akten, die über die Massenverbrechen im Lager Auskunft geben konnten, sie suchte im Zuge der Spurenbeseitigung die Überreste der weit über eine Million Leichen und die Ascherückstände zu beseitigen und die Funktion des Lagers durch (den unvollendeten) Abbruch der Krematorien zu verschleiern. Seit Oktober 1944 bis zur endgültigen Aufgabe von Auschwitz am 27. Januar 1945 wurden knapp 85 000 Häftlinge – davon rund 40 000 in der zweiten Januarhälfte – in Marsch gesetzt, um in andere Lager »evakuiert« zu werden, wie es euphemistisch hieß. Die letzten Tage des Lagers verliefen chaotisch.[154] War das Überleben der letzten hier verbliebenen Häftlingsärzte diesen Zuständen geschuldet?

Mengeles »Forschungsleiter« Epstein, der letzte Älteste des Häftlingskrankenbaus in Auschwitz-Birkenau, blieb jedenfalls mit mehreren anderen älteren Häftlingsärzten im Lager zurück, um die knapp 3000 »nicht transportfähigen« Häftlinge medizinisch zu betreuen. Sie wurden am 27. Januar 1945 von der Roten Armee befreit, die unmittelbar danach eine spezielle Untersuchungskommission zur Aufklärung der Massenverbrechen in Auschwitz einsetzte. Epstein und seine Kollegen waren nicht nur die deren wichtigste Zeugen; Epstein und Max Großmann, ein Professor für pathologische Anatomie aus Zagreb, gehörten ihr auch als Mitglieder an. Die Kommission befragte in den Monaten Februar und März 1945 etwa 200 Zeugen.

Dank ihrer Funktion hatten die Häftlingsärzte tiefe Einblicke in die Geschehnisse und Zustände im Lagerkomplex Auschwitz gewonnen. Noch unter der Herrschaft der SS hatten manche von ihnen unter Einsatz ihres Lebens Beweise für die dort verübten Verbrechen gesammelt. Sie fertigten Abschriften von Dokumenten an, entwendeten Originalunterlagen, verfassten Berichte, die sie versteckten und/oder aus dem Lager schmuggelten. Der Krankenbau im Stammlager Auschwitz war die Zentrale des Lagerwiderstandes.

Häftlingsärzte waren als Mediziner und Akademiker geübt in der Abfassung von sachlichen und präzisen Berichten. Ihre Niederschriften sind daher nicht nur von großem historischem Wert, da sie entweder noch während des Geschehens oder unmittelbar nach Kriegsende entstanden. Sie waren auch für die Strafverfolgung höchst bedeutsam. In Nachkriegsverfahren gegen Angehörige des Auschwitzer SS-Lagerpersonals vor polnischen Gerichten spielten Aussagen, Zeugnisse und Gutachten von Häftlingsärztinnen und -ärzten eine herausragende Rolle.

Am 4. März 1945, keine sechs Wochen nach der Befreiung, wandten sich die vier ehemaligen Häftlingsärzte Prof. Epstein, Prof. Mansfeld, Dr. Bruno Fischer aus Prag und Prof. Limousin mit einem Appell an »die internationale Öffentlichkeit«. »Als Überlebende des berüchtig[t]sten Konzentrationslagers Auschwitz in Oberschlesien, dem größten Menschenvernichtungslager aller Zeiten«, heißt es darin einleitend, »geben sie einen kurzen Überblick [der] ihnen bekannten Grausamkeiten, Tötung sowie Verstümmelungen, die die SS vorsätzlich zur Vernichtung von vielen Millionen unschuldiger Menschen beiderlei Geschlechts, in jedem Alter, an Angehörige[n] fast aller Nationen Jahre hindurch begangen hat.«[155] Auf vier Seiten stellten sie die in Auschwitz begangenen Massenverbrechen dar: Erschießungen in Block 11 im Stammlager, Tötungen mit Phenolspritzen, verbrecherische medizinische Experimente an Häftlingen. Es »fanden seitens der SS-Lagerärzte[,] und zwar Dr. Mengele, Dr. Endreß [Entress], Dr. Klein, Dr. Fischer und Dr. Kitt, sowie dem SS Sturmbannführer Professor Dr. Klauberg [Clauberg], Experimente an lebenden Menschen statt, wozu man sonst Versuchstiere benötigte.« Über die Vergasungen schrieben sie unter anderem: »Die größte Zahl an Morden wurde jedoch erzielt, als man im Jahre 1941 mit den Vergasungen begann.«[156]

Es ist allerdings auffallend, dass Epstein es in seinen Berichten und Aussagen vermied, über seine Rolle als Mengeles »Forschungsleiter« zu sprechen. Als er am 7. April 1945 von der polnischen Untersuchungskommission über Mengeles medizinische Experimente an Zwillingen befragt wurde, erklärte er knapp: »Darüber habe ich keine Kenntnis.«[157] Auch später äußerte er sich nicht dazu. Mengele versuchte außerdem wie andere SS-Lagerärzte, die Ausmusterung von kranken jüdischen Häftlingen an Häftlingsärzte zu delegieren. Manche gaben dem Druck nach; Epstein soll seit Mai 1944 in Mengeles Auftrag im Männer-Häftlingskrankenbau in Birkenau wiederholt selektiert haben, wie der polnische Schreiber Tadeusz Joachimowski aussagte.[158] Epstein schwieg darüber.

Manche Häftlingsärztinnen und -ärzte schrieben ihre Auschwitzerlebnisse unmittelbar nach der Befreiung nieder und veröffentlichten sie. Mengeles Chefpathologe Nyiszli war einer von ihnen. Er war mit seinen Kameraden nach Mauthausen verschleppt und dort von US-Truppen befreit worden. »Krank, psychisch und physisch zerbrochen, mache ich mich auf den Weg nach Hause«. Seine Hoffnung, dort auf seine Frau und seine Tochter zu treffen, zerstob. Es gab keine Spur von ihnen.

Ich müßte ausruhen. Kräfte sammeln. Aber: hat das alles noch einen Sinn? Krankheit verzehrt mich. Die blutige Vergangenheit liegt schwer auf meinem kranken Herzen. […] Stumm ertrage ich die Schmerzen meiner Krankheit. In mich versunken, lasse ich Monate vergehen. Es ist Oktober, sechs Monate sind seit meiner Befreiung vergangen … An einem dunklen Nachmittag sitze ich frierend im Dämmerlicht meines Zimmers. […] Plötzlich geht die Klingel. Die Tür öffnet sich: Meine Frau, meine Tochter treten ein. Bergen-Belsen, das berüchtigte Vernichtungslager, war der Ort ihrer Befreiung. Von dort kamen sie nach Hause zurück. Sind gesund. Das ist alles, was sie sagen. Das Weitere weinen sie in langen Stunden heraus. […] Jetzt hat das Leben wieder einen Sinn. Es ist jemand da, für den man leben kann. Ich will wieder arbeiten. Es wird ein gutes Gefühl sein, wieder den Menschen zu helfen. Aber nie wieder werde ich Tote sezieren. Nie wieder.[159]

Nyiszli beschloss jedoch trotz der psychischen Qualen, Zeugnis über seine Erlebnisse in Auschwitz abzulegen, über seine Arbeit als Pathologe für Mengele, über die in Birkenau begangenen Massenverbrechen an Juden. Im März 1946 hatte er die Niederschrift beendet und veröffentlichte sie – auf Ungarisch – noch im selben Jahr. Seine mittlerweile in zahlreiche Sprachen übersetzten Erinnerungen gehören zu den wichtigsten Zeugnissen »über diese finstere Zeit der Menschheitsgeschichte«.[160] Bis zu seinem Tod im Alter von 55 Jahren arbeitete er als Arzt am örtlichen Krankenhaus.

Epstein kehrte ebenfalls in seine Heimatstadt zurück. Dort, in Prag, musste er allerdings feststellen, dass die tschechischen Stellen ihm seine an der deutschen Universität erworbenen akademischen Titel aberkannten. Ein Versuch, nach Großbritannien auszuwandern, scheiterte an mangelnden Beschäftigungsmöglichkeiten als Pädiater.[161] Auch seine alte Stelle an der Kinderklinik in Prag konnte er nicht wieder antreten, weil die deutsche Universität mit all ihren Institutionen im Zuge der tschechischen »Entdeutschungs«-Maßnahmen aufgelöst wurde. Epstein ließ sich daher erst einmal in einer Privatpraxis nieder. 1948 erhielt er seine akademischen Titel zurück, am 1. Oktober 1949 übernahm er bis zu seinem Tod infolge eines Herzinfarkts im Jahre 1962 die Leitung der Kinder- und Säuglingsabteilung des Krankenhauses Bulovka bei Prag. Epstein wurde 72 Jahre alt.[162]

Nicht wenige ehemalige jüdische Häftlingsärztinnen und -ärzte entschieden sich dafür, Europa zu verlassen. Die meisten gingen nach Israel, andere in die USA und andere Länder. Einige nicht-jüdische polnische Häftlingsärzte wählten ebenfalls diesen Weg.

1961 riefen mehrere ehemalige polnische Häftlingsärzte eine Zeitschrift ins Leben, um ehemaligen KZ-Insassen, vor allem Auschwitzüberlebenden aus Polen, die Möglichkeit zu geben, ihre Erlebnisse und Berichte zu veröffentlichen. Die *Hefte von Auschwitz (Zeszyty Oświęcimiskie)* erschienen bis in die neunziger Jahre als Unterabteilung des Ärzteblattes *Przegląd lekarski*.

Andere versuchten aus gesundheitlichen Gründen, ihre schrecklichen Erlebnisse zu vergessen. Die ehemalige Häftlingsärztin Dr. Lucie Adelsberger wanderte nach 1945 in die USA aus, wo sie wieder als Ärztin arbeiten konnte. Unmittelbar nach dem Krieg hatte sie ihre Erlebnisse noch veröffentlicht. Die Beschäftigung mit den Geschehnissen in Auschwitz belastete sie aber immer mehr. Als sie im März 1970 von dem New Yorker Anwalt Fritz Weinschenk im Auftrag der deutschen Staatsanwaltschaft die Anfrage erhielt, ob sie bereit wäre, im Ermittlungsverfahren gegen den ehemaligen Häftlingsarzt Stefan Buthner (Budziaszek) auszusagen, antwortete sie:

Ich muss dazu sagen, dass dieser Name mir nichts besagt und ich keine Erinnerung an diesen Namen habe.
Außerdem möchte ich sagen, dass ich gesundheitlich zu weiteren Aussagen nicht imstande bin. Am Nachmittag des 21. März 1970, nach der Sitzung mit Ihnen und Herrn Staatsanwalt Klein[,] wurde ich beim Heimkommen so schwindlich [sic], dass ich nicht auf der Straße gehen konnte. Waehrend der Nacht und den folgenden Nächten bekam ich dauernde Herzkraempfe, keine Schlafmittel und Beruhigungsmittel halfen mir, weil ich die Geschehnisse in Auschwitz wieder in aller Klarheit nacherlebte. Am Mittwoch, dem 25. Maerz, hatte ich einen so schweren dauernden coronären Krampfzustand, dass ich als emergency Patient ins Krankenhaus aufgenommen werden musste.[163]

Stefan Buthner war nicht der einzige Häftlingsarzt, der sich mit einem Ermittlungsverfahren konfrontiert sah. Insbesondere Häftlingsärzte, die leitende Funktionen innegehabt oder an den medizinischen Versuchen mitgewirkt hatten, gerieten ins Visier der Justiz. Buthner, der ehemalige Älteste des Häftlingskrankenbaus in Monowitz, war vor der Aufgabe von Auschwitz nach Buchenwald deportiert und dort von den Amerikanern befreit worden. Er blieb in Deutschland, holte seine Abschlussprüfungen nach, promovierte und ließ sich 1951 in Hannover nieder. Die polnischen Behörden ermittelten nach 1945 gegen ihn, stellten ihre Nachforschungen jedoch bald ein. Zehn Jahre später, 1961, nahm die westdeutsche Staatsanwaltschaft Ermittlungen gegen ihn auf. Da sich die meisten Vorwürfe als falsch erwiesen oder nicht belegbar waren, wurden auch diese Ermittlungen nach 14 Jahren eingestellt.

Dering, der ehemalige Älteste des Häftlingskrankenbaus im Stammlager, entzog sich Nachforschungen der polnischen Justiz durch Flucht in den Westen. Schließlich arbeitete er als Arzt in Großbritannien, wo er schließlich gegen Leon Uris ein Verleumdungsverfahren anstrengte, da dieser in seinem Roman »Exodus« behauptet hatte, Dering habe sich als Operateur in großem Stil an Sterilisierungsexperimenten beteiligt. Das Gericht konnte Uris' Vorwurf nicht erhärten. Noch kurz vor seinem Tod im Juli 1965 wurde Dering in der Deutschen Botschaft in London außerdem als Zeuge für den ersten Frankfurter Auschwitz-Prozess einvernommen.

Zenkteller, der Krankenbauälteste in Birkenau, musste sich im Jahre 1948 vor dem Krakauer Bezirksgericht verantworten. Das Verfahren endete mit Freispruch. Das Gericht bescheinigte ihm zwar grobes Verhalten gegenüber Häftlingen, auch gegenüber Häftlingsärzten, argumentierte aber, er habe sich zugleich für die Belange der kranken Häftlinge eingesetzt. Für eine aktive Mitwirkung an Selektionen, geschweige denn für selbstständig vorgenommene Selektionen im Krankenbau – so der Vorwurf – fand man keine Beweise.[164]

Die leitende Häftlingsärztin im Häftlingskrankenbau des Frauenlagers in Birkenau, Enna Weiß, soll in der Tschechoslowakei angeklagt, ebenfalls freigesprochen worden und später nach Australien ausgewandert sein. Ihre Spur lässt sich jedoch nach 1945, wie bei vielen der ehemaligen Häftlingsärztinnen und -ärzte, nicht mehr präzise verfolgen. Ob die Furcht vor juristischer Verfolgung oder öffentlicher Anfeindung dahintersteckt oder andere Gründe dafür ausschlaggebend sind, lässt sich nicht beurteilen. Auffallend ist jedoch, dass viele ehemalige Häftlingsärzte nach dem Krieg ihren Namen änderten.

Mit so einem Fall hatten offenkundig auch wir es zu tun.

8 Spurensuche I: Erste Erfolge

wir haben neue Medikamente für die Sterilisierungen bekommen [...] An
26 Frauen aus Bácska habe ich die Sterilisation durchgeführt mit diesem
Triopan.
Auschwitz-Notizen

Unsere Schwierigkeiten, in Akten jeglicher Provenienz sowie den einschlägigen Publikationen zu Auschwitz irgendeinen greifbaren Hinweis auf die Existenz Grósz Chorins zu finden, waren eklatant. Wir
konnten sein Umfeld anhand der gemachten Angaben identifizieren,
aber nicht ihn selbst. Die Recherchen zu seiner Nachkriegsexistenz in
der Schweiz hatten wir bereits eingestellt, zu seiner schulischen und
universitären Ausbildung ließ sich nichts herausfinden, und die von
Kaiser angekündigten Dokumente wie Totenschein und ihre eigene
Geburtsurkunde lagen uns noch nicht vor. Für diese Misslichkeiten
mochten die mehrfachen Namenswechsel verantwortlich sein, For-
scherpech hinsichtlich von Aktenlücken kam hinzu, und womöglich
hatte Kaiser trotz ihres unübersehbaren Interesses an der Offenlegung
des Nachlasses doch Skrupel, uns alles, was sie über ihren Großvater
wusste, zukommen zu lassen. Irritierender war der Umstand, dass
nicht einmal dessen Auschwitzer Arztkollegen in den Befragungen
erst durch die ASK, später durch die polnischen Behörden einen auch
nur ähnlich lautenden Namen erwähnt hatten. Allmählich fragte ich
mich, ob wir es mit einer verdeckten Identität zu tun hatten. War Grósz
Chorin in Auschwitz womöglich ebenfalls unter falschem Namen auf-
getreten?

Solche Fälle werden sowohl in der Fachliteratur als auch in den
einschlägigen Quellen überliefert. Ein prominentes Beispiel ist Jerzy
Tabeau (1918–2002). Der polnische Medizinstudent hatte sich nach
dem deutschen Überfall auf Polen im September 1939 dem polnischen
Widerstand angeschlossen und einen Tarnnamen angenommen: Jerzy
Wesołowski. Unter diesem Namen kämpfte er gegen die Besatzer, unter
diesem Namen wurde er im Frühjahr 1942 verhaftet, nach Auschwitz

deportiert und unter der Nummer 27 273 registriert. Er wurde bei verschiedenen Außenkommandos eingesetzt, erkrankte bald an Lungenentzündung und landete im Ambulatorium des Stammlagers, wo er nach seiner Genesung als Krankenpfleger blieb. Im April 1943 wurde er als Blockschreiber in den Krankenblock des sogenannten Zigeunerlagers abkommandiert, von wo aus ihm am 19. November 1943 zusammen mit einem polnischen Häftlingskameraden die Flucht gelang. Er schlug sich zum polnischen Widerstand durch.

Bereits im Dezember 1943 begann Wesołowski mit der Abfassung eines Berichts über die Zustände im Konzentrations- und Vernichtungslager Auschwitz, den er Anfang 1944 beendete. Dieses als »The Polish Major's Report« in die Forschung eingegangene Dokument gelangte nach London zur polnischen Exilregierung, die es ins Englische übersetzen ließ und der Öffentlichkeit bekannt machte. Wesołowski selbst kämpfte bis zuletzt gegen die Deutschen. Nach Kriegsende gab er seinen Kampfnamen auf, setzte unter seinem richtigen Namen das Medizinstudium fort und arbeitete anschließend in Krakau als angesehener Kardiologe. Dass Tabeau der Autor des »Polish Major's Report« ist, wurde erst Anfang der achtziger Jahre bekannt.[165] Die nach dem Krieg einsetzende Verfolgung des nationalpolnischen Widerstandes durch das kommunistische Regime hatte es Tabeau vermutlich lange Zeit ratsam erscheinen lassen, über seine damalige Tätigkeit zu schweigen.

Doch Tabeau war kein Jude, und ob es im Kreise der jüdischen Häftlingsärzte überhaupt möglich war, seine wahre Identität zu verschleiern, ist ungeklärt. Dennoch war es eine Arbeitshypothese, die wir zumindest prüfen wollten. Wir begannen zu recherchieren, ob es einen Häftlingsarzt gegeben hat, dessen Personen- und Tätigkeitsbeschreibung mit jenen Grósz Chorins übereinstimmte. Als Datenbasis für den Abgleich verwendeten wir die zu diesem Zeitpunkt nur vorläufig übersetzten Auschwitz-Notizen, Kaisers Angaben zu ihrem Großvater sowie die inzwischen erschlossenen Quellen und die Literatur über Häftlingsärzte in Auschwitz. Wir wurden bald fündig.

Dr. Maximilian (Max) Samuel war im Jahre 1880 geboren, Grósz Chorin ein Jahr zuvor (1879). Im vergleichbaren Alter gab es in

Auschwitz nur wenige Häftlingsärzte, etwa Eugen Reach (geb. 1877),[166] Géza Mansfeld (geb. 1882)[167] und Erwin Valentin (geb. 1883).[168] Doch von ihnen hatte keiner an medizinischen Experimenten im Stammlager Auschwitz und/oder in Auschwitz-Birkenau mitgewirkt. Anders hingegen Dr. Samuel, der als erfahrener Frauenarzt – wie Grósz Chorin – zu verschiedenen Versuchen in Auschwitz hinzugezogen wurde.

Unter den in der Forschung bekannten Häftlingsärzten, die in diesem Konzentrations- und Vernichtungslager zu vermeintlich medizinisch ertragreichen Grausamkeiten gezwungen wurden, war Dr. Samuel meines Wissens der einzige, der über sechzig Jahre alt war. Er hatte vor dem Krieg in Köln als Frauenarzt praktiziert und war mit seiner Familie Ende 1938 nach Belgien geflohen. Von dort versuchte er im Sommer 1942 illegal in die Schweiz zu gelangen, wurde dabei jedoch verhaftet und im Übergangslager Drancy in Frankreich interniert. Kurz darauf deportierte man ihn mit Frau und Tochter nach Auschwitz. Am 31. August 1942 erreichte der Transport das Lager. Während seine Ehefrau direkt ins Gas geschickt wurde, selektierte man Samuel und seine Tochter als »arbeitsfähig« aus. Nach einigen Wochen im Krankenbau des Stammlagers schickte man ihn als Häftlingsarzt in das Nebenlager Golleschau, einigen Zeugenaussagen zufolge soll er in dieser Funktion aber auch in Auschwitz-Monowitz (Buna) gearbeitet haben. Am 18. Mai 1943 wurde Samuel in das Stammlager Auschwitz zurückverlegt und dort in Block 10 als leitender Häftlingsarzt eingesetzt.[169]

In jenem Block, der berüchtigten »Versuchsstation«, wurden wie erwähnt vorwiegend jüdische Frauen für medizinische Experimente missbraucht. In erster Linie ging es dabei um Methoden der Sterilisation, aber auch um Forschungen zu Gebärmutterkrebs und anderen Erkrankungen.[170] An all diesen Experimenten wirkte Samuel im Auftrag von SS-Standortarzt Dr. Wirths, Prof. Clauberg und Dr. Schumann mit. Wirths befasste sich zusammen mit seinem Bruder wie geschildert unter anderem mit Gebärmutterkrebs, Clauberg testete die Sterilisation von Frauen durch Eileiterverklebung mittels einer per Spritze induzierten Infektion, Schumann versuchte sich an der Unfruchtbarmachung von jüdischen Frauen und Männern durch

Einsatz von Röntgenstrahlen.[171] Samuel entnahm anfangs Gewebe-
proben für die Gebrüder Wirths, solange sich deren Versuche noch
nicht auf das Kolposkopieren beschränkten. Für Clauberg und Schumann überprüfte er Gewebeschädigungen an den Eileitern infizier-
ter oder bestrahlter Frauen. Seine Technik ließ indes offenbar zu
wünschen übrig. Selbst die vergleichsweise leichten Eingriffe an den
Versuchsopfern der Gebrüder Wirths führten nach Aussage der Häftlingsärztin Dr. Dobrosława Klein »sehr oft« zu Nachblutungen, und
im Oktober 1943 übernahm der polnische Häftlingsarzt und Chirurg
Dering, der mittlerweile als Ältester des Häftlingskrankenbaus im
Stammlager eingesetzt war, sämtliche Operationen in der »Versuchsstation«. Die zuvor von Samuel im Auftrag von Clauberg und Schumann operierten fünf Frauen litten noch Wochen später an vereiterten
Wunden, die nicht heilen wollten.[172] Dass der Name Samuel in den
Auschwitz-Notizen nicht ein einziges Mal auftauchte, während andere
Beteiligte – Clauberg und Wirths, aber auch Häftlingsärzte – durch-
aus genannt wurden, war auffallend.

Womit hatten wir es hier zu tun?

Samuel, so viel schien festzustehen, war 1943 oder 1944 in Auschwitz
ermordet worden. Die Zeugenaussagen zu Zeitpunkt und Umständen
seines Todes variieren allerdings so stark,[173] dass die United Nations
War Crimes Commission Dr. Maximilian Samuel im November 1945
unter dem Vorwurf, »performed experimental operations on female
prisoners (March 1943–August 1944)«, auf die Liste der gesuchten
Kriegsverbrecher setzte. Vermuteter Wohnort: »Cologne.«[174] Die War
Crimes Group der US-Armee führte ihn mit folgenden Angaben auf
einer Täterliste zum Vernichtungskomplex Auschwitz: »Subject performed ex-ray [sic] castrations on inmates of Auschwitz CC [Con-
centration Camp], and excision of ovaries. Subject participated in the
sterilization [of] women inmates. [...] Subject was allegedly shot on
September 1944. Present whereabouts unknown.«[175] Interessanter-
weise meinte Erna Fleig, selbst ein Opfer der Experimente in Block 10,
Samuel habe ihr und den anderen Frauen »auch erzählt, dass er über
seine Arbeiten [Versuche am Gebärmutterhals zwecks Krebsfor-
schung; B. M.] ein Buch geschrieben habe. Als dieses Buch fertig war,

ist er erschossen worden. Dies war ein Gerücht in Birkenau; gesehen hat ihn seitdem niemand mehr.«[176]

War Grósz Chorin womöglich Samuel selbst, der das Lager entgegen den landläufigen Annahmen doch überlebt hatte? Oder war er, gedeckt von Wirths und Mengele, in dessen Identität geschlüpft, nachdem der Arzt ermordet worden war, und zwar deutlich früher, als weithin angenommen? Zu den Baracken des Sonderkommandos in Birkenau, wo Grósz Chorin laut den Aufzeichnungen für Mengele arbeitete, hatten die anderen Häftlinge keinen Zugang. Das galt auch für die Häftlingsärzte. Bis heute ist unbekannt, wie viele Häftlingsärzte dort eingesetzt waren.[177] Der ehemalige polnische Häftlingsarzt Prof. Jan Olbrycht sagte jedenfalls im März 1947 im Gerichtsverfahren gegen Rudolf Höß aus, dass Samuel »dazu auserkoren wurde, eine neue Forschungsstelle in Birkenau zu gründen. Und am Abend kam [aus Auschwitz-Birkenau] die Meldung an: ›ist gestorben‹.«[178] Hatte da jemand gezielt ein Gerücht gestreut? Theoretisch wäre ein Rollentausch – aus Grósz Chorin wurde Samuel oder umgekehrt – bei den einzelnen Standortwechseln möglich gewesen. Damit wäre auch eine Erklärung für den Umstand gefunden, dass Grósz Chorin vor seiner Deportation nach Auschwitz vornehmlich auf dem Gebiet der Neuroanatomie und Hirnforschung tätig gewesen war, danach aber als Frauenarzt in Erscheinung trat. Und offenbar nicht als guter.

Jede dieser Annahmen klang abenteuerlich. Doch Arbeitshypothesen dürfen gewagt sein. Schließlich ist das ihr Sinn: die Perspektive auch auf das vordergründig Unmögliche zu weiten, damit man sich nicht zu früh auf Lesarten der Quellen festlegt, die einem den Blick auf Wesentliches zu verstellen drohen. Entscheidend ist, was sich letztlich belegen lässt – welche Thesen sich angesichts der Datenlage als stichhaltig erweisen und welche nicht.

Als Kaiser uns im August 2015 ankündigte, die Übergabe der vom Vatikan mittlerweile freigegebenen Dokumente aus den Paketen, die ursprünglich nach Rom gegangen waren, stehe unmittelbar bevor, verlieh uns diese Aussicht neuen Schwung. Von Memoiren, die der Großvater nachträglich verfasst habe, war die Rede, und darein setzten wir unsere Hoffnungen. Von der Identitätsfrage einmal abgesehen, klafften in den Auschwitz-Notizen Widersprüche, die sich mithilfe dieses neuen Materials eventuell auflösen ließen.

Manche der offenkundigen Fehler konnten, dessen waren wir mittlerweile sicher, mit einer wachsenden Luminal-Abhängigkeit Grósz Chorins erklärt werden. So schilderte er beispielsweise einen Hitler-Besuch in Auschwitz, der nach allen verfügbaren Quellen definitiv nicht stattgefunden hatte. Hitler hat nie ein KZ besichtigt, erst recht kein Vernichtungslager wie Auschwitz. Und doch schilderte Grósz Chorin vergleichsweise detailliert, wie die Kranken in Baracke 12 versorgt und zurechtgemacht werden sollten, wie der Lagerbereich unter großer »Geheimnistuerei« in Ordnung gebracht, die Ärzte neu eingekleidet wurden. Hinweise auf ihre Zugehörigkeit zum Sonderkommando habe man auf den Kitteln nicht mehr finden können. Und dann ist es so weit:

Die Tür geht auf: Generäle und ein Marschall-Oberst kommen rein mit einem Marschallstab. »Der Führer«. Schämt sich denn dieser verrückte Hitler nicht. [...] Die deutschen Nazi-Offiziere begrüßte Hitler mit Armschwung und Händeschütteln. Er hat auch mir die Hand gegeben/er zitterte, war nass und schwach das Händeschütteln. [...] – ich habe mich einen Moment lang gewundert/ich habe ihn angesehen, dachte, dass er mich anschaut, aber in seinen Augen war kein Scheinen mehr.

Die Delegation inspiziert daraufhin die Baracke 12, Mengele, dessen volltönende Singstimme allseits bekannt ist, trägt Hitler Opern-Arien vor, und nach einer halben Stunde kommt der »Führer« mit seiner Entourage noch einmal an Grósz Chorin vorbei:

– als Hitler an mir vorbeiging, hat er mich angeschaut – seine Augen waren voller Hass – seine Augen waren voller Hass [sic] – er hat mir auf die rechte Schulter geklopft und danach sagte ich »Heil Hitler«/ Ich werde es mir niemals verzeihen, auch nicht wenn ich hundert Jahre alt werde/Nein, nein, wie tief musste ich fallen. Ich sage ihm Heil Hitler und hebe meine rechte Hand.

Sommer 1944.

General der Flieger Quade in Auschwitz.

»Hitler« in Auschwitz

So eindrücklich die Schilderung war, so unmöglich war ihr Wahrheitsgehalt.

Es gab allerdings Anhaltspunkte für eine Verwechslung: Ende Mai 1944 hatte der General der Luftwaffe Erich Quade das KZ Auschwitz aufgesucht. Im Standortbefehl Nr. 25/44 vom 11. Mai 1944 des Lagerkommandanten von Auschwitz I heißt es: »Mittwoch, 31.5.1944, 20 Uhr: Vortrag des Generals der Flieger Quade: ›die deutsche Luftkriegsführung‹.«[179] Quade, fünf Jahre älter als der vorzeitig gealterte Hitler, trug einen ähnlichen Schnauzbart wie dieser und während der Auschwitz-Visite seine weiße Generaluniform. Auf einen Zivilisten mochte dies durchaus wie eine Marschalluniform gewirkt haben, wie die Aufnahme von diesem Besuch aus dem Fotoalbum von Karl-Friedrich Höcker zeigt,[180] der dem Lagerkommandanten als Adjutant zugeteilt war.

Und Quade war nicht der einzige prominente Gast im Lager. Immer wieder ließen sich Größen aus Wehrmacht, Partei und übergeordneten Dienststellen das Lager und selbst die Vernichtungsanlagen zeigen.[181]

Dass Grósz Chorin Zugriff auf Luminal hatte und sich dessen auch bediente, war uns schon nach Durchsicht der ersten, noch lückenhaften Rohübersetzung der Auschwitz-Notizen aufgefallen. Deutlich vor der Darstellung des vermeintlichen Hitler-Besuchs hatte er festgehalten, wie er sich mithilfe des Betäubungsmittels dem täglichen Grauen zu entziehen versuchte. So hieß es etwa unter dem Datum 20. Juli 1943:

> *Ich sammle die zurückgelassenen Medikamente und Brillen ein. Mit vernebeltem Gehirn und vor Erschütterung zitternden Beinen mache ich mich auf den Weg nach Hause. Als ich nach Hause komme, taumele ich in mein Zimmer. Heute klassifiziere ich keine Medikamente / ordne keine Brillen / ich nehme Luminal ein und lege mich hin. Die heutige Dosis Luminal beträgt 30 mg / Ob sie gegen Scheiterhaufenkrankheit hilft?*

Und weiter:

> *Luminal 40 mg/Luminal 50 mg/Depression! Depression!*

Zu den Nebenwirkungen von Luminal zählen neben Schwindel, Konzentrationsproblemen, Benommenheit, Desorientiertheit und eingeschränktem Urteilsvermögen bei hoher Dosierung Halluzinationen und Wahrnehmungsstörungen. Die Traumatisierung durch die alltäglich erlebten und selbst zugefügten Grausamkeiten mochte überdies dazu beitragen, dass der Besuch einer NS-Größe zu einer persönlichen Begegnung mit dem »Führer« übersteigert wurde.

Im Sommer 2015 gelang uns auch im Zusammenhang mit Entschlüsselungsfragen ein Durchbruch. Was sich hinter den bereits erwähnten Zahlenkolonnen im »Trachoma«-Buch und den Gedeon-Notizheften

Das Deckblatt der Auschwitz-Notizen mit kryptischen Zeichen

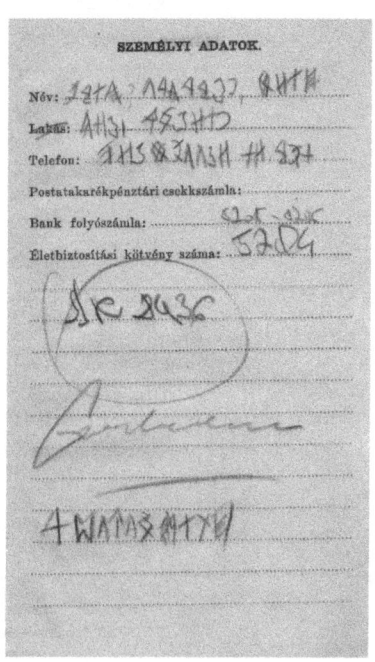

verbarg, war uns noch immer ein Rätsel. Jeweils die erste Seite hatten wir »knacken« können, danach war Schluss. Zahlen waren jedoch nicht die einzige Kodierung, die Grósz Chorin benutzt hatte. Das Deckblatt der Auschwitz-Notizen war mit Zeichen bedeckt, die wir nicht zu deuten wussten.

Lediglich die Zahlen 5705–5706 sowie 5704, die Jahre 1943–1944 und 1942 nach jüdischem Kalender, ließen sich problemlos erschließen. Doch mit den Schriftzeichen konnte selbst Kaiser nichts anfangen, die wir schon früh bei der entsprechenden Seite um Hilfe gebeten hatten. Bei einer unserer Begegnungen im Sommer hatte sie mir jedoch beiläufig erzählt, dass ihr Großvater sich für mittelalterliche ungarische Schriften interessiert habe. Diese Spur verfolgte ich weiter. Bei meinen Recherchen stieß ich auf eine in Siebenbürgen bei der Volksgruppe der Szekler zwischen dem neunten und zwölften Jahrhundert gebräuchliche Kerbschrift, die in Ungarn noch heute bekannt ist. Entsprechende Zeichenlisten kursieren im Internet,[182] und mit deren Hilfe ergaben die Symbole auf dem Deckblatt plötzlich einen Sinn:

Emil, Salámon Fri[t]z
Grósz Chorin
Professor Dr. med.
5705-5706
5704
[...]
Auschwitz

Diese Entdeckung spornte mich an. Emil und Frigyes (Fritz) hießen zwei von Grósz Chorins Söhnen, die er aus welchen Gründen auch immer auf diesem Deckblatt verewigt hatte. Wenn mir diese Entschlüsselung gelungen war, dann würden wir auch den anderen Kodes auf die Schliche kommen. Ich war gespannt, welche Hinweise ich in den avisierten neuen Dokumenten finden würde. Das Projekt packte mich immer mehr.

9   Das »Herzstück«

Ich habe einen jüdischen Jungen sehr geliebt – so hat Dr. Mengele ihm auf
meine Bitte nicht geschadet!! Primus Levi.
Memoiren, Bl. 73

So dringend wir die neuen Dokumente auch erwarteten, wir mussten uns gedulden. Im August und September 2015 verschärfte sich die
Flüchtlingskrise in Europa, und Kaiser war im Auftrag des Vatikans
unermüdlich im Einsatz. Immer wieder wurde der Übergabetermin
verschoben. Die Auschwitz-Notizen hatte Kemény bis Anfang September weitgehend transkribiert und übersetzt. Doch da wir darauf
setzten, mithilfe der angekündigten Memoiren zumindest einige der
Unstimmigkeiten auflösen zu können, legten wir sie vorläufig zur Seite.
Wir wollten uns nicht mit Recherchen aufhalten, die sich womöglich
kurz darauf als unnötig herausstellten.

Anfang Oktober konnte Kaiser sich kurzzeitig von ihren Verpflich-
tungen freimachen, und ich fuhr nach München, um gemeinsam
mit ihr die nachgelieferten Päckchen in ihrer Wohnung abzuholen.
Zu meiner Überraschung hielten sich bei unserem Eintreffen mir
unbekannte Leute dort auf: Attila, der Fahrer der Gräfin, samt seiner Familie aus Budapest. Ich wertete das als Vertrauensbeweis der
Vatikanärztin, die ansonsten so bedacht darauf war, die Dokumente
vor unbefugtem Zugriff zu schützen. Auch diesmal war das Behält-
nis gesichert: Es handelte sich um ein verplombtes Holzkästchen. Als
wir es am nächsten Tag in Lothfels' Villa öffneten, wo sich neben der
Gastgeberin meine Mitstreiterin Wassert eingefunden hatte, kamen
erneut zwei Taschenkalender sowie ein Buch aus dem Jahr 1911, das
mit handschriftlichen Aufzeichnungen versehen war, zum Vorschein,
außerdem einige andere Unterlagen. Bei den Taschenkalendern handelte es sich um einen Kalender des Jahres 1943 mit zum Teil längeren
Bleistift-Notizen auf Ungarisch sowie um einen Medizinal-Kalender
für das Jahr 1934, in dem mit Kopierstift zahlreiche Namen und stichwortartige Einträge mal auf Deutsch, mal auf Ungarisch verzeichnet

sind. Mit den Worten »Das ist das Herzstück« zog Kaiser jedoch das festgebundene Buch aus dem Stapel. »Útmutató Az Èlettani Gyakorlatokhoz« (zu Deutsch: Leitfaden für Biologie-Übungen) lautet der Titel, erschienen war es in Budapest, und es weist eine Besonderheit auf, denn jede Doppelseite ist nur einseitig bedruckt. Die rechte Seite ist jeweils frei, und hier hatte Grósz Chorin – wiederum mit Kopierstift – seine Erinnerungen niedergeschrieben. Es gibt insgesamt 108 Buchseiten wie die nebenstehende.

Der letzte Eintrag stammt vom 18. November 1964. Das waren offenkundig die Memoiren, auf die wir so gehofft hatten.

Nach dem Schriftbild zu urteilen, stammten alle Aufzeichnungen, die uns mittlerweile vorlagen, aus einer Hand. Zwar unterschieden sie sich in Stil und Form: Mal waren sie stichwortartig wie – häufig – in den Auschwitz-Notizen und – durchgängig – im Medizinal-Kalender 1934, beides Zeugnisse, die dem Eindruck nach überwiegend im Lager verfasst worden waren. Mal handelte es sich um längere Ausführungen wie im Taschenkalender 1943 und dem Memoirenbuch, die aus der Nachkriegszeit zu stammen schienen. Dennoch konnten wir davon ausgehen, es mit dem Schrifttum ein und derselben Person zu tun zu haben. Das war ermutigend. So ließen sich dank den nach dem Krieg angefertigten Erinnerungen und Darstellungen womöglich die Lücken schließen, die in den kursorischen Vermerken klafften, die in Auschwitz entstanden waren. Letztere hatte Grósz Chorin meiner Vermutung nach nur als Gedächtnisstützen festgehalten. Schon das war unter den Bedingungen der Lagerhaft und erst recht im Umfeld des Sonderkommandos lebensgefährlich.

Nun, da wir weitere Anhaltspunkte an die Hand bekommen hatten, würden wir vielleicht auch in den Entschlüsselungsfragen Fortschritte erzielen und herausfinden, wie die einzelnen Teile des Nachlasses ineinandergriffen. Unsere Datenbasis hatte sich schlagartig erheblich erweitert. Allein eine erste, angesichts der Sprachbarriere notwendigerweise oberflächliche Sichtung der neuen Unterlagen zeigte, dass zumindest das, was wir entziffern konnten, zu dem, was wir schon wussten, passte. Insbesondere im Medizinal-Kalender 1934 stachen uns Namen von Ärzten und Opfern sowie Hinweise auf Versuche ins

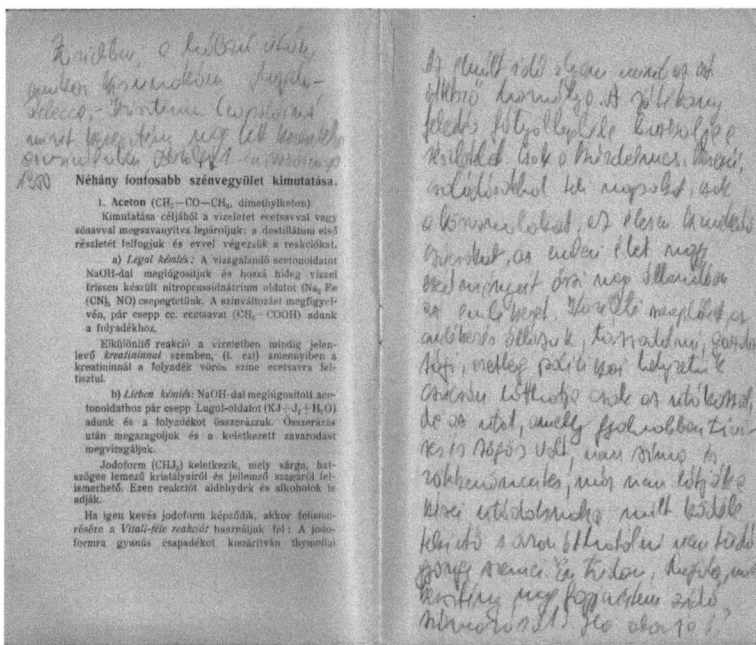

Das eng beschriebene »Herzstück«

Auge, die mit den Ergebnissen unserer Recherchen oder den Auschwitz-Notizen korrespondierten.

Als Erstes machte Kemény sich an die Transkription und Übersetzung des »Herzstücks« und des Taschenkalenders 1943. Ich begab mich auf Forschungsreisen nach Kiew, St. Petersburg und Moskau.

Die neue Lieferung bestärkte uns außerdem in unserer Arbeitshypothese, dass Grósz Chorin und Max Samuel in irgendeiner Weise zusammenhingen. Das offenkundig alte Holzkästchen, in dem die Unterlagen verwahrt waren, trug auf der Oberseite ein Messingschild mit den Initialen »S. M.«. Stand dies womöglich für »Samuel Maximilian«?

Hatten wir in den Auschwitz-Notizen bereits Hinweise auf die Mitwirkung Grósz Chorins an Sterilisationen und Namen von bekanntermaßen beteiligten Ärzten gefunden, so sollten wir in dem Memoirenbuch und im Taschenkalender 1943 auf weitere Indizien für einen Identitätstausch stoßen. In den Memoiren hieß es beispielsweise auf Blatt 41:

> *Mit Dr. Schumann musste ich zwei Jahre lang zusammenarbeiten. 1941 ist er in Auschwitz angekommen – damals war ich noch nicht hier – und 1944 hat er Auschwitz verlassen.*

Und auf den Blättern 79 bis 81:

> *Eduard Wirth und sein Sekretär, der Österreicher Hermann Langbein – ich habe ihn noch im Mai (1950) getroffen! Sie waren meine ältesten beziehungsweise ersten Vorgesetzten. [...] An der Rampe habe ich die ersten Selektionen mit Dr. Wirth erlebt. Er hat wegen der Forschung selektiert. Mit mir hat er kein Wort gesprochen, er hat immer die französische Ärztin zu mir geschickt – diese Adelaide H. [Hautval]. Sie war eine sehr schöne Frau, aber konnte nie lachen.*

Im Taschenkalender 1943 stach uns folgender Eintrag ins Auge:

> *1958 Treffen mit Wladyslaw Dehring!! In London.*
> *Brutal + arrogant.*

Die Sterilisationsexperimente in Auschwitz führten wie bereits geschildert die beiden deutschen Ärzte Carl Clauberg und Horst Schumann durch. Es gab nur zwei Häftlingsärzte, die ihnen dabei über längere Zeit zur Hand gingen: Samuel und Dering, der nach dem Krieg in Großbritannien lebte. Claubergs Name war uns schon in den Auschwitz-Notizen aufgefallen; dass in den nachträglich verfassten Aufzeichnungen Schumann und Dering genannt wurden, rundete das Bild ab. Zumal der Name Samuel weiterhin nicht auftauchte. Nur im Memoirenbuch wurde einmal, und zwar im Zusammenhang mit Schumann auf Blatt 41, ein »Prof. S.« beiläufig erwähnt: »Prof. S. aus Köln assistiert auch«. Angesichts des Bemühens Grósz Chorins, gerade mit Blick auf die Ärzte, die ihm in der »Versuchsstation« und im Krankenblock begegneten, Ross und Reiter zu nennen, war dieser Umstand ausgesprochen merkwürdig. Selbst im Medizinal-Kalender 1934, in dem wir viele Namen auf einen Blick erkennen konnten, da sie auf Deutsch notiert waren, fehlte Samuel.

Dass Dering überlebte, verdankte er pikanterweise Clauberg. 1944 wurde der polnische Arzt aus Auschwitz entlassen und für Claubergs Frauenklinik im oberschlesischen Königshütte dienstverpflichtet.[183] Mit Dr. Jan Grabczyński gibt es einen weiteren Fall von Protektion durch einen SS-Arzt, die einem Häftlingsarzt das Entkommen aus Auschwitz ermöglichte. Grabczyński, Chirurg und Pole wie Dering, führte für Schumann und Wirths Operationen, darunter Kastrationen, aus. Ende März 1944 wurde er auf Veranlassung des SS-Standortarztes mit der Auflage aus dem Lager entlassen, in der Stadt Auschwitz zu bleiben und sich dort zu Wirths' Verfügung zu halten, der ihn in einem im Bau befindlichen SS-Krankenhaus einsetzen wollte.[184]

Konnte es Max Samuel ebenso ergangen sein? Hatte einer der SS-Ärzte womöglich auch über ihn seine schützende Hand gehalten? Gewichtige Argumente ließen diese These zweifelhaft erscheinen: Dering und Grabczyński waren keine Juden. Dering soll, so lauten einige Aussagen, im Gegenteil seine Position als Häftlingsarzt dazu genutzt haben, einen manifesten Antisemitismus auszuleben.[185] Vor allem aber waren weder Dering noch Grabczyński im Bereich des Sonderkommandos tätig. Konnte das ausschlaggebend gewesen sein?[186]

Bedeutsamer aber als die »rassische« Zugehörigkeit und der Einsatzort der Häftlingsärzte mag die Wertschätzung, die Wirths und andere SS-Vorgesetzte ihnen entgegenbrachten, für den Freilassungsvorgang gewesen sein. Clauberg wollte sich Dering erhalten, Wirths Grabczyński außerhalb des Lagerzauns einsetzen. Zum Verhältnis zwischen Wirths und Samuel gibt es stark abweichende Aussagen. Felicja Pleszowska, die als Pflegekraft in Block 10 eingesetzt war, gab später zu Protokoll, Wirths habe Samuel sehr gut behandelt, ihn als wissenschaftliche Autorität betrachtet. Der SS-Standortarzt soll sich sogar bemüht haben, die Einstufung Samuels als »Arier« zu erwirken.[187] Ein solcher Schritt hätte eine Entlassung vermutlich erleichtert. Auch der bereits erwähnte Augenzeuge und Gutachter im Höß-Verfahren Jan Olbrycht sprach davon, man habe Samuel vor dessen Verlegung nach Birkenau gratuliert, »dass er ein so großes Vertrauen [bei den SS-Ärzten] genießt« – hielt dies allerdings für fingiert, weil die Ermordung unmittelbar darauf erfolgt sei.[188] Die – in den Aufzeichnungen erwähnte – französische Häftlingsärztin Adelaide Hautval erinnerte sich, Samuel habe das Lager mit einem von Wirths ausgestellten Passierschein verlassen können.[189] Der in den Memoiren ebenfalls genannte Hermann Langbein, ein aus politischen Gründen internierter österreichischer Kommunist, der als Schreiber des SS-Standortarztes zu den Funktionshäftlingen zählte, meinte, Wirths habe keine hohe Meinung von Samuel gehabt. Ähnlich hätten auch Samuels Ärztekollegen im Lager geurteilt. Die bereits zitierte Häftlingsärztin Klein hatte in einem Ende 1943 aus dem Lager geschmuggelten Bericht festgehalten, bei den unbefriedigend verlaufenen Operationen für die Brüder Wirths habe »der Samuel ein Tempo entwickelt (3 oder mehr täglich)[,] was man von ihm gar nicht verlangt hat«, und nach Einstellung der Versuche die Frauen unnötig durch tägliche gynäkologische Untersuchungen und Kolposkopien gequält, »um seine Stelle weiter zu behalten«.[190]

Dass wiederum sowohl der Rapportschreiber des Krankenbaus, Tadeusz Paczuła, als auch Dering später im Zusammenhang mit Samuel davon sprachen, dieser sei »mit einem nassen Ekzem bedeckt« gewesen und habe »ein eiterndes Gesicht« gehabt – den Ekel davor sogar für dessen Ermordung mitverantwortlich machten –,[191] korrespondierte mit Grósz Chorins Auschwitz-Notizen, in denen er wiederholt über offene Wunden und »Kopffurunkel« klagte. Dort hatte der Arzt auch vermerkt, dass er Wirths' Ehefrau, die ihn bei dessen Ankunft im November 1942 krank begleitete, nach schwerem Gewissenskampf geheilt habe.

Doch womöglich war nicht Wirths' Verhältnis zu Samuel in dieser verwirrenden Geschichte ausschlaggebend, sondern die Beziehung zu Mengele. Die Verlegung Samuels nach Birkenau, die Olbrycht im Prozess gegen Höß angesprochen hatte, soll im Mai/Juni 1944 erfolgt sein – zu dem Zeitpunkt, als Mengele dort die Forschungsstelle für seine Zwillingsuntersuchungen aufbaute und Häftlingsärzte dafür rekrutierte. Dass die Verstrickung mit Mengele aus verschiedenen Gründen eng und kompliziert war, hatten schon die kursorischen Auschwitz-Notizen deutlich gemacht. Konnten diese Verbindungen dazu geführt haben, dass Mengele Grósz Chorin respektive Samuel beschützt, gar dessen Flucht oder Entlassung aus dem Lager arrangiert hatte? Denn dass die Fluchtgeschichte, von der Kaiser ausging, nicht stimmte, hatte ich bereits früh herausgefunden. Die Unterlagen des damaligen deutschen Krankenhauses in Krakau existieren noch. Und dort war im fraglichen Zeitraum keine Aufnahme eines Patienten namens Mengele verzeichnet.

Anfang Dezember kehrte ich von meinen Recherchereisen zurück. Kemény hatte währenddessen transkribiert und übersetzt, was ich ihm geschickt hatte. Nach wie vor suchte ich aus unterschiedlichen Stellen der Erinnerungen einzelne Blätter für ihn heraus. Ich nahm erneut das »Herzstück« zur Hand, um weitere Stellen zu markieren, die aufgrund entzifferbarer Namen oder ähnlicher Anhaltspunkte interessant sein konnten. Da stach mir gegen Ende des Memoirenbuches, auf Blatt 165, plötzlich eine Ziffernfolge ins Auge: »0048 33 8448015«.

Eine siebenstellige polnische Telefonnummer? In Aufzeichnungen aus den frühen sechziger Jahren?

10   Spurensuche II: Falsch und Fälscher

Die [...] Lüge wird gewinnen, die Geschichte wird verzerrt!
Memoiren, Bl. 135

In dem Moment, in dem ich auf die Telefonnummer stieß, war ich überzeugt, dass wir es mit einer Fälschung zu tun hatten. Die Landesvorwahl 0048 für Polen stammt aus den sechziger Jahren, die Ortsvorwahl (0)33 aus den Siebzigern, aber siebenstellige Rufnummern werden in Polen erst seit 2001 vergeben.[192] Der Text, mit dem wir uns hier befassten, konnte also unter keinen Umständen am 18. November 1964 abgeschlossen worden sein. 2001 jedoch war der vermeintliche Autor nach Angaben seiner Enkelin bereits seit 24 Jahren tot.

Fürs Erste behielt ich meinen Verdacht für mich. Ich änderte allerdings mein Vorgehen hinsichtlich der Übersetzung. Anstatt Kemény wie bisher nur aus dem Zusammenhang gelöste Einzelseiten aus dem Memoirenbuch zur Übersetzung zuzusenden, schickte ich ihm nun längere Passagen von bis zu zehn Seiten aus verschiedenen Stellen der Erinnerungen. Es dauerte nicht lange, bis er mich darauf hinwies, dass der Text nach seinem Empfinden markante Stilbrüche aufwies.

Das war höchst alarmierend. Umgehend vereinbarte ich einen Termin mit meinem Krakauer Kollegen, den ich schon zu Beginn des Projekts hinsichtlich forensischer Möglichkeiten der Verifizierung befragt hatte, und suchte ihn zügig auf. Auch für die neuen, nachgereichten Dokumente galt, dass die verwendeten Materialien – zeitgenössisches Papier und Blei- oder Kopierstift – keinen Aufschluss darüber erlaubten, wann sie verfasst worden waren. Dennoch gab mir der Experte, den ich über den unmittelbaren Anlass der Reise im Unklaren gelassen hatte, wertvolle Hinweise. Dreh- und Angelpunkt seiner Erwägungen war die bereits geschilderte Hitler-Episode aus den Auschwitz-Notizen. Ein Fälscher, so der Kollege, hätte darauf verzichtet, eine derart leicht als unwahr nachprüfbare Geschichte zu fabrizieren. Aber was wäre, schoss es mir durch den Kopf, wenn darin die Raffinesse bestand? Immerhin hatte gerade der Umstand, dass wir für das Unmögliche eine scheinbar plausible Erklärung gefunden hatten, uns in der Überzeugung bestärkt, auch andere Schwachstellen erhellen und Widersprüche auflösen zu können. Außerdem fielen dem Kollegen Unstimmigkeiten im Schriftbild auf. Ich fuhr daher mit dem festen Entschluss nach Hause zurück, schnellstmöglich ein Schriftgutachten einzuholen.

Wenige Tage später reiste Kemény an, den mittlerweile ebenfalls heftige Zweifel plagten. Kaum war er eingetroffen, bat ich ihn, die Textstelle, in der die Telefonnummer vorkam, zu übersetzen. Dies war das Resultat:

> Ich hatte einen sehr netten Patienten aus Ungarn – aus Budapest. Dr. Gyula Motorcza wäre fast Premierminister von Kanada geworden. Seine Telefonnummer in Polen war 0048 33 8448015 – die Nummer von Mengele!

Wessen Rufnummer auch immer es war, die von Mengele mit Sicherheit nicht. Eine Recherche nach dem Namen Gyula Motorcza erbrachte allerdings einen überraschenden Treffer: 2011 hatte Motorcza als Privatdruck ein Buch mit dem Titel »Keresse Dr. Mengelét! Tel.: 0048 33 8448015« (zu Deutsch: Ruf Dr. Mengele an! Tel.: 0048 33 8448015) herausgebracht. Die Telefonnummer stimmte mit der im Memoirenbuch genannten überein und gehörte, wie der Autor im Vorwort angab, zur Gedenkstätte Auschwitz. Titelfindungsschwierigkeiten hatten ihn auf diese Idee gebracht.

Waren Plagiate der Schlüssel zum Ganzen?

Kemény und ich machten uns nun gezielt auf die Suche. Noch auf dem Blatt mit Mengeles vermeintlicher Telefonnummer stießen wir auf Sätze aus Motorczas Publikation. Sie waren allesamt der dortigen Seite 13 entnommen, zum Teil wortwörtlich (hier in der Übersetzung unterstrichen), zum Teil leicht überarbeitet (gerade):

> Obwohl er [Mengele] mein Leben und das Leben meiner drei Söhne gerettet hat, kann ich ihm das, was er in Auschwitz getan hat, nicht verzeihen! Ich _verachte ihn. Mit nicht erlöschendem Hass denke ich_

Das Cover der Motorcza-Publikation ist irreführend: Die groß abgebildete Telefonnummer ist nicht die Josef Mengeles.

an ihn. Der gütige Gott wird mir dies verzeihen. Er hat sehr schön Klavier gespielt und sehr gut gesungen, ich habe von ihm *südamerikanische Motive bekommen, die er mir eigenhändig geschnitzt hat. Er war ein präziser, genauer, pedantischer und maskuliner Mann, auf seinem angenehmen Gesicht fand man keine verbrecherischen Züge.*

Außer mir hat er noch hundert/50 andere Ärzte aus dem Lager gerettet.

Seine Kinder und seine Patienten hat er nie angeschrien. In Ruhe, mit seiner […] Methode, hat er sie getötet, nicht er selbst, er hat nur das Zeichen gegeben.

Damit hatten sich die Zitate aus Motorcza erschöpft. Doch die Übereinstimmungen waren unübersehbar. Offenkundig war auch, dass die Person, die hier am Werke war, den Text nur oberflächlich gelesen hatte, sonst wäre ihr der Schnitzer mit der Telefonnummer nicht passiert.

Nachdem wir einmal mit diesen Nachforschungen begonnen hatten, ließen weitere Ergebnisse nicht lange auf sich warten. Nicht umsonst waren Kemény Stilbrüche aufgefallen. Es zeigte sich, dass die Übernahmen aus Motorcza nur die Spitze des Eisbergs darstellten. Aus anderen Publikationen – Büchern, Artikeln, Internetveröffentlichungen, sämtlich auf Ungarisch – war mitunter seitenweise abgeschrieben worden. Die angeblichen Memoiren entpuppten sich mit der Zeit als eine bunte Collage aus Sachtexten wie dem Buch »Emberkisérletek a náci haláltáborokban« (zu Deutsch: Menschenversuche in den Nazi-Todeslagern) des Journalisten Attila Kirády, den Erinnerungen Simon Wiesenthals, »Recht, nicht Rache«, literarischen Texten und Gedichten. Aus Kirádys Untersuchung, die 2004 erstmals erschienen war und seitdem mehrere Auflagen erlebte, zuletzt 2015, hatte sich die Person, die diese Fälschung fabriziert hatte, besonders ausgiebig bedient: Wir fanden Entnahmen von den Seiten 9–10, 13, 16–17, 23–24, 64, 76, 77, 108, 125, 143, 148, 157, 167–168, 183, 203, 208–209, 214, 223, 269–270 und 273. Mal handelte es sich nur um einen Satz oder Nebensatz, mal um Namen, mal wurde ein ganzer Absatz abgekupfert. Die Seiten 235 bis 238, auf denen es um medizinische Versuche in Japan aus den Jahren 1936 bis 1945 ging, wurden großzügig – bis auf wenige Zeilen – gleich ganz übernommen. Lediglich kleine Änderungen (hier: gerade gesetzt) waren eingefügt worden, um dem Text den Anschein von persönlicher Authentizität zu geben wie auf Blatt 67 des Memoirenbuchs:

> *Dr. Ken Yuasa, ein japanischer Chirurg* – Er war noch schlimmer als unser Mengele – *arbeitete während des Krieges in einem Krankenhaus in China ...*[193]

Nach ähnlichem Muster – eine Auslassung hier, eine Hinzufügung da – tauchten Abschnitte aus den Wiesenthal-Erinnerungen, die 1991 in ungarischer Übersetzung erschienen waren,[194] auf: Wortwörtlich kopierte Inhalte von den Seiten 437, 438 und 439, 503, 504 und 508 fanden sich verteilt auf die Blätter 119, 121, 123, 125 und 127 der vermeintlichen Grósz-Chorin-Memoiren.

Die literarischen Anleihen im Erinnerungsbuch entstammten sämtlich den Werken bekannter ungarischer Dichter und Schriftsteller, die entweder Juden oder jüdischer Herkunft waren. Auf

den Blättern 143 bis 155 stießen wir auf Passagen aus Imre Kertész'
»Roman eines Schicksallosen«,[195] auf die Gedichte »Mahner« und
»Vorwort« aus István Örkénys Roman »Das Lagervolk«,[196] auf ein
Haiku von Zoltán Zelk aus dessen Sammlung »Meszelt égbolt« (zu
Deutsch: Getünchter Himmel) aus dem Jahr 1976. Frigyes Karinthy
hatte zu seinem 1930 in Budapest erschienenen Gedichtband »Nem
mondhatom el senkinek« (Ich kann es niemandem verraten) ein
Vorwort verfasst, das die Person, die hier gefälscht hatte, zumindest streckenweise der Abschrift für würdig hielt; von der Dichte-
rin Stefánia Mándy war im Jahr 2000 in der Zeitschrift *Múlt és jövö*
(Vergangenheit und Zukunft) ein Beitrag erschienen, dem für die
Grósz-Chorin-Memoiren Stellen aus Einleitung und Nachwort sowie
die Gedichte »Egy halott álmaiból« (Aus den Träumen eines Toten)
und »Kíntorna« (Drehorgel) entnommen worden waren.[197] Letzteres war erstmals 1992 in einem Gedichtband veröffentlicht worden,
der den Titel »Az ellopott történelem« trug, zu Deutsch: Gestohlene
Geschichte – angesichts des Zusammenhangs, in dem wir damit zu
tun bekamen, ein pikantes Detail.[198]

Insgesamt beliefen sich die Plagiate, die wir aufstöberten, auf mehr
als 60 Prozent des vorliegenden »Herzstücks«. Der Rest war offenkundig frei erfunden und häufig so strukturiert, dass die Kopien aus fremden Werken bei flüchtiger Lektüre zur Gesamterzählung eines Mannes
verschmolzen, der am Ende seines Lebens zu unterschiedlichen Zeit-
punkten und aus wechselnden Bedürfnissen und Perspektiven schlag-
lichtartig seine quälenden Erinnerungen zu ordnen versucht.

Den genauen Umfang der Plagiate kannten wir im Dezember 2015
noch nicht. Die Tatsache, dass das Memoirenbuch kein authentisches
Dokument darstellte, ließ sich jedoch nicht mehr übersehen. Kemény
beendete gleichwohl seine Transkription und Rohübersetzung dieses
Schriftstücks und des Taschenkalenders 1943, weil wir eine verlässli-
che Textbasis zur Verifizierung unseres Verdachts brauchten. Gleichzeitig begann er mit Internetrecherchen nach den Büchern, die der
ersten und der zweiten Lieferung aus dem Grósz-Chorin-Besitz bei-
gelegt waren. Wieder wurde er schnell fündig. Auf der Website eines

ungarischen Internet-Antiquariats, www.antikvarium.hu, tauchten sämtliche Titel auf. Auch wenn wir nicht wussten, ob sie dort erworben worden waren, hatten wir damit zumindest einen Hinweis auf eine mögliche Quelle. All dies bestärkte uns in der Überzeugung, eine Fälschung in Händen zu haben.

Noch vor dem Jahreswechsel setzte ich mich mit der Stiftung, die unser Projekt förderte, in Verbindung und bat um einen Termin. Außerdem nahm ich mit einer Schriftgutachterin, die mir empfohlen worden war, Kontakt auf und ließ ihr Schriftproben aus den Auschwitz-Notizen, dem Memoirenbuch, dem Taschenkalender 1943 und dem Medizinal-Kalender 1934 zukommen. Unser Misstrauen erstreckte sich mittlerweile auf sämtliche Dokumente, die uns unter so geheimnisumwitterten Umständen und Vorbehalten angeboten worden waren.

Ende Januar 2016 traf das Ergebnis des Schriftvergleichs ein. Die Gutachterin, Prof. Dr. Ewa Gruza, ehemals Richterin am polnischen Verfassungsgericht, ist eine renommierte Urkundenexpertin und leitet heute den Lehrstuhl für Kriminalistik am Institut für Strafrecht der Warschauer Universität. Sie hatte Schriftbild und Linienführung geprüft, die Breite und Höhe der Schrift unter Berücksichtigung der unterschiedlichen Schriftgrößen vermessen, die Topografie der Schrift in Bezug auf horizontale Ausrichtung der Schriftzeilen und Abstände – zum rechten und linken Seitenrand sowie zwischen Zeilen und Wörtern – analysiert sowie insgesamt 18 Buchstaben auf übereinstimmende Merkmale hin verglichen. Ihr Urteil fiel eindeutig aus: Alle vier Schriftstücke stammten aus derselben Hand.[199]

Alles falsch: die Auschwitz-Notizen, das Kernstück des vermeintlichen Nachlasses, das uns bereits so viel Kopfzerbrechen verursacht, aber auch Erfolgsmomente beschert hatte; das Erinnerungskonvolut aus Memoirenbuch und Taschenkalender 1943; die stichwortartigen Aufzeichnungen zu Namen und medizinischen Vorgängen im Medizinal-Kalender 1934. Zu dem Zeitpunkt, als wir das Schriftgutachten erhielten, überraschte uns diese Nachricht nicht mehr, die all den Erwartungen, die von den unterschiedlichen Seiten an den vermeintlichen Nachlass geknüpft worden waren, den Boden entzog. Wir hatten derweil auch die beiden Taschenkalender 1943 und 1934 einer ersten, kursorischen Sichtung unterzogen. Die Stiftung wünschte ebenso Gewissheit wie wir.

In beiden Schriftstücken fanden wir unseren Verdacht bestätigt. Die Einlassungen im Taschenkalender 1943, der die Erinnerungen im Memoirenbuch vermeintlich ergänzte, waren nach demselben Muster aufgebaut wie das angebliche »Herzstück«. Wieder handelte es sich um eine Collage aus ungarischen Texten, die Büchern, Zeitschriftenartikeln und Internetpublikationen entnommen waren, sowie Selbstgeschriebenem. Wie im Memoirenbuch sollten die selbstverfassten Passagen den Eindruck vermitteln, es wäre ein betagter Ich-Erzähler am Werke gewesen, der seine teils ausschweifenden Gedankengänge – hier vor allem über die Geschichte des Judentums und die Judenverfolgung in Ungarn – wenigstens notdürftig immer wieder bündelte und verknüpfte. Die Quellen waren andere als im Memoirenbuch, das System dasselbe.[200]

Im Unterschied zu den Auschwitz-Notizen und dem Taschenkalender 1943 handelt es sich bei den Aufzeichnungen im Medizinal-Kalender 1934 nicht um zusammenhängende Texte, wie fragmentarisch auch immer, sondern um hingeworfene Notizen, deren Sinn sich dem Nichteingeweihten nur schwer erschließt. Aus diesem Grund hatte ich sie als reine Gedächtnisstützen eingestuft, angefertigt, um dem Verfasser Anhaltspunkte für spätere, umfassendere Ausarbeitungen zu liefern.

Auf den ersten Blick hatten wir die Einträge daher zwar für schwer zu entschlüsseln, aber unbedenklich gehalten. Transkription und Übersetzung der ersten Seite hatten beispielsweise nachstehendes Resultat erbracht.

Der hier erwähnte Dr. Dénes Görög, ein Pathologe aus dem ungarischen Szombathely, war seit 1929 im dortigen Krankenhaus tätig, ehe er im Mai 1944 nach Auschwitz deportiert wurde. Als Häftlingsarzt musste er in Nyiszlis Team in Mengeles Auftrag Leichen ermordeter bzw. verstorbener Häftlinge sezieren. Den Krieg hat er nicht überlebt. Im Memoirenbuch und den Auschwitz-Notizen taucht Görög wiederholt auf und spielt für die Narration eine wichtige Rolle.

	Mit Dr. Dénes
Dr Görög Dénessel	Görög
dolgoztunk együtt	arbeiteten wir
	zusammen
1932-ben	im Jahre 1932
	Bauchtyphus
Hastífusz 51 beteg	51 Kranke
1932-ben 179	1932 179 Obduk-
boncolás volt	tionen
1942-ben 320:	1942: 320
– Heine-Medin kór	– Kinderlähmung
Skarlát	Scharlach
– szamárköhögés	– Keuchhusten
– diftéria	– Diphterie
– tetanusz	– Tetanus
– vérhas	– Ruhr
– hastífusz	– Bauchtyphus

Die erste Seite des Medizinal-Kalenders 1934 im »Original«, daneben Transkription und Übersetzung

Unsere Recherchen ergaben jedoch, dass die auf dieser ersten Seite gemachten Angaben aus einer Arbeit von Dr. Ferenc Garzuly übernommen wurden. Der 1937 geborene Neurologe und Neuropathologe ist ebenfalls im Krankenhaus von Szombathely beschäftigt und befasst sich seit einigen Jahren intensiv mit der Geschichte der Klinik. Die Ergebnisse seiner Forschungen hat er zwischenzeitlich sowohl in einem Buch[201] als auch in einem Artikel dargelegt, der im Internet frei zugänglich ist.[202]

In diesem Artikel setzt sich Garzuly mit der Pathologie im Krankenhaus Szombathely in den Jahren 1920 bis 1946 auseinander, wobei er sich auf die erhaltenen Obduktionsprotokolle stützt. Der Leiter der Obduktionsabteilung war besagter Görög, von dem daher in der Untersuchung häufig die Rede ist. Bei der Durchsicht des Artikels offenbarten sich auffällige Übereinstimmungen (hier kursiv markiert) mit der ersten Seite der vermeintlichen Aufzeichnungen Grósz Chorins im Medizinal-Kalender 1934.

Auszug aus dem Artikel von Dr. Garzuly	Seite 1 des Medizinal-Kalenders 1934	Übersetzung
Az elmeosztályon *1932-ben* kitört *hastífusz* járványt dr. Tanka Dezső főorvos írásából ismerhetjük meg. [...] Az osztály »megfigyelőjében« 51 beteg volt összezsúfolva, ezek közül 25 kapta meg a betegséget, közülük hét meg is halt.[I]	Dr Görög Dénessel dolgoztunk együtt *1932-ben* *Hastífusz 51 beteg*	Mit Dr. Dénes Görög arbeiteten wir zusammen *im Jahre 1932* *Bauchtyphus 51 Kranke*

Auszug aus dem Artikel von Dr. Garzuly	Seite 1 des Medizinal-Kalenders 1934	Übersetzung
1937-ben a *boncolások* száma *179*, 1938-ban visszaesik 107-re, majd fokozatosan újra emelkedik, *1942-ben* éri el a maximumot, 406 boncolást, de még 1943-ban is jelentős a szám, *320*. [...] Ismételten felüti a fejét a *Heine-Medin kór, skarlát, szamárköhögés, diftéria, tetanusz, vérhas, hastífusz.*[II]	*1932-ben 179 boncolás* *1942-ben 320:*[244] – *Heine-Medin kór skarlát* – *szamárköhögés* – *diftéria* – *tetanusz* – *vérhas* – *hastífusz*	*1932 179 Obduktionen* *1942 320:* – *Kinderlähmung Scharlach* – *Keuchhusten* – *Diphterie* – *Tetanus* – *Ruhr* – *Bauchtyphus*

[I] Übersetzung: »Die *Bauchtyphus*-Epidemie, die *1932* in der Irrenabteilung ausgebrochen ist, können wir durch das Schreiben von Hauptarzt Dr. Dezső Tanka nachvollziehen. [...] Im ›Beobachtungsraum‹ der Abteilung waren *51 Kranke* eingepfercht, 25 von ihnen wurden krank, sieben von ihnen starben.«

[II] Übersetzung: »*1937* beträgt die Zahl der *Obduktionen 179*, 1938 fällt sie auf 107, dann steigt sie allmählich wieder, *1942* wird das Maximum erreicht, 406 Obduktionen, aber auch 1943 ist die Anzahl beträchtlich, *320*. [...] Erneut treten [Fälle von] *Kinderlähmung, Scharlach, Keuchhusten, Diphterie, Tetanus, Ruhr, Bauchtyphus* auf.« Korrekt abgeschrieben hätte die erste Jahreszahl im Medizinal-Kalender 1937 heißen müssen.

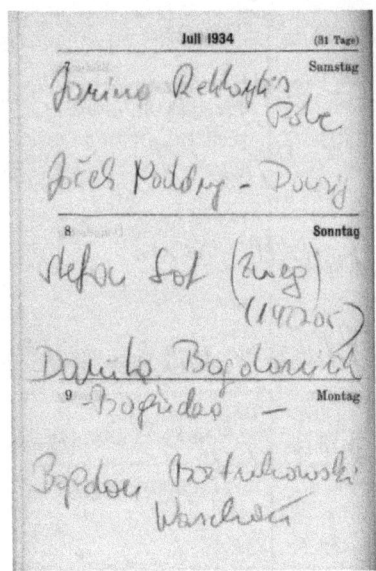

Janina Reklajtis
Pole

Jacek Nadolny – Danzig

Stefan Sot   (Zwerg)
(192705)

Danuta Bogdaniuk
– Bogucka –

Bogdan Bartnikowski
Warschau

Damit hatten wir *eine* Quelle entdeckt. In den Aufzeichnungen gab es jedoch auch Seiten wie die oben abgebildete.

Namen über Namen. Wie sich bei einer stichprobenartigen Überprüfung zeigte, handelte es sich um Auschwitz-Überlebende, die am 27. Januar 2015 in der *Süddeutschen Zeitung* mit einer Fotoserie geehrt worden waren. Auch diese war mitsamt Begleittexten im Internet zu finden.[203] Die hier im Medizinal-Kalender Genannten tauchten sämtlich darin auf:

– »*Janina Reklajtis* wurde als 12-Jährige mit ihrer Mutter aus Warschau nach Auschwitz deportiert und dort unter der Nummer 83043 registriert. Später wurde sie nach Berlin geschickt zur Zwangsarbeit. Dort wurde sie befreit.«
– »*Stefan Sot* kam 1944 nach Auschwitz und bekam die Nummer *192705*. Später wurde der Pole als Halbwüchsiger in ein Arbeitslager gebracht, wo er in der Küche arbeiten musste, die das Essen für die SS-Leute kochte.«

- »*Jacek Nadolny* ist heute 77 Jahre alt. Der Pole kam als Siebenjäh-
  riger nach Auschwitz. Später wurde er in ein Arbeitslager nach
  Deutschland gebracht.«
- »*Danuta Bogdaniuk-Bogucka*, geborene Kaminska, kam als Zehn-
  jährige mit ihrer Mutter nach Auschwitz. Das Mädchen wurde vom
  berüchtigten SS-Arzt Josef Mengele für seine Menschenversuche
  missbraucht.«
- »*Bogdan Bartnikowski* aus Warschau ist heute 82 Jahre alt. Er wurde
  als 12-jähriger Junge unter der Nummer 192731 in Auschwitz registriert.«

Die ebenfalls in dem Artikel porträtierten Golda Pollac, Zofia Ware-
luk, Halina Brzozowska, Dr. János Forgács, Erzsébet Brodt und László
Bernath wurden an anderen Stellen im Medizinal-Kalender erwähnt.
Aus einem ähnlich aufgebauten Artikel der ungarischen Zeitung *HVG*
vom 27. Januar 2014 hatten der oder die Fälscher die Namen Danyi
Béla, Fischhof Endre, Gáti György Karcag, Rados Anna, Szigety
Imréné, Goldschmied Erzsébet und Varsáni Imre entnommen.[204] Der
Holocaustgedenktag war hier offenkundig weidlich genutzt worden.

Bei drei gesicherten Falsifikaten konnten wir davon ausgehen, dass
die Auschwitz-Notizen, die laut unserer Schriftgutachterin von derselben Hand geschrieben worden waren, ebenso wenig echt sein konnten,
und verzichteten auf eine detaillierte Prüfung. Auch die Zahlencodes
legten wir zur Seite. Der – mittlerweile als unnötig erachtete – Arbeits-
aufwand wäre zu hoch gewesen.

Wir wussten, dass gefälscht worden war, wir wussten, wie gefälscht
worden war, aber wir wussten weder, wer hinter der Fälschung steckte
oder sie gar höchstselbst fabriziert hatte, noch, welche Motive dafür
ausschlaggebend waren. Parallel zur Überprüfung der Dokumente
wandten wir uns daher der Frage nach den Urhebern zu.

Wir, das waren zu diesem Zeitpunkt János Kemény, zu dessen vie-
len Fähigkeiten auch Versiertheit in Internet-Recherchen zählte, mein
Sohn Oliver, der, damals selbst angehender Historiker, uns bei den
Nachforschungen unterstützte, und ich. Die Falsifikate, so viel war

uns mittlerweile klar, hatte jemand zusammengestellt, der über Sachkunde und ein gerüttelt Maß an krimineller Energie verfügte.

Doch wer konnte das sein? Da wir sämtliche Dokumente von der Professorin Kaiser bekommen hatten, lag der Gedanke nahe, dass sie zumindest in die Angelegenheit verstrickt war. Isabel Wassert, die wir noch vor Jahresende in unseren Fälschungsverdacht einweihten, fiel es schwer, derart Ungeheuerliches von ihrer langjährigen Freundin anzunehmen. Ich erinnerte mich zwar daran, wie zielsicher die Vatikanärztin das sogenannte Herzstück aus dem Stapel der zweiten Lieferung gezogen hatte – und das, obwohl sie immer wieder beteuert hatte, über den Inhalt der Pakete nicht das Geringste zu wissen. Auch andere Momente der Irritation kamen mir wieder zu Bewusstsein. Doch Klarheit ließ sich nur durch Beweise erlangen. Wir hatten das Schriftgutachten, und der nächste logische Schritt bestand darin, der Gutachterin eine Handschriftenprobe der Gräfin zukommen zu lassen. Und sei es, um sie als Urheberin auszuschließen.

Im Juli 2015 hatte Kaiser meiner Mitstreiterin eine Porzellanpuppe geschickt, die sie 1956 von »Onkel Fritz« bekommen habe. Als »Onkel Fritz«, so viel wussten wir mittlerweile aus den Auschwitz-Notizen und dem Memoirenbuch, firmierte Mengele im Hause Grósz Chorin, der Kaisers Großvater immer wieder Besuche abstattete. So auch 1956. Der Puppe hatte ein Umschlag mit den Augen der Puppe beigelegen, und diesen hatte die Absenderin eigenhändig beschriftet.

Ich hatte der Angelegenheit damals kaum Beachtung geschenkt, da ich mich ganz auf die Unterlagen konzentrierte. Wassert hatte den Umschlag jedoch aufbewahrt, und diesen ließen wir im Februar 2016 der Gutachterin Gruza mit der Bitte zukommen, die Schrift mit derjenigen in den Dokumenten zu vergleichen. Die Analyse sollte umso aussagekräftiger ausfallen können, als sowohl die Begriffe »Fritz« und »Onkel Fritz« als auch »Engelberg« mehrfach in den Falsifikaten vorkamen. Vergleichsmaterial gab es also genug.

Derweil reisten Wassert und ich im März 2016 zu einem Treffen mit Kaiser nach Budapest. Letztere hatte dort interessante Begegnungen mit Holocaust-Überlebenden für uns arrangiert; außerdem fuhren

»*Die Augen von der Puppe vom Onkel Fritz Engelberg*« – *eine aussagekräftige Schriftprobe*

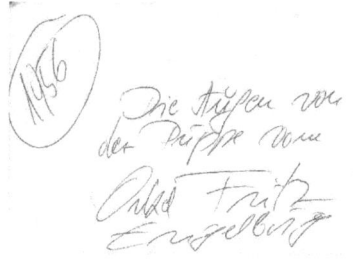

wir gemeinsam ins rumänische Oradea, wo wir ebenfalls auf ihre Veranlassung hin Gespräche, unter anderem mit Mitgliedern der jüdisch-orthodoxen Gemeinde, führen konnten. Sie hatte für alles gesorgt. Ihr Fahrer Attila, den ich bereits bei der Abholung der zweiten Dokumentenlieferung in München kennengelernt hatte, kutschierte uns herum, auf den Namen »Prof. Dr. Batthyány-Szentágothay« waren im Budapester Kempinski-Hotel Zimmer für uns gebucht.[205] Auf dem Weg nach Oradea konnten wir uns überdies ein Bild von ihrem karitativen Engagement machen, da es einen kurzen Halt bei dem Kinderheim gab, das die Vatikanärztin seit 2013 mit Mitteln ihrer Freundin Lothfels unterstützt. Sie wurde dort mit Dankbarkeit und offenen Armen empfangen. Die herzliche Aufnahme verfehlte ihre Wirkung nicht – auch Dr. Monika Reichenbach, eine ungarische Kommunalpolitikerin und Juristin, die uns auf diesem Ausflug begleitete, zeigte sich davon beeindruckt.

Über den mittlerweile vielfach untermauerten Verdacht, dass wir es mit einer Fälschung zu tun hatten, verlor ich kein Wort. Solange ich nicht wusste, wer dafür verantwortlich war, wollte ich unsere Nachforschungen verdeckt führen. Stattdessen erzählte ich Kaiser von vermeintlichen Fortschritten: Die Veröffentlichung des Memoirenbuches und des Taschenkalenders 1943 sei auf gutem Wege, der Verlag habe begeistert auf das Material reagiert, dessen Bearbeitung nahezu abgeschlossen sei. Die Publikation der Auschwitz-Notizen und des Medizinal-Kalenders werde dagegen noch einige Zeit in Anspruch nehmen, da die wissenschaftliche Aufbereitung hier mehr Aufwand erfordere. Die Gräfin zeigte sich von der ersten Nachricht erfreut und brachte für die zweite Verständnis auf.

Es seien im Übrigen, ließ sie bei anderer Gelegenheit fallen, weitere Dokumente aufgetaucht, die sie uns bald zukommen lassen werde.

Die Gespräche in Oradea dienten in erster Linie dem Zweck, einer Vermutung nachzugehen, die Kaiser uns gegenüber im Vorfeld geäußert hatte: Der 1946 veröffentlichte Bericht des Gerichtsmediziners und Auschwitzer Häftlingsarztes Dr. Miklós Nyiszli über seine quälenden Erlebnisse als Leiter der Sektionsabteilung im Sonderkommando des Lagers fuße eigentlich auf den Aufzeichnungen ihres Großvaters. Nyiszli habe Auschwitz nicht überlebt. Er sei zumindest nicht, wie allgemein angenommen, in seinem Heimatort Oradea begraben. Die Interviews mit Mitgliedern der jüdisch-orthodoxen Gemeinde und ein Besuch auf deren Friedhof sollten uns darüber Aufschluss geben.

Es gab tatsächlich Übereinstimmungen zwischen den bruchstückhaften Auschwitz-Notizen und Nyiszlis Report. So heißt es bei Grósz Chorin etwa an einer Stelle:

> *Dass ich einen Kopf / – seziere / ich nehme die Schädeldecke ab /*
> *ich entnehme die Hirnanhangdrüse / – alles ist voller Blut / an der*
> *Außenwand der linken Herzkammer feiner Nadelstich / – starker*
> *Geruch nach Chloroform / – eingespritztes Chloroform verursacht*
> *Herzlähmung / »Phenylnutren/Phenylspritzen« / meine Knie zittern*
> *vor Schmerz / Heterochromie / kleine Augen / Augenpaare, heraus-*
> *geschabt / Ich seziere. / Dubois-Abszess*

Nyiszli schildert diese Sektion von vier nicht einmal zehnjährigen Zwillingspaaren aus dem sogenannten Zigeunerlager ausführlicher, doch die Besonderheiten – heterochrome Augen, Tötung durch Chloroform und der Dubois-Abszess, eine medizinische Seltenheit – sowie das Entsetzen über die Ermordung der Kinder durch gezielte Chloroform-Injektionen ins Herz finden sich auch hier.[206] An anderer Stelle geht es um einen jüdischen Vater mit einem Buckel und seinen gehbehinderten Sohn. Nyiszli muss beide erst lebend untersuchen und nach ihrer Erschießung sezieren sowie für das Dahlemer KWI »versandfertig« machen.[207] Die Auschwitz-Notizen nehmen in Kurzform darauf ebenfalls Bezug. Und das sind nur die markantesten Beispiele. Schließlich heißt es:

Eine Grabstelle von Miklós Nyiszli fanden wir tatsächlich nicht. Den Gemeindemitgliedern war der Name des Mannes, der mit seinem mutigen und schonungslosen Bericht international so viel Aufsehen erregt hatte, zwar bekannt, aber nicht als Angehöriger ihrer Religionsgemeinschaft. Gleichwohl bestätigten sie, er habe dort gelebt.

In Oradea kam es zu einer denkwürdigen Begebenheit. Wir besichtigten die jüdisch-orthodoxe Synagoge und hatten dem dortigen Wachmann unsere Pässe übergeben müssen, damit er unsere Namen in das Besucherbuch eintragen konnte. Ich sorgte dafür, dass ich derjenige war, der die Papiere wieder in Empfang nahm, um sie an ihre jeweiligen Besitzer zu verteilen. Mittlerweile misstrauisch, wollte ich einen Blick in Kaisers Pass werfen. Doch ehe ich dazu kam, trat sie aus der Synagoge und wandte sich zum benachbarten Gemeindehaus. Kaum sah sie den Stapel in meiner Hand, schoss sie mit den Worten »Das ist mein Pass!« auf mich zu und riss mir ihren aus der Hand. Das blieb auch von Isabel Wassert nicht unbemerkt.

Zurück in Budapest, suchte ich nach einer Gelegenheit zu einem ungezwungenen Gespräch mit besagtem Fahrer Attila, der, wie ich wusste, passabel Deutsch spricht. Sie ergab sich während einer Autofahrt mit Wassert durch die Stadt, die wir am 12. März unternahmen. Wir plauderten über dies und das, und irgendwann fragte ich ihn beiläufig, seit wann er eigentlich die Gräfin kenne. »Seit 25 Jahren«, lautete seine Antwort. »Ich fahre sie immer, wenn sie nach Budapest kommt.« »Und Gänswein auch?«, hakte ich nach. »Ja, er kommt immer mit Nicole.« Als ich wissen wollte, wie oft das geschehe, wich er aus. Ich wechselte das Thema.

Stutzig machte mich außerdem, dass unsere generöse Reiseleiterin bei einem unserer Spaziergänge durch Budapest das Internet-Antiquariat empfahl, das Kemény als Quelle zumindest einiger, wenn nicht aller der zeitgenössischen Taschenkalender, Dokumente, Bücher und Zeitschriften ausgemacht hatte, die uns als Nachlass Grósz Chorins vorgelegt worden waren. Das Antiquariat behält Bilder seiner Waren auf der Website, auch wenn diese längst verkauft sind. So waren wir darauf gekommen: Handschriftliche Vermerke auf der Titelseite etc., die wir in »unserem« Material fanden, entdeckten wir auf www.antikvarium.hu wieder.

Die Kosten dieser Anschaffungen waren im Übrigen überschaubar. Bücher und Taschenkalender, die den unsrigen ähnelten, waren zumeist für einen Preis von 4000 Forint veräußert worden – das entspricht 12,85 Euro.

Als Wassert mich am Tag darauf bei unserem Abflug darauf aufmerksam machte, dass Kaiser ihrem Fahrer umstandslos ihren Pass überließ, damit er für sie eincheckte, stachelte dies mein Misstrauen noch an. Attila durfte also offenkundig etwas sehen, das uns verborgen bleiben sollte.

Anfang April traf das zweite Schriftgutachten aus Warschau ein. Die Expertin äußerte sich darin zu dem Schriftvergleich, aber auch zu der Frage, in welchem Zeitabstand die untersuchten Aufzeichnungen des vermeintlichen Grósz Chorin verfasst worden waren. Glaubte man den Dokumenten, so waren sie von 1942 bis in die frühen siebziger Jahre hinein entstanden, also über gut drei Dekaden hinweg.

Wie die Professorin ausführte, stabilisiert sich die Handschrift einer Person im Alter von ungefähr dreißig Jahren. Menschen, die viel und oft schreiben, entwickeln dabei viele charakteristische Merkmale. Veränderungen treten nur noch dann auf, wenn derjenige erkrankt oder altert und die motorischen Fähigkeiten abnehmen. Zu den typischen Alterserscheinungen ab sechzig zählen die Vergrößerung der Schrift und der Zeichenabstände wegen nachlassender Sehkraft sowie die Beeinträchtigung von Flüssigkeit und Spontaneität der Linienführung bis hin zur Zitterschrift, die einzelne Züge, aber auch die ganze Schrift betreffen kann. »In meiner mehr als zwanzigjährigen Erfahrung«, so die Gutachterin, »hatte ich es noch nie mit einer Handschrift zu tun, die im Verlauf von zwanzig bis dreißig Jahren keine Veränderungen aufwies« – in diesem Fall aber schon. Trotz Lagerhaft, Traumatisierung, fortschreitender Luminalabhängigkeit und hohem Alter schrieb der Verfasser durchgängig wie im ersten Eintrag. Die Schriftstücke, so die Schlussfolgerungen, waren daher zum einen in relativ kurzem

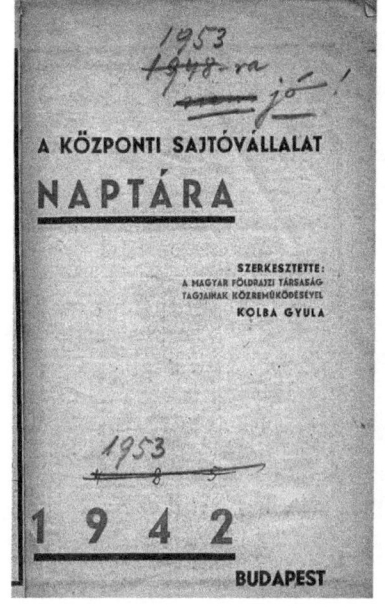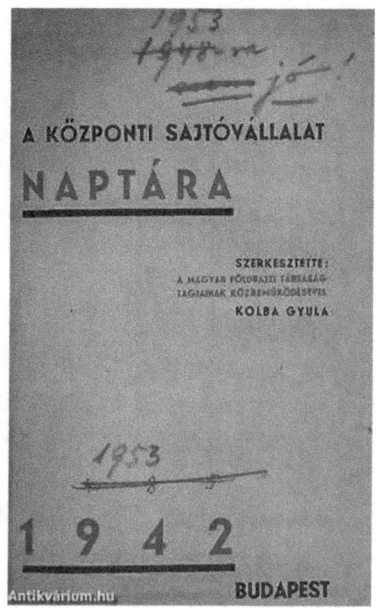

Eine Abbildung des Buches aus dem »Nachlass« (links) fanden wir mit denselben Vermerken auf der Website antikvarium.hu (rechts).

Zeitabstand und zum anderen von einer Person angefertigt worden, die die Sechzig noch nicht oder gerade erst überschritten hatte. Wer diese Person war, ging aus dem Gutachten eindeutig hervor: Alle Schriftstücke stammten unzweifelhaft aus derselben Hand wie die zugesandte Umschlagnotiz.[208]

Eine hochangesehene Ärztin im Dienste dreier Päpste und der WHO, eine Universitätsprofessorin und international vernetzte Wohltäterin adliger Herkunft, die Dokumente fälschte? Und die, schlimmer noch, ihre engen Freundinnen Lothfels und Wassert betrog? Diese Nachricht und ihre Implikationen waren schwer zu fassen. Wassert konnte sie mal glauben und dann auch wieder nicht. Schon der Fälschungsverdacht hatte sie erschüttert, die Vermutung, dass Kaiser *irgendwie* darin verstrickt sein könnte, noch mehr. In ihrer Bestürzung hatte sie der Gräfin wie auch Elisabeth Lothfels gegenüber schon früh, im Januar, ohne mein Wissen angedeutet, dass die Echtheit der Unterlagen fraglich sei.

Zwar waren auch bei ihr Zweifel gewachsen – nicht umsonst hatte sie mich auf die Szene am Flughafen aufmerksam gemacht –, doch nun zu erfahren, dass ihre Freundin die vermeintlichen Dokumente sogar eigenhändig verfasst hatte, war ein Schock. Lothfels, die mit Kaiser noch wesentlich enger und auf vielfältigere Weise verbunden war, wollten wir diesen erst zumuten, wenn wir weitere stichhaltige Beweise in der Hand hatten. Darin waren wir uns einig.

Da meine Kontakte zu Kaiser strikt beruflicher Natur waren, fiel meine Reaktion deutlich nüchterner aus. Spätestens nach der letzten Budapest-Reise hatte ich mit diesem Ergebnis zumindest gerechnet. Doch noch waren viele Fragen offen: Konnte die Vatikanärztin tatsächlich allein hinter diesem Unterfangen stecken? Hatte sie Helfershelfer, die ihr bei der Fabrikation dieser umfangreichen und ineinandergreifenden Falsifikate, die ein erkleckliches Maß an historischem Wissen erforderten, unter die Arme gegriffen hatten? Immerhin fanden sich sogar Anspielungen auf echte Dokumente, die beispielsweise im Archiv des Jüdischen Museums in Budapest lagern, darin. Und, vor allem: Wer war diese Frau eigentlich? Konnte der Betrug noch weiter reichen, als wir momentan wussten? Meine Mitstreiterin und ich kamen überein, über unsere bisherigen Erkenntnisse Stillschweigen zu bewahren, solange wir Antworten auf diese Fragen nicht ein gutes Stück nähergekommen waren. Bis dahin würden wir den anderen an dem Projekt Beteiligten – mit Ausnahme Keménys und meines Sohnes Oliver, die mich bei den Recherchen unterstützten – vorspiegeln, dass wir weiterarbeiteten wie bisher.

Und auch das taten wir. Je weiter die Transkription und Übersetzung der beiden Memoiren-Bände – Buch und Taschenkalender 1943 – voranschritt, desto genauer konnten wir erkennen, wie geschickt das Lügengebäude zusammengezimmert worden war. Das betraf nicht nur die Plagiate. An fingierten Indizien mangelte es nicht. Irgendwer kannte sich hier sehr gut aus. Immer wieder fanden sich eigens fabrizierte Passagen, die uns in unseren Annahmen bestärken, bislang Unerklärliches erläutern oder unsere Recherchen in eine neue Richtung lenken sollten. So ging es in dem Memoiren-Konvolut beispielsweise ausführlicher als in den Auschwitz-Notizen um die Verbindung zwischen Grósz Chorin und Mengele – verknüpft mit Hinweisen, die an Max Samuel denken ließen.

Mengele, so hieß es im Memoirenbuch, habe die drei erwachsenen Söhne Grósz Chorins gerettet, von denen der Vater einen – Kaisers späteren Vater – zu seinem Entsetzen selbst in der »medizinischen Forschungs- und Versuchsbaracke« entdeckt hatte:

> ... *wir haben so getan, als würden wir einander nicht kennen, ich habe nur Dr. Josef Mengele mein Geheimnis erzählt, als er mir versprach, dass er meinen Sohn am Leben lassen wird! Dafür war ich ihm lange nach dem Krieg und der Befreiung dankbar. So dankbar, dass ich niemandem etwas Schlechtes über Dr. Mengele gesagt habe.*
> [Bl. 25]

Wie Mengele dies bewerkstelligt hatte, blieb unklar, aber hatte die Tatsache, dass in den Aufzeichnungen nur Alberts Rettung geschildert wurde, etwas zu bedeuten? Die beiden anderen Söhne tauchen nicht namentlich auf. Samuel wiederum hatte eine Tochter im Lager, um die er sich nach Aussage seiner Arztkollegin Hautval sehr sorgte.[209]

Die Hilfeleistungen zwischen Mengele und Grósz Chorin verliefen indes nicht einseitig. Der Häftlingsarzt habe Mengeles Frau Irene, die ihren Mann im Lager besuchte, »geheilt«. Davon war in den Auschwitz-Notizen wie im Memoirenbuch die Rede. Offenbar ging es um die Ermöglichung einer Schwangerschaft – die dann auch tatsächlich eintrat. Aus dem Memoirenbuch ging ebenfalls hervor, dass Grósz Chorin die Familie von Mengeles Frau bereits lange vor dem Krieg kannte und mit Mengeles Schwiegervater befreundet war. »Irenchen« habe er in Bonn selbst auf die Welt gebracht. Bonn – Köln, die Städte liegen nicht weit auseinander. Samuel hatte in Köln praktiziert.

Die Entwicklung der Fluchtgeschichte ihres Großvaters, die Kaiser uns anfangs erzählt hatte, war ein weiteres Indiz dafür, wie clever die Falsifikate unserem sich entfaltenden Kenntnisstand angepasst wurden. Die erste Version – Mengele habe sich im Herbst 1944 in ein Krakauer Krankenhaus begeben, Grósz Chorin mitgenommen, der daraus geflohen sei und mithilfe eines polnischen Priesters das Land verlassen habe – hatte sich durch meine Recherchen schon früh, noch vor Erhalt der ersten Unterlagen aus dem Safe, als falsch herausgestellt. Die Professorin hatte davon, wie ich später feststellte, von ihrer Freundin Wassert erfahren. In den Auschwitz-Notizen, dem Kernstück der ersten Lieferung, war die Flucht dann auch prompt anders dargestellt. Sie fand nicht mehr im Herbst 1944 statt, sondern im Januar 1945, als Mengele das Lager tatsächlich im Zuge der Evakuierung verließ. Und von der Krakauer Klinik, deren Akten, wie sie nun wusste, noch erhalten waren, war so wenig die Rede wie von einem polnischen Priester.

Die Dokumente dieser ersten Lieferung waren laut der damaligen Vereinbarung von Lothfels an uns übergegangen. Die Gräfin war an dieser Transaktion urkundlich gar nicht beteiligt gewesen. Zu den Unterlagen der zweiten Lieferung stand eine solche Übertragung der Rechte noch aus. In Kenntnis der Fälschung wollten Wassert und ich eine entsprechende Übereinkunft bezüglich dieser Dokumente direkt mit der »Erbin« des Nachlasses schließen, um die Freundin aus Süddeutschland in diesem Fall außen vor zu lassen und damit zu schützen. In Budapest hatte ich Kaiser bereits auf diese Frage angesprochen; der Verlag verlange vor der Veröffentlichung eine derartige Regelung. Sie hatte ihre Zustimmung signalisiert, mich um einen Entwurf gebeten, und am 27. April unterzeichneten wir folgendes Schriftstück:

Gegenstand:
Aufzeichnungen von Prof. Dr. Salamon, Ferencz, Fülöp Grósz Chorin, ehemaliger Häftlingsarzt im KL und Vernichtungslager Auschwitz, vom 18. November 1964 in ungarischer Sprache, niedergeschrieben in dem Buch »Útmutató az élettani gyakarlatokhoz«, Budapest 1911;
Aufzeichnungen von Prof. Dr. Salamon, Ferencz, Fülöp Grosz Chorin (ohne Datum) in ungarischer Sprache, niedergeschrieben im ungarischen medizinischen Taschenbuchkalender von 1943 (Állatorvossi Évkönyv 1943).

Frau Prof. Dr. Magdalena Nicole Kaiser Batthyány- Szentágothay, geb. am 13. August 1950, Enkelin von Prof. Emil *[sic]* Salamon Grósz Chorin, bestimmt, dass die Verfügungsgewalt über die oben genannten Dokumente/Aufzeichnungen an folgende Personen übergeht: Dr. habil. Bogdan Musial [...] Dr. med. Isabel Wassert [...].

Damit hatten wir das erste Beweisstück in der Hand, das Kaiser unmissverständlich mit dem Memoirenkonvolut und dessen vermeintlichem Verfasser in Verbindung brachte – dass dessen Name hier absichtlich mit »Emil« an einer Stelle falsch wiedergegeben war, fiel ihr nicht auf. Außerdem nutzte ich die Gelegenheit, unbemerkt das Kennzeichen ihres Wagens zu fotografieren. Vielleicht ließ sich auf diesem Wege ja etwas über die Halterin herausfinden.

Die folgenden Monate waren von Nachforschungen und gleichzeitigen Versuchen unserer Gegenspielerin geprägt, ebendiese zu unterbinden. Immer wieder bemühte sie sich, uns auf falsche Fährten zu schicken. Der Oradea-Besuch ist nur ein Beispiel dafür. Während einer zweiten Reise im Juni, die wir dem Ort ohne sie abstatteten, fanden wir im Übrigen das Grab, dessen Fehlen uns die Urheberschaft Grósz Chorins an den Nyiszli-Memoiren hatte nahelegen sollen. Miklós Nyiszli ist auf dem Friedhof der reformierten jüdischen Gemeinde bestattet. Kein Wunder, dass wir ihn auf dem der jüdisch-orthodoxen nicht hatten aufspüren können. Nyiszli »stirbt« übrigens in den Auschwitz-Notizen wie im Memoirenbuch, jedes Mal hingebungsvoll gepflegt von Grósz Chorin, der dessen Tod trotzdem nicht verhindern kann. In den Auschwitz-Notizen gerät dann der Autor im Jahr 5721 jüdischer Zeitrechnung (1961) selbst in Zweifel ob seiner Identität: *Ich weiß es nicht wirklich, ob ich Nyiszli – bin [...] oder bin ich Grósz Chorin [...] weiß ich auch nicht.*
Wir sollten schlicht und einfach beschäftigt werden.
Doch diese Vorstöße – mal wurden neue Dokumente angekündigt, mal Querverbindungen in andere Länder angedeutet, beispielsweise nach Frankreich, denen unbedingt nachgegangen werden

müsse – bezogen sich allein auf die Verifikation der fabrizierten Unterlagen. Dass wir an deren Authentizität zweifelten, mochte sich die Urheberin ja mittlerweile zusammengereimt haben. Dass wir sie selbst als Fälscherin enttarnt hatten, ahnte sie offenkundig nicht. Dennoch waren indessen so viele Menschen in das Projekt involviert, dass ich beschloss, die personenbezogenen Recherchen zunächst auf eigene Faust durchzuführen.

Im Mai war ich in Kaisers Münchner Wohnung auf ihre Meldebestätigung und ihren Personalausweis gestoßen und hatte mir die wichtigsten Daten daraus in einem unbeobachteten Augenblick notiert. Diese gab ich nun zusammen mit dem Autokennzeichen an Kontaktpersonen in Polen und Ungarn weiter, die damit die echten biografischen Daten der Gräfin ermittelten. Der Wagen war wiederholt und in verschiedenen Ländern geblitzt worden, und die Halterin hatte sich unter ihrem wahren Namen registriert: Magdolna Kaiser, geboren im Jahr 1950 als Magdolna B. in der serbischen Stadt Bečej. Die Kleinstadt liegt in der Nähe der ungarischen Grenze, in der Gegend gibt es eine große ungarische Minderheit. Der Name B. kommt häufig vor. Als ich nach monatelangen Recherchen über verschiedene Kanäle die richtige Familie endlich eingegrenzt hatte, statteten Kemény und ich dem Ort eine Blitzvisite ab. Wir fanden die Grundschule, die Magdolna besucht hatte, und konnten sogar mit Adresse und Telefonnummer ihrer Mutter aufwarten. Die alte Frau legte jedoch auf, als wir uns – unter Erwähnung ihrer Tochter – telefonisch anzukündigen versuchten, und ging gar nicht erst an die Tür, als wir dennoch bei ihr klingelten. Dass jemand zu Hause war, konnten wir an der Bewegung einer Gardine erkennen.

Kein Waisenkind. Im Gegenteil: Laut den standesamtlichen Angaben aus Serbien verfügte Magdolna B. über Vater und Mutter. Laut unseren Gewährsleuten aus Bečej hatte die Tochter den Kontakt zu den Eltern schon vor Jahren abgebrochen; die Mutter glaube, die Tochter lebe in der Schweiz. Der Vater war mittlerweile gestorben. Kein ungarischer Uradel. Den Angaben der Grundschule zufolge war der Vater Beamter, die Mutter Hausfrau.

Keine Zugehörigkeit zum Vatikan. Denn dort, so hatte ich mittlerweile über diverse unabhängige Quellen herausgefunden, war eine

Person dieses Namens und Aussehens unbekannt. Hätte Kaiser die Päpste tatsächlich auf den Reisen, von denen sie so lebhaft zu erzählen wusste, begleitet, hätte sie irgendjemandem aus dem Tross aus Journalisten und Kameraleuten einmal auffallen müssen. Unscheinbar ist sie nicht.

Auch die diversen medizinischen Grade erwiesen sich als Bluff. Im Vorlesungsverzeichnis der Universität Zürich wird sie nicht geführt, weil sie dort schlicht nicht unterrichtet. Nach dem Abschluss des Gymnasiums in Bečej im Alter von 19 Jahren lässt sich keine universitäre Bildung belegen. Sowohl in der Grundschule als auch in der weiterführenden Schule hatte sie allerdings stets mit sehr guten Noten geglänzt, insbesondere in Serbisch und Ungarisch, nur in Deutsch kam sie über ein »Gut« nicht hinaus. Verheiratet war sie tatsächlich, jedoch nicht mit einem Professor der Neurologie, sondern – wahrscheinlich – mit einem Fenster- und Gebäudereiniger. Ihre jugoslawische Staatsangehörigkeit hatte sie 1983 abgelegt. Familiäre Verbindungen zu Judentum oder gar Holocaust-Überlebenden: keine.

11 Finten

»47. Es wird in der Welt regiert, indem Komödie gespielt wird. IN DIESEM
ZEICHEN ALLEIN WIRD GESIEGT. Drum kämpfe nie um etwas. Spiele
dich – VOR.«

Walter Serner, »Letzte Lockerung. Ein Handbrevier für Hochstapler«

Schon bis dato hatten wir die Gräfin, die, wie wir jetzt wussten, keine
war, über unseren Verdacht im Dunkeln gelassen. Im Gegenteil: Bei
jeder Begegnung hatte ich ihr versichert, das Projekt komme gut voran,
der Verlag sei enthusiastisch, die erste Veröffentlichung stehe kurz bevor.
Nachrichten, die sie stets hocherfreut zur Kenntnis nahm und immer
wieder mit der Ankündigung neuer Dokumente und Erkenntnisse
beantwortete. Auch Lothfels hatten wir so lange nicht eingeweiht, bis
wir nicht eindeutige Belege in der Hand hatten. Jetzt hatte sich die Lage
verändert. Im Januar 2017 reisten Wassert und ich nach Süddeutschland, um die vermögende Wohltäterin, die ihre vermeintliche Freundin
und deren Projekte auf mannigfache Weise unterstützt hatte, mit dem
zu konfrontieren, was wir herausgefunden hatten. Es wurde ein langes
und schmerzhaftes Gespräch – in dem uns die Unternehmerin schließlich gestand, schon Kardinal Marx habe sie bereits im Jahr 2013 wissen
lassen, dass ihm eine Professorin Kaiser im Vatikan nicht bekannt sei.
Eine Leibärztin gebe es dort erst recht nicht. Doch sie habe es nicht
glauben können und Kaiser sogar darauf angesprochen. Die habe ihr
daraufhin verboten, das Thema anderen gegenüber zu erwähnen. Ihre
Funktion dort sei schließlich absolut geheim; dass sie Lothfels darin
eingeweiht habe, sei ein Beweis ihres unbedingten Vertrauens.

Da Lothfels, anders als Wassert und ich, auch in finanzieller Hinsicht erheblich geschädigt worden war, stand bald die Überlegung,
Strafanzeige zu erstatten, im Raum. Doch dies erforderte Vorbereitung
und damit Zeit. Angesichts Kaisers reger Reisetätigkeit mussten wir
verhindern, dass sie die Flucht ergriff. Also kamen wir überein, nun
zu dritt die Strategie weiterzuverfolgen, die ich bereits seit der Aufdeckung des Fälschungsversuchs anwendete: Wir drehten den Spieß um.

Während wir uns auf die Suche nach weiteren Opfern machten und mehr Beweismaterial sammelten, verhielten wir uns der Betrügerin gegenüber wie gehabt. Man telefonierte, schickte Text- und Whats-App-Nachrichten, traf sich zum Essen. Lothfels ließ uns außerdem wissen, dass die »Freundin« von einem Film über Grósz Chorin und die kleine Magda, wie der Großvater die Enkelin stets genannt habe, beinahe besessen sei. Sie hätten sich schon über die Rollenbesetzung und eventuelle Kosten unterhalten. Dies brachte uns auf die Idee, Kaiser vorzutäuschen, dass auch wir Interesse an einer filmischen Bearbeitung hätten. Am 22. Januar 2017 schrieb Wassert ihr in einer E-Mail:

> »Wir haben uns bezüglich des Projektes [...] getroffen und einiges im kleinen Rahmen erörtert, z. B. Umsetzung, weiteres Procedere etc.... Das Werk und der Inhalt sind so unübertroffen, dass es schließlich Lisbeth war, die die Idee hatte, auf der Grundlage der Memoiren und Deinen mündlichen Erzählungen ein Drehbuch schreiben zu lassen. Bogdan könnte einen Drehbuchautor suchen, der in unserem Auftrag das Drehbuch schreiben würde. [...] Deine Kooperation vorausgesetzt, könnte dann der Drehbuchautor ein entsprechendes Interview mit Dir führen.«

Kaiser wirkte entzückt. Bei einem Treffen einen Monat darauf zierte sie sich zwar zunächst wegen des Drehbuchs, brachte dann aber zügig doch einen ihrer Ansicht nach passenden Namen ins Spiel: László Nemes. Der ungarische Regisseur und Drehbuchautor zeichnete für den vielfach preisgekrönten Film »Sauls Sohn« verantwortlich, der 2016 den Oscar für den besten fremdsprachigen Film erhielt. Sie erklärte sich bereit, den Kontakt herzustellen, ein Angebot, das wir gern annahmen.

Außerdem erzählte sie Wassert und mir, dass in der Schweiz weitere Memoiren auf uns warteten, diesmal jene der Haushälterin Grósz Chorins. Diese Elly Ostertag hatte von Anfang an in unseren Gesprächen eine große Rolle gespielt, denn immer, wenn Kaiser hinsichtlich biografischer Details ihres vermeintlichen Großvaters ins Stocken geriet, hatte sie auf die Haushälterin verwiesen. Diese habe in einem engen Verhältnis zu ihm gestanden; da sie aber leider schon seit Jahrzehnten verstorben sei, könne nur die Tochter – die verwirrenderweise denselben Namen trug – Aufschluss geben. Denn die Mutter habe Aufzeichnungen hinterlassen, die im Besitz der Tochter seien. Gerade an dieser Übergabe hatte es aber immer wieder gehapert. Entsprechend erfreut zeigten wir uns über die angekündigte Wende. Überdies, so versprach unsere Gegenspielerin, durch die Begegnung offenkundig belebt, werde sie weitere Interviews organisieren, in Ungarn, aber auch in den USA. Es war kein Ende abzusehen.

Einen weiteren Monat später, am 26. März, erhielten wir folgende E-Mail von ihr:

»[I]ch bin auf Lampedusa [Flüchtlingshilfe im Auftrag von Papst Franziskus; B. M.], aber am Mittwoch wieder in Rom zurück und dann am 2. April treffe ich mit der Elly, da gibt es noch drei oder vier Büchleins – wie Elly mir gesagt hat – mit Aufzeichnungen, sehr viele Namen und Adressen drin. Sie hatte im Zimmer ihrer Mutter dies gefunden. Am April wird sie mir geben. Sofort werde ich Euch weiterleiten.
Dann war ich zwischenzeitlich auch aktiv.
Einer der Überlebender der Mengele-Zwillinge lebt noch in Budapest. [...] Er hatte auch sehr viele Ärzte dort [in Auschwitz] kennen gelernt auch den Dr. Nyiszli und vielleicht auch Großvater!!!!«

Wir reagierten nahezu überschwänglich. Vom 20. bis 22. April, so die Verabredung, würden wir uns in Budapest treffen, um besagte Interviews zu führen und diese in Ton und Bild aufzeichnen zu lassen. Schließlich sollte man auch einen Dokumentarfilm nicht ausschließen.

Anfang April trafen die angekündigten »Büchleins« mit den Erinnerungen Elly Ostertags bei Isabel Wassert ein. Wieder war mit Bleistift in Notizhefte geschrieben worden, auch diesmal würde uns das Alter des Papiers nicht weiterhelfen, aber es gab zwei entscheidende Unterschiede: Die Einlassungen der angeblichen Haushälterin – die selbstverständlich ebenfalls über einen Doktorgrad verfügte – waren auf Deutsch verfasst, und zwar weit elaborierter, als Kaiser es beherrscht, und die Schrift war eine andere. Beides deutete darauf hin, dass tatsächlich noch mindestens eine andere Person an der Fälschung beteiligt war. Zudem waren wie schon bei den Lieferungen aus dem vermeintlichen Nachlass Grósz Chorins Bücher unterschiedlicher Thematik beigefügt, die den Anschein erwecken sollten, aus dem Privatbesitz des Großvaters zu stammen. Übersehen worden war dabei aber offenkundig, dass jemand auf die Schnittkante des Papierblocks eines der Werke seinen Namen geschrieben hatte. Manche Leser markieren ihre Bücher so. Wie sich herausstellte, zählte dieser Leser ebenfalls zu den Geschädigten der Vatikanärztin.

Die Budapest-Reise bereitete Kaiser mit der gewohnten Sorgfalt vor. Sie arrangierte Begegnungen mit Überlebenden und erstellte ein detailliertes Besuchsprogramm, das sie uns vorab zukommen ließ. Doch auch wir waren nicht untätig geblieben. Ich hatte zwei Kameramänner aus Krakau engagiert, die ich bereits von früheren Gelegenheiten gut kannte. Sie sollten die Interviews, aber auch das Auftreten der Betrügerin generell filmisch dokumentieren. Außerdem waren sie gehalten, sich mit mir während unseres Aufenthalts auf Polnisch zu unterhalten und dabei keinerlei Zweifel an den aufgetischten Geschichten erkennen zu lassen. Ich ging davon aus, dass die Betrügerin angesichts ihrer ausgezeichneten Serbischkenntnisse Polnisch zumindest versteht.

Kaiser war in ihrem Element. Zwei Tage lang, am 21. und 22. April, führten wir Gespräche, darunter, wie von ihr angekündigt, mit einem Überlebenden der Zwillingsversuche. Das war im Übrigen keine Lüge: Der Mann hatte tatsächlich erlitten, was er schilderte, und seine Erfahrungen werden für das weiterhin laufende Forschungsprojekt über Häftlingsärzte in Auschwitz von Belang sein. Nur die Förderung der Grósz-Chorin-Veröffentlichung hatte die Stiftung im Frühjahr 2016 umgewidmet: in die Erkundung der Anatomie einer Fälschung.

Gänzlich unerwartet lieferte uns der Budapest-Aufenthalt einen weiteren Beleg dafür, dass unsere Gastgeberin nicht ist, was sie zu sein vorgibt. Als ich ihr am ersten Abend der Reise die beiden Kameraleute vorstellte und erzählte, dass einer von ihnen schon für die Shoah Foundation Steven Spielbergs Interviews mit Holocaust-Überlebenden gefilmt hatte – was den Tatsachen entspricht –, reagierte sie beeindruckt. Sie revanchierte sich mit einer Schilderung der berühmten Straßenbahnfahrt, die Papst Franziskus während seines Polenbesuchs im Juli 2016 in Krakau unternommen hatte. Selbstverständlich hatte sie ihn dabei begleitet und wartete mit einigen Vertraulichkeiten auf. Kaum hatte sie die Runde verlassen, schmunzelte einer der Kollegen. Er habe diese Straßenbahnfahrt im Auftrag der ARD gefilmt – die Person, die sich gerade auf ihr Zimmer verabschiedet hatte, sei mit Sicherheit nicht dabeigewesen.

Es war eine aufschlussreiche Reise. Wir verließen Budapest mit der Zusicherung, bald ein exklusives, ausführliches und auf Film aufgezeichnetes Interview mit der Professorin über ihren Großvater zu organisieren. Ihre Anonymität, auf die sie aufgrund ihrer besonderen Lebensumstände so viel Wert legte, würden wir dabei natürlich wahren, wenn sie dies wünsche.

Die Strafanzeige – der ich mich später als Nebenkläger anschloss – wurde zu diesem Zeitpunkt auf den Postweg zur Staatsanwaltschaft München gebracht. Diese nahm zügig Ermittlungen auf. Die von uns zusammengetragenen Belege für diverse Betrugsvergehen der falschen Gräfin waren offenbar überzeugend. Am 17. August 2017 wurde Kaiser in Untersuchungshaft genommen.

Zuvor hatte sie noch zu retten versucht, was zu retten war. Offenbar plante sie, sich in die Schweiz abzusetzen. Zumindest sperrte die Commerzbank ihr wegen des Verdachts auf Geldwäsche infolge auffälliger Transfers großer Geldbeträge in die Schweiz die Konten. Mit einem notariellen Schuldanerkenntnis gegenüber Elisabeth Lothfels, die sie mit ihrer Anwältin zur Rede gestellt hatte, glaubte sie womöglich, den Kopf aus der Schlinge gezogen zu haben. Ihre Habe hatte sie zuvor weitgehend bei Freunden in Süddeutschland und der Schweiz untergebracht. Bei nahezu gleichzeitigen Durchsuchungen stießen die Ermittler dort und in Kaisers Münchner Wohnung auf umfangreiches Beweismaterial, darunter gefälschte Urkunden und Arbeitszeugnisse, einen Rucksack mit rund drei Kilogramm Schmuck sowie auf Uhren im Wert von über 100 000 Euro.

Die »Gräfin« in Mussolini-Pose, imposant
und selbstbewusst

Am 14. Mai 2018 kam es in München zum Prozess. Die Anklage
lautete auf »Betrug in Tateinheit mit Missbrauch von Titeln in 23 tat-
mehrheitlichen Fällen«, die vor Gericht verhandelte Schadenssumme
belief sich auf 438 500 Euro. Als einzige Geschädigte hatte Lothfels
sich zu erkennen gegeben. Die gefälschten Dokumente spielten in
den Ermittlungen eine Rolle, in der Verhandlung aus prozessökono-
mischen Gründen nicht. Bereits am zweiten Verhandlungstag, dem
18. Mai 2018, kam das Gericht zu seinem Urteil: vier Jahre und sechs
Monate Haft ohne Bewährung. Magdolna Kaiser, die erst gegenüber
der Presse davon sprach, sie habe sich schuldig gemacht, entschloss
sich dann zügig doch zum Antrag auf Revision. Vergeblich. Am
19. September 2018 lehnte der Bundesgerichtshof in Karlsruhe das
Ansinnen als unbegründet ab. Das Urteil ist damit rechtskräftig.

12 »Dieses kleine Wunder«

»Eigene Wirklichkeiten zu erfinden, bringt nicht nur Geld, man fühlt sich auch sexy. Man wird berühmt.«
Stephan Porombka, *Felix Krulls Erben*, S. 186

Im Zentrum jeder Hochstaplergeschichte steht Suggestion. Wer hochstapelt, muss zunächst sich selbst von der »Wahrheit« der erträumten Identität überzeugen. Je besser dies gelingt, desto eher ist die Person davor gefeit, sich durch Unerwartetes aus dem Konzept bringen zu lassen. Selbst unwillkürliche körperliche Reaktionen wie das Erröten lassen sich bei erfolgreicher Identifikation mit der Persönlichkeit, die man gern sein möchte, unterbinden.[210] Was man jeweils sein möchte, das unterliegt den Moden der Zeit: Der Postbote Ernst Postel reüssierte unter anderem kurz vor der Wende zum dritten Jahrtausend als Leiter einer psychiatrischen Klinik; der Schweizer »Star-Reporter« Tom Kummer foppte die deutschsprachige Presse im ähnlichen Zeitraum jahrelang mit erfundenen Exklusivinterviews der Reichen, Schönen und Begabten; Frank Abagnale schummelte sich als Scheckbetrüger, Pilot, Arzt und Anwalt durch die Vereinigten Staaten der späten sechziger und frühen siebziger Jahre des vergangenen Jahrhunderts, so talentiert, dass das FBI ihn nach seiner Verurteilung in eigene Dienste nahm, um Betrügern auf die Schliche zu kommen; Harry Domela gelangte in der Weimarer Republik der späten zwanziger Jahre als vermeintlicher Hohenzollern-Prinz Wilhelm von Preußen, Enkel des letzten deutschen Kaisers, zu Ruhm; der Schuster Wilhelm Friedrich Voigt machte im Kaiserreich als »Hauptmann von Köpenick« Furore; der rumänische Abenteurer Georges Manolescu, der das Vorbild zu Thomas Manns Romanfigur des Felix Krull abgab, begann seine Karriere in den achtziger Jahren des neunzehnten Jahrhunderts als Kleinkrimineller und erschwindelte sich um 1900 eine Biografie als Fürst und Glücksritter, dem ganz Europa zu Füßen liege. Die Liste ließe sich seitenlang fortsetzen.

Akademische Titel, angesehene Berufe, elitäre Institutionen, Hochadel und exklusive Netzwerke: Dies sind die Zutaten zu Lebensgeschichten, die das Publikum im langen zwanzigsten Jahrhundert schätzte und bis heute schätzt, sofern es sich mit seinen Erfahrungen und Wünschen vor allem dort verortet. Da wird gelogen und betrogen, was das Zeug hält. Und trotzdem wird oft bereitwillig geglaubt, denn Hochstapler erfüllen Träume. Ihre und unsere. »Wo die Welt betrogen sein will«, so der Kulturwissenschaftler Stephan Porombka, »und der Mensch so gern betrügt, da inszeniert der Hochstapler eine folie à deux, an der alle Gefallen finden. […] Die Soziologen und Psychologen nennen es ein autosuggestiv geschlossenes System, in dem sich alle Beteiligten mit gegenseitiger Unterstützung in schwindelerregende Höhen steigern können.«[211]

Magdolna Kaiser, Tochter eines kleinen Beamten und seiner Ehefrau, ehemalige Gattin eines saarländischen Finanzbeamten (nicht Fensterreinigers), wie es im Prozess hieß, träumte von einer steilen akademischen Karriere, Zugehörigkeit zu exquisiten Kreisen, von Bewunderung, Reichtum und Macht. Was das Leben ihr in diesen Hinsichten vorenthielt – so mag sie es sehen –, das nahm sie sich mit bemerkenswertem manipulativem Geschick, Gerissenheit, Improvisationstalent und Kaltblütigkeit. Von unwiderstehlichem Reiz für ihre Zielpersonen erwies sich dabei ihre vermeintlich unmittelbare, ja körperliche Nähe zu den jeweiligen Päpsten. Intimität zu den aufs Äußerste Entrückten, die als Stellvertreter Gottes auf Erden die Brücke zwischen uns gemeinen Sterblichen zu dem, der Himmel und Erde gemacht hat, schlagen – die Vorstellung, über die angebliche Leibärztin wie vermittelt auch immer an dieser verschlossenen Welt teilhaben zu dürfen, übte auf ihre Opfer, sofern katholisch, eine geradezu magische Anziehungskraft aus. Da wurde dann sogar für Schuhe für Franziskus oder eine hermelingefütterte Soutane für Benedikt gespendet, die ihn vor den Unbilden der kalten Jahreszeit schützen sollte. Als jenem das Laufen immer schwerer fiel, musste ein Treppenlift her.

Dass Geben seliger ist denn Nehmen, gehört zu den Grundüberzeugungen jeglicher Glaubensrichtung. Und Kaiser gab nicht nur, sie verausgabte sich. Ob im Auftrag der WHO in Afrika unterwegs, ob im Flüchtlingslager auf Lampedusa oder als guter Engel rumänischer Waisen – kein Weg war zu weit, keine Mühsal zu groß, wenn sie nur helfen konnte. »Vielfach«, so der Hamburger Kritiker, Kurator und Publizist Roberto Ohrt, »spielt der Hochstapler den anderen im Kreis eine Figur vor, die zu sein sie sich wünschen, aber nicht trauen; sie wollen diese Ausnahmeerscheinung dennoch zur Anschauung in der Nähe haben.«[212] Und, so könnte man ergänzen, sie sind bereit, einen Preis dafür zu bezahlen. Wo immer sich eine günstige Gelegenheit ergab, hielt Kaiser die Hand auf. Bei einer Sammelaktion der falschen Gräfin auf einer Geburtstagsfeier etwa dürften mehrere tausend Euro zusammengekommen sein. Gespendet wurde »für Kinder in Afrika«. Wer sieht da nicht erbarmungswürdige Würmchen mit Hungerbäuchen vor sich, während man selbst am Champagner nippt? Und wer vermag sich zu entziehen, wenn ein »Gurkenglas«, so einer der Gäste, von Tisch zu Tisch gereicht wird, sodass jeder der vermögenden Nachbarn sehen kann, von welchen Scheinen sich die Vorgänger getrennt haben?

War das ein vergleichsweise kleiner Schwindel, der Ertrag überschaubar, so stießen wir auf weitere Projekte, bei denen »Afrika« der Schauplatz des betrügerischen Geschehens war. Lothfels steckte Hunderttausende in den vermeintlichen Bau zweier Krankenhäuser und zweier Brunnen in Kenia und glaubte, damit direkt einen katholischen Geistlichen und seine Schäfchen zu unterstützen. Dass der rührige Pater für seine Verdienste prompt zum Weihbischof ernannt wurde, erschien da nur logisch. Dass dies ebenfalls eine Stange Geld kostete, auch. Die Spenderin half gern aus – zumal sie rührende Dankesbriefe erhielt. Das Perfide daran: Der Pater und seine Wirkungsstätte, die kenianische Missionsstation Illeret, sind echt. Die Krankenhäuser und Brunnen waren es so wenig wie die Bischofswürde und die Korrespondenz. Doch wer wollte es einem Legastheniker verübeln,[213] dass er nicht selber schrieb, sondern wahlweise den päpstlichen Privatsekretär Gänswein oder gleich die herzensgute »Schwester Nicole Magdalena« bat, dies für ihn zu übernehmen? Und wer auf Spendenquittungen beharren, wenn der unermüdliche Diener des HERRN von Krisenherd zu Krisenherd hetzte und seine Unterstützerin von unterwegs wissen ließ: »Hier musste ich helfen, mit [I]hrer Hilfe«?[214]

Der echte Pater diente als bloße Hülle für eine Täuschung, die immer groteskere Ausmaße annahm. Zuletzt war von einem Projekt die Rede, das darauf hinauslief, im Auftrag der WHO Wasser aus Bhutan – das genug davon hat – per Flugzeug in das krisengeschüttelte und unter Dürren leidende Afrika umzuleiten. Das klingt abstrus, experimentell ganz sicher. Man mag darüber lachen. Ihren Ausgang nahm die Etablierung des falschen Paters indes mit einer persönlichen Notsituation, die ganz und gar nicht lachhaft ist. Elisabeth Lothfels sah sich mit dem plötzlichen Tod ihres einzigen Sohnes konfrontiert, der Wochen zuvor bewusstlos aufgefunden worden und aus dem Koma nicht mehr erwacht war. Für die Familie, insbesondere die Mutter, war das ein Schock. In dieser emotionalen Ausnahmesituation war Kaiser, die bereits über Verbindungen zu der Wohltäterin verfügte, aufgetaucht und hatte ihre Hilfe angeboten. Sie überbrachte seelischen Beistand aus dem Vatikan, wo der Papa Emeritus angeblich Messen für den Kranken und dann den Verstorbenen abhielt, nachdem er von seiner Leibärztin vom Kummer der Betroffenen gehört hatte. Für die katholische Mutter war dies ein großer Trost.

Bei der Trauerfeier war außerdem Ungewöhnliches vorgefallen: Während der heiligen Messe waren weiße Schmetterlinge aufgestiegen und herumgeflattert. Und hier kam nun Pater Florian ins Spiel. Auch er betete angeblich im fernen Kenia für den geliebten Sohn. Bei einer dieser Gelegenheiten war er eingeschlafen; als er erwachte, lag auf seinem Nachttisch ein toter Schmetterling – Sinnbild der Transformation, des Übergangs von der irdischen Welt ins Jenseits. In dem Moment habe er gewusst, dass der junge Mann verschieden war. Als Kaiser von einem ihrer angeblichen Besuche in Illeret zurückkehrte, hatte sie im Gepäck ein Geschenk für die Trauernde dabei: den gerahmten Schmetterling, versehen mit einer Widmung Pater Florians. Kein Wunder, dass die Mutter nur zu gern bereit war, den mitfühlenden Geistlichen bei seinen stetig wachsenden Unternehmungen zu unterstützen.

»Reziprozität« nennt die Soziologin Sonja Veelen diese Manipulationsstrategie, die dazu führt, dass ein unerbetener kleiner Gefallen durch einen ungleich größeren beantwortet wird.[215] Klein war der ursprüngliche Gefallen aus der Sicht der Beschenkten nicht. Der Gewinn für die Betrügerin aber war beträchtlich. Das gilt nicht nur in finanzieller Hinsicht. Denn von nun an wurde ihr von der Trauernden geglaubt, die Person zu sein, die zu sein vorgab. Und das war das Entscheidende. Veelen, die die Tricks der Hochstapler und das für das Gelingen der Täuschung notwendige Zusammenspiel von Hochstaplern und ihrem Publikum untersucht, macht dafür unser Bedürfnis nach »Konsistenz« verantwortlich. Bei unserem ersten Eindruck von einer Person treffen wir eine Entscheidung darüber, ob wir ihr trauen oder nicht. Haben wir uns zum Vertrauen entschlossen, sind wir bemüht, unser einmal gefälltes Urteil vor uns und vor allem vor anderen zu rechtfertigen. Hat ein Hochstapler erst einen »Fuß in der Tür«, sind wir daher geneigt, immer größere Schritte in die dadurch eingeschlagene Richtung zu unternehmen, um einen ansonsten befürchteten Imageverlust zu vermeiden. Das kann so weit gehen, dass Belege für das Gegenteil des Vermuteten rigoros ausgeblendet werden.[216]

Kaiser, das zeigte sich bei unseren Recherchen, beherrschte diese Technik und ihre Weiterungen perfekt. Immer wieder hörte ich von Begebenheiten, die ihr selbst keinen unmittelbaren Nutzen versprachen, aber dazu dienten, ihre Rolle zu untermauern und mögliche Zweifler zur Umkehr zu bewegen. Mal vermittelte sie im Krankheitsfall Kontakte zu namhaften Ärzten, mal sorgte sie dafür, dass andere gut dastanden. Selbst die bayerische Staatskanzlei und der bayerische Ministerpräsident ließen sich davon überzeugen, dem päpstlichen Privatsekretär Georg Gänswein den Bayerischen Verdienstorden zu verleihen, da Benedikt XVI. sich dies so sehr wünsche. Der Geehrte zeigte sich angesichts der Tatsache, dass er sich um Bayern gar nicht verdient gemacht hatte, überrascht, aber selbstverständlich erfreut. Der emeritierte Papst teilte beide Gefühle.[217]

Wer von ihrem medizinisch tatsächlich beeindruckenden Netzwerk profitierte, zeigte sich danach mitunter geneigt, für die diversen Projekte der Uneigennützigen in die Tasche zu greifen. Und sie half tatsächlich, besorgte unverzüglich Termine bei Koryphäen, die ansonsten schwer zu bekommen waren. Wie sich im Prozess zeigte, war sie entgegen meiner ursprünglichen Ergebnisse 1975/76 für zwei Semester an der Uni Heidelberg im Fachbereich Medizin eingeschrieben und später als Pharmareferentin tätig. Ob ihre Kontakte daher stammten, ist unklar, doch dass sie in einigen Kliniken als »Frau Kollegin« oder »Frau Professorin« ein und aus ging, sprach sich herum.

So schuf sie »stille Multiplikatoren« ihrer Wirkung auf andere Opfer im Publikum. Hier greift, wie Veelen konstatiert, das »Prinzip der sozialen Bewährtheit«. Das »Herdentier« Mensch orientiert sich am Handeln anderer, da sich dieses anscheinend als richtig erwiesen hat.[218] Anders ausgedrückt: Wenn A einem Menschen glaubt und B auch, ist C geneigt, dasselbe zu tun.

Ich selbst bin dafür ein beredtes Beispiel. Auch wenn mir einiges an Kaisers Geschichten von Anfang an fragwürdig vorkam, hegte ich jedoch lange Zeit keinerlei Zweifel daran, dass sie tatsächlich von ungarischem Adel, Ärztin und Dozentin sei, tatsächlich im Vatikan beschäftigt und sogar als Emissärin der Päpste wie der WHO an den Krisenherden der Welt unterwegs. So war sie mir von vertrauenswürdigen Personen vorgestellt worden, als solche wurde sie in den prominenten Kreisen, in denen sie verkehrte, behandelt, so hatte ich es in Budapest vernommen, als der Rektor der Universität sie vor versammelten Honoratioren pries. Äußerst geschickt baute sie, was diese Tarnidentitäten anging, regelrechte Verifizierungsketten auf: Lothfels, die Kaiser über die eigene Schwester kennengelernt hatte, war durch jahrelange Umstrickung mit vermeintlichen Briefen, Postkarten und Text- oder WhatsApp-Nachrichten Benedikts, Franziskus', Gänsweins und »Nicoles« (»Deine ›Quadriga‹ aus Rom«) wahrhaftig der Ansicht, sie stünde mit den Genannten in persönlichem Kontakt. Wassert wiederum sah keinen Anlass, das Urteil ihrer engen Freundin, die sie mit der Gräfin bekannt gemacht hatte, infrage zu stellen, und war selbst äußerst geschickt umgarnt worden, indem sie von jener beispielsweise unter dem Siegel der ärztlichen Schweigepflicht zurate gezogen worden war, was die medizinische Behandlung der Stellvertreter Gottes auf Erden anging. Wir alle hatten uns einmal in einem Schweizer Ort getroffen, dessen Bürgermeister ebenfalls glaubte, mit Kaiser – deren Bekanntschaft er über ein angesehenes Mitglied der Gemeinde gemacht hatte – eine päpstliche Leibärztin zur Patentante eines seiner Kinder gemacht zu haben. Das Kind war übrigens mittlerweile erwachsen, was erahnen lässt, wie lange die Legende schon gepflegt und besagte Ketten geknüpft wurden.

Andere glauben zu machen, dass man ist, wer man zu sein vorgibt, ist das A und O jeder gelungenen Hochstaplerkarriere. »Interpsychische Machtergreifung« nennt dies Alfons Backes-Haase in seiner Untersuchung über den Dadaisten Walter Serner, der mit seiner »Letzten Lockerung« 1927 ein »Handbrevier für Hochstapler« vorlegte.[219] Klug ausgespielt, lässt sich mittels der bereits genannten Manipulationsstrategien ein ganzes Netz aus »stillen Multiplikatoren« der Scharade knüpfen. Großzügig Lob und Komplimente zu verteilen, schadet nie (Sympathie), sich rar zu machen, ebenso wenig (Knappheit). Die Vortäuschung von Autorität und Expertentum lässt sich durch den Einsatz von Symbolen noch verstärken.[220] Kaiser verteilte gern kleine Rosenkränze, die angeblich Franziskus für die Anwesenden geweiht hatte. Und während der Fußballweltmeisterschaft 2014 ließ sie es sich nicht nehmen, Lothfels während des Finales zwischen Argentinien und Deutschland telefonisch wissen zu lassen, dass die Päpste bereits zu Bett gegangen seien, da sie sich nicht entscheiden könnten, für welche Mannschaft sie beten sollten. Nun schaue sie allein mit Gänswein weiter, der ihr – als Fußballexperte – alles erkläre. Lothfels hatte den Apparat entzückt laut gestellt, damit ich, der ich auch anwesend war, mithören konnte …

All das ist aufwendig, fordert Fantasie, Kreativität, Geistesgegenwart, Risikobereitschaft, Spielfreude und den Einsatz der ganzen Person. Mit gewöhnlichen Betrügern und Schwindlern haben Hochstapler in ihrer eigenen Wahrnehmung – wie der ihres Publikums – denn auch nichts gemein. Dies seien »Charakterisierungen, die jeder Hochstapler, jeder Hochstapler von Rang als beleidigend zurückweisen müßte«, so der Erziehungswissenschaftler Stefan Hopmann. »Denn bloßer Betrug oder Schwindel ist Handwerk, wahre Hochstapelei dagegen eine Kunst«.[221]

Betrachtet man das fein gesponnene Gewebe, in das Kaiser ihre Zielpersonen über die Jahre immer enger verstrickte, ist man geneigt, dem zuzustimmen. Deutlich wird, dass sie vor allem dann erfolgreich war, wenn sie mit ihrem Auftreten seelische Wunden zu heilen versprach, die ihre Opfer ihren Annäherungsversuchen gegenüber hilflos machten. Auffallend ist allerdings auch, dass der Wunsch nach Erlösung in der Täter-Opfer-Beziehung nicht einseitig zu verorten ist.

Aber jetzt sehe ich mir dieses kleine Wunder an, meine Enkeltochter Magda.[222] So wird Kaiser auf Blatt 49 des Memoirenbuchs, das aus ihrer Sicht das »Herzstück« der gefälschten Dokumente ihres vermeintlichen Großvaters darstellte, als Person eingeführt. Zwar ist schon zuvor von ihr die Rede – gleich von der ersten Seite an –, doch da geht es um sie in erster Linie als Adressatin der Erinnerungen. Nun aber rücken andere Aspekte in den Vordergrund:

> [Bl. 51] *Schon an der Spitze meiner Lebenspyramide, habe ich die Aufgabe von dem Schöpfer bekommen, dass ich meine kleine Enkelin großziehen muss.*
>
> *Ich habe meine Söhne und meine Frau in Auschwitz verloren.*
> *Diese Kleine – diese kleine Magda. Das Baby war noch so jung, als sie erst ein paar Stunden alt war, hat sie auch ihre Mutter und Albert verloren, meinen Sohn, ihren Vater, der zwar Auschwitz überlebt hat – großes, großes Dankeschön an Dr. Mengele dafür – aber keine Freude am Aufziehen seiner Tochter mehr haben konnte. Ich muss das vollenden. Ich hoffe, dass der gütige Gott mir genügend Kraft und Jahre gibt, damit ich Magda in ihrem Beruf sehen kann – ich hoffe, sie will keine Ärztin werden. Und dann kann ich meine Augen schließen und da oben werde ich meine Rebecca [sic] treffen, und ich werde [Bl. 53] ihr alles sagen. Dass ich nicht das Monster bin, welches neben Dr. Mengele – 50 Meter hinter seinem Rücken – an der Endstation, auf der Rampe stand. Und ich kann ihr auch sagen, dass Dr. Mengele auch nicht nur ein Mörder war, sondern dass er das Leben unserer drei Söhne gerettet hat. Wir verdanken es Mengele, dass unsere kleine Enkelin Magda existiert. Was für ein großes Wunder ist es, dass sich eine menschliche Seele samt Körper aus dieser Asche erhebt.*
> *Mein gütiger Gott, wie kann ich mich für all das bei Dir bedanken. Ich werde bis an mein Lebensende nur Dich bejahen und ehren.*

Und ich bete zu Dir in der nächtlichen Dunkelheit. Und wenn
ich aufwache und ins andere Zimmer, das Kinderzimmer, gehe,
dann strahlt die Sonne auf mich von der kleinen Magda. [Bl. 54]
Dich, meinen gütigen Gott, bitte ich nur, dass diese kleine Seele nie
erfahren soll, was ihr Vater, Großvater und ihre Großmutter, ihre
Familie durchlebt haben, was alles sie durchleben mussten wegen
des verdammten Nazi-Deutschland. Ich bitte Dich darum, dass sie
nie über die Existenz von Auschwitz erfahren soll. Ich bitte Dich,
Gott, erhöre mich. Magda soll im Schönen, in der Wahrheit, im
Guten und Liebe aufwachsen. Ich bitte Dich, bitte Dich. [...]

[Bl. 75] Aber ich will nicht, dass meine kleine Magda alles [was in
Auschwitz geschah] erfährt. Jetzt gehe ich wieder ins Kinderzimmer,
um mir meine kleine Magda anzuschauen.

[Bl. 113] Meine Vergangenheit ist voll blutiger Erinnerungen und
tiefen Leidens, aber meine Gegenwart ist glücklich – wegen Magda.
Ich habe ihrer Mutter versprochen, dass ich sie aufziehen werde.

[Bl. 115] Ich irre auf der bekannten Straße [...] umher, als wäre ich
der unruhige Schatten meiner selbst. Nur der Anblick von Magda
holt mich aus meiner tiefen Lethargie. Ich erdulde schweigend die
Schmerzen meiner Krankheit. Aber ich gehe erneut zu Magda, ich
schaue und stelle mir vor, dass Rebekka zu mir spricht: Wirst du auf
sie aufpassen!? Ja, jetzt hat es Sinn weiter[zumachen]!! Es gibt ein
Für-Wen und ein Warum. Ich werde wieder arbeiten. Für Magda.
Es wird ein gutes Gefühl sein, wieder Menschen zu helfen, Frauen
zu helfen, Kinder auf die Welt zu bringen!

Dieses kleine Wunder. Dieses zerbrechliche, schutzbedürftige Wesen,
das als Sonne die Dunkelheit, in der der traumatisierte Großvater seit
seinen Auschwitz-Erlebnissen umherirrt, erhellt. Das ihm den Lebens-
mut zurückgibt, mehr noch: den Lebenssinn. Das es ihm durch seine
schiere Existenz erlaubt, selbst mit seinem Peiniger – Mengele – Frie-
den zu schließen. Das unschuldige Kind, das eine gequälte Seele rettet.

Das ahnungslose Kind, gefangen hinter einer Mauer des Schweigens, die der Großvater um es errichtet hat. Das ganz große Drama.

Hochstapler suchen wie schon angedeutet über die Kunstfiguren, die sie erschaffen, das zu bekommen, was ihnen nach eigenem Empfinden fehlt: Anerkennung, Aufmerksamkeit, Bewunderung, Liebe, Mitgefühl, Geld, Berühmtheit. Anerkennung, ja, tief empfundene Sympathien, überdies Bewunderung hatte Kaiser sich in ihrer Rolle als Ärztin im Dienste von Vatikan und WHO durchaus verschafft. Pekuniär gesehen, dürfte sie mit ihren Betrügereien auch erlangt haben, was sie für ein komfortables Leben brauchte – neben den beträchtlichen Summen, die sie einstrich, wohnte sie in München in einer Wohnung, für die eines ihrer Opfer zahlte, ein anderes ließ es sich angelegen sein, ihr ein Chalet in der Schweiz zur regelmäßigen Nutzung zur Verfügung zu stellen.

Doch in den genannten Rollen wirkte sie im Hintergrund. Der Kreis derer, die von ihrer Großartigkeit wussten, war begrenzt. Was ihr als Schutz diente – das ostentative Beharren auf Diskretion hinsichtlich ihrer Person –, stand öffentlicher Berühmtheit diametral entgegen. Der Auftritt auf großer Bühne, das Staunen der Welt waren ihr bislang versagt geblieben. Der Fälschungsversuch, der uns über Jahre beschäftigte, sollte ihr, so scheint es, eben dazu verhelfen. Und als gewiefte Manipulatorin wusste sie, wie sie der kleinen Magda größtmögliche Aufmerksamkeit verschaffen konnte.

»Jede Gesellschaft, jede Generation fälscht das, was sie am höchsten schätzt« – zu diesem Urteil kommen die Autoren im Katalog zur Ausstellung »Fake?«, mit der das British Museum 1990 seine Besucher erfreute. Man könnte ergänzen: Und sie fälscht das, was besonders rar ist. Die historische Wissenschaft fußt auf der Auswertung von Dokumenten. Fehlt es an diesen, erhält jedes Schriftstück, das doch noch auftaucht, eine besondere Bedeutung. Die Gründe für den Mangel an authentischen Quellen sind vielfältig. Mal liegt die Epoche, der das Interesse gilt, so weit zurück, dass sich über die Jahrhunderte kaum zeitgenössisches Material erhalten hat. Mal sind – wie im Falle Auschwitz – Unterlagen systematisch vernichtet worden, um sie dem Zugriff von Strafverfolgungsbehörden sowie der Nachwelt zu entziehen. Dann wieder sind, und dies betrifft das Thema Erinnerungsberichte, mitunter nur wenige Zeitzeugen physisch und psychisch in der Lage, das Erlebte mit anderen zu teilen.

Den erstgenannten Umstand machte sich bereits ein Fälscher zunutze, dessen Produkte bis heute unter Experten für Verwirrung sorgen. Der Grieche Konstantin Simonides bescherte den europäischen Gelehrten des antikenbegeisterten neunzehnten Jahrhunderts den Stoff, aus dem deren Träume gewebt wurden: ein regelrechtes Universum aus Karten, Zeichnungen, mehrbändigen Geschichtswerken antiker Autoren, die man im Strudel der vergangenen Epochen verloren gegangen glaubte. Er tat dies so geschickt, ja meisterhaft, legte in diesen Konvoluten so raffinierte Labyrinthe aus Querverweisen, Verschränkungen und losen Enden an, dass die Aufdecker seiner Falsifikate eher ihren guten Ruf zu verlieren drohten als er selbst. Immer noch schlummern in den Beständen hochangesehener Museen, Auktionshäuser und Bibliotheken Artefakte, bei denen unklar ist, ob sie »echt antik« oder »echt Simonides« sind.[223]

In der deutschen Gesellschaft des zwanzigsten und frühen 21. Jahrhunderts flammt das Interesse an Dokumenten zu Nationalsozialismus und Holocaust – respektive Nazi-Größen und ihren Opfern – immer wieder auf. Das wusste schon Konrad Kujau, der seit Mitte der siebziger Jahre bis 1983 erst mit »Führer-Dokumenten« und schließlich mit nicht weniger als 62 Hitler-Tagebüchern aus seiner Feder die deutsche Öffentlichkeit narrte. Die Zeitschrift *stern* und ihr Eigner, der Medienkonzern Bertelsmann, ließen sich das Veröffentlichungsrecht an der vermeintlichen Sensation damals mindestens 9,3 Millionen DM kosten. Das war immens – und der Schaden für die Reputation des Blattes war es nach der Aufdeckung auch.[224]

Die Skepsis gegenüber derart umfangreichen Dokumentenbeständen, die über verschlungene Wege »wiederauftauchen«, mag seitdem zugenommen haben. Das öffentliche Interesse hat sich ohnehin verschoben. Im Land der Täter stehen Opfergeschichten hoch im Kurs. Nicht die Opfer, das sei hier betont, sondern deren Geschichten. Der Journalist Henryk Broder vermutet dahinter den Wunsch nach »Heldengeschichten« als »Station«, wo die Leser und Zuschauer »ihre Reue abladen können«.[225] Das mag ein Aspekt sein, auch wenn Broder sich hier nicht zufällig auf eine *gefälschte* Lebenserinnerung bezieht. Denn reden die Opfer tatsächlich selbst, spielt Heldentum in den wenigsten Fällen eine Rolle. Die Beschäftigung mit solchen Geschichten bietet allerdings auch auf anderer Ebene Entlastung: Bei der Lektüre identifizieren wir uns mit den Opfern. Und dieses Bedürfnis scheint bei den Tätern oder, wesentlicher noch, bei den Kindern der Täter das wichtigere zu sein. Die Beschäftigung mit den Opfern erlaubt es jenen, die familiär an die Generation gebunden sind, die tatsächlich der Täterseite zuzuordnen ist, mit den eigenen Ambivalenzen gegenüber den damals verantwortlich Handelnden so umzugehen, dass die heftigen inneren Konflikte, die diese Bindung mit sich bringt, beschwichtigt werden.[226] Man wechselt im Grunde die Seiten.

Für Fälscher und Hochstapler bietet sich hier ein weites Feld. Da trat in Halle die Tochter eines SS-Einsatzkommandomitglieds als Jüdin Karin Mylius auf, stand von 1968 an fast zwanzig Jahre lang der dortigen Gemeinde vor, betrog materiell und ideell, maßte sich gar liturgische Handlungen an und entweihte den Ehrenhain des jüdischen Friedhofs, indem sie ihre Eltern dort begraben ließ. Geschützt wurde die Anrüchige, deren falsche Identität dem Verband der jüdischen Gemeinden schon früh bekannt wurde, durch ihre SED-Mitgliedschaft.[227] Auch in Pinneberg setzte sich mit Wolfgang Seibert ein Mann an die Spitze der jüdischen Reformgemeinde und vertrat diese schließlich sogar im Zentralrat der Juden, der keineswegs von Holocaust-Überlebenden abstammte, wie er jahrzehntelang behauptet hatte. Sein evangelischer Vater und Großvater waren vielmehr zur Wehrmacht eingezogen worden. Zu denken gab politischen Weggefährten auch, dass er sich zuvor noch als »Zigeuner« ausgegeben hatte.[228] Der SS-Mann Günter Reinemer tarnte sich nach Kriegsende als Jude Hans Wagner, spionierte für die Amerikaner, jagte Nazis und lebte nach weiteren Identitäts-, Berufs- und Ortswechseln, deren Schilderung hier zu weit führen würde, zuletzt 15 Jahre lang als vermeintlicher Holocaust-Überlebender und geschätztes Mitglied der jüdischen Gemeinde in Caracas an der Seite einer polnischen Jüdin, ehe er kurz vor seinem Tod ein Geständnis ablegte.[229] Aber auch daran kamen rasch Zweifel auf; für eine Tätigkeit Reinemers als SS-Mann in Treblinka gebe es keine Belege.[230] Hat sich da einer zum Täter *und* zum Opfer gelogen? »Belege« fabrizierte dagegen die Historikerin Marie Sophie Hingst, die bei der israelischen Holocaust-Gedenkstätte Yad Vashem 22 Opferbögen vermeintlich im Holocaust umgekommener Angehöriger einreichte, um ihrer gewünschten Identität als Holocaust-Opfer in dritter Generation Glaubwürdigkeit zu verleihen. 19 dieser Personen waren frei erfunden, drei zwar tatsächlich mit ihr verwandt, aber weder Juden noch Opfer des Nationalsozialismus.[231] In Berlin – und nicht nur dort – wirkte Ernst Müller alias Prof. Marco von Lobkowicz alias Prof. Herbert von Gmachler alias Prof. Roberto Sbogetoni. Der angebliche Überlebende von Theresienstadt und Auschwitz bereicherte als Vortragender und Zeitzeuge das Haus der Wannseekonferenz und das Potsdamer Moses-Mendelssohn-Zentrum, wurde von Stephen Spielbergs Shoah Foundation interviewt, hatte sich als Medizinprofessor und Traumaexperte in psychiatrischen Kliniken einen Namen gemacht, war von böhmischem Uradel und sollte im deutschen Osten nach 1990 eine Repräsentanz der WHO aufbauen.[232]

Und dies ist nur eine flüchtige Auswahl.[233]

Von der Bedeutung tiefsitzender Sehnsüchte und Verletzungen für den Erfolg einer Lügengeschichte war bereits die Rede. Das bezieht sich auf den Hochstapler selbst wie auf sein Publikum, das als Einzelne oder als Gesellschaft solche Erzählungen gern hört – und damit erst hervorbringt. Zu den bekanntesten Schilderungen dieser Art gehört die des Binjamin Wilkomirski, der in den neunziger Jahren erst die Schweiz und Deutschland, dann die Welt glauben machen wollte, er sei als Kleinkind in zwei Konzentrationslagern interniert gewesen und habe dort unaussprechliches Grauen erlebt. Erst die innovative Begleitung durch einen israelischen Psychotherapeuten habe ihm den Zugang zu diesen Erlebnissen eröffnet, über die er dann, und zwar schonungslos, doch sprechen konnte. Ein Buch mit dem Titel »Bruchstücke« kam auch dabei heraus. Wie nach wenigen Jahren ans Licht kam, hieß Wilkomirski eigentlich Bruno Grosjean, war mitnichten in einem KZ, sondern 1941 in der Schweiz geboren und 1945 von einer gut situierten Züricher Familie zunächst als Pflegekind aufgenommen und 1957 adoptiert worden. Seitdem trug er den Namen Dössecker. Es scheiden sich die Geister, ob Wilkomirski (womöglich infolge einer induzierten Erinnerung) tatsächlich glaubte, was er sagte, oder ob er wissentlich und willentlich betrog. Ich neige der letzteren Ansicht zu, aber das tut hier nichts zur Sache. Entscheidend ist etwas anderes: So unwahrscheinlich vieles von dem, was Wilkomirski von sich gab, auch war – es wurde ihm abgenommen. Von seinem Verlag, seiner Agentin, in den Medien, im Publikum. Er ging auf Lesereise, wurde von einem Filmteam bei der vermeintlichen Wiedervereinigung mit seinem »echten« Vater, einem Holocaust-Überlebenden, der in ihm seinen tatsächlich verlorenen Sohn zu erkennen meinte, aufgenommen. Es war erschütternd, tränenreich – und über weite Strecken zumindest fragwürdig. Zweifler gab es von Anfang an, doch die meisten *wollten* glauben.[234] Die Geschichte war einfach zu gut.

Wilkomirski hatte seine jüdische Identität bereits seit Jahrzehnten gepflegt und immer weiter ausgebaut. Der Holocaust mag Wilkomirski als Folie für wirklich erlittene, traumatische frühkindliche Erfahrungen gedient haben, als Erklärungsmuster für ansonsten Unverständliches. Diese These vertritt der Schweizer Historiker Stefan Mächler, der Wilkomirskis wahrer Geschichte und der Genese seiner angeblichen Lagererlebnisse nachgegangen ist. Er kommt zu dem Schluss, die Shoah sei zu einer »Meistererzählung geworden, [...] zur mächtigsten kulturell sanktionierten Metapher des Leidens und zum letzten allgemein akzeptierten Modell der Weltdeutung«, das »einen eindeutigen Unterschied zwischen Opfer und Täter sowie einen moralischen Maßstab für alle Großverbrechen bietet«.[235] Angesichts dieser überwältigenden Kulisse streicht der gesunde Menschenverstand der Rezipienten dann häufig die Segel. Auch Kaiser bastelte, wie ich heute weiß, schon seit Längerem an einer Legende als Holocaust-Opfer der zweiten Generation. Ob sich darin womöglich innere Bedürfnisse Bahn brachen, die auf traumatisierende Kindheitserlebnisse zurückgehen, lässt sich nach jetzigem Kenntnisstand nicht beurteilen. Aber moralische Unanfechtbarkeit, Großverbrechen, Heldengeschichten, das war ganz nach der Gräfin Geschmack.

Gefälscht hatte sie schon früher, wie wir im Nachhinein an den Nachrichten, die Lothfels über die Jahre nicht nur von den vermeintlichen Päpsten erhalten hatte, erkennen konnten. Urkunden über ihren nicht-existenten medizinischen Werdegang gab es ebenfalls zuhauf. Doch nun ging es um den ganz großen Wurf: Mengele, Auschwitz, Menschenversuche, ein jüdischer Arzt, der zum Mittäter wird, und zwischen all dem die kleine Magda …

Rein technisch gesehen, bediente Kaiser sich bei der Fabrikation der Holocaust-Dokumente jener Methoden, die sie schon in der vermeintlichen Korrespondenz aus dem Vatikan sowie mit Pater Florian angewendet hatte. Sie nutzte Plagiate und wusste auch einzusetzen, was das Internet ihr bot. Bei ihren Opfern ging sie offenkundig davon aus, dass diese sich jener Quelle zu Recherchezwecken nicht bedienten. Wie sie die gefundenen Textbausteine mit Selbstverfasstem zu mischen hatte, wusste sie auch. Ob sie tatsächlich allein die Inhalte zusammentrug, ist angesichts der Fülle an fingierten Indizien und des beträchtlichen historischen Hintergrundwissens, von dem das Konvolut zeugt, fraglich. Dennoch trägt es nicht nur im wortwörtlichen Sinne ihre Handschrift.

Vermutlich ging sie davon aus, die Tatsache, dass unser ursprünglicher Kreis – Wassert, Lothfels und ich – des Ungarischen nicht mächtig ist, werde sie vor unliebsamen Nachforschungen schützen. Ungarisch ist keine Sprache, die sich einem über die Kenntnis anderer in Europa geläufiger Sprachen erschließt. Wer sie nicht beherrscht, steht gleichsam vor einer Wand. Ohne Kemény, der als ungarischer Muttersprachler die Feinheiten und Ungereimtheiten dessen, was er da ins Deutsche übertrug, sofort erfasste, der als Historiker über die entsprechende Sachkenntnis verfügte und zudem wusste, auf welchen Websites eine Recherche schnell zum Ziel führt, hätten wir für die Aufdeckung sehr viel länger gebraucht und womöglich auch Zweifeln mehr Raum gegeben. Dass ihr von seiner Seite Gefahr drohte, hatte die Fälscherin rasch erkannt. Nicht umsonst hatte sie sich selbst als Übersetzerin ins Spiel gebracht und auf seiner Ablösung bestanden. Uns zu glauben, dass wir ihrem Wunsch nachgekommen seien, war ein entscheidender Fehler ihrerseits. Anzunehmen, dass sie über ihren Kontakt zu Wassert die Kontrolle über den Fortgang unserer Arbeiten ausüben konnte, war ein weiterer.

Vor allem aber ahnte sie offenkundig nicht, welche Fallstricke die wissenschaftliche Aufbereitung der Unterlagen für sie bereithielt. Der Fälschung der Hitler-Tagebücher war die Fabrikation angeblich früher Dokumente Hitlers vorausgegangen, die 1979 zur Prüfung dem Hitler-Experten Prof. Eberhard Jäckel vorgelegt wurden. Jäckel befand sie für echt und nahm sie in einen Band mit Hitler-Aufzeichnungen aus den Jahren 1905 bis 1924 auf, der im Herbst 1980 bei der Deutschen Verlagsanstalt erschien.[236] Damit waren die ersten 79 Kujau-Falsifikate gewissermaßen von der Fachwissenschaft zertifiziert. Zwar kamen rasch Zweifel an der Authentizität der Dokumente auf, die Jäckel und sein Mitherausgeber Axel Kuhn bereits im Frühjahr 1981 selbst öffentlich machten,[237] doch die Begehrlichkeiten waren geweckt. Den *stern* konnte nichts mehr aufhalten.

Ob Kaiser mit dieser Fälschungsgenese vertraut war, wissen wir nicht; jedenfalls behagte ihr die Idee, auf Lothfels' Vorschlag einen Historiker hinzuzuziehen. Die erste Veröffentlichung der Grósz-Chorin-Dokumente im Rahmen einer wissenschaftlichen Edition versprach nicht nur Renommee. Sie hätte ihr auch den Weg zu weiteren Vorhaben geebnet. Dass sie noch mehr in petto hatte, ließ sich ihren Ankündigungen immer neuer »Entdeckungen« entnehmen. Womöglich erhoffte sie sich überdies einen Anschub für Betrugsprojekte, die nichts mit den Holocaust-Dokumenten zu tun hatten. Wer will, wer kann einem Auschwitz-Opfer der zweiten Generation, belegt durch publizierte Dokumente und bestätigt durch filmische Aufbereitung, schon etwas abschlagen? Seriosität ist die Münze, die für Hochstapler Gold wert ist. Ich selbst hatte allerdings nicht nur das Debakel noch lebhaft vor Augen, das der Kollege Jäckel erlebt hatte. Auch der Skandal um den angeblichen Hitler-Sohn Jean Loret, den der Historiker Werner Maser in den späten siebziger Jahren stolz der Weltöffentlichkeit präsentiert hatte, ohne stichhaltige Belege dafür zu haben, war mir noch im Gedächtnis. Ohne Originale, die ich zweifelsfrei verifizieren konnte, ohne hinreichende Anhaltspunkte für die innere Konsistenz und Glaubwürdigkeit dessen, was uns vorgelegt wurde, sowie ohne akribische Prüfung des sich stetig erweiternden »Nachlasses« würde ich einer Publikation nicht zustimmen.

An Originalen aber haperte es. Selbst der anfangs versprochene Totenschein Grósz Chorins und Kaisers Geburtsurkunde konnten nicht gefunden werden. Als wir nach dem Grundbucheintrag fragten, der die Übertragung der Züricher Wohnung des Großvaters auf seine Enkeltochter als Erbin bezeugt hätte, reagierte sie mit Tränen; das sei alles so schmerzhaft, man möge doch bitte nicht in sie dringen. Recherchen zum ungarischen Familienzweig der Batthyánys suchte sie auf demselben Wege zu unterbinden. »Gefühlsfalle« nennt Sonja Veelen ein derartiges Vorgehen, das sie zu den »Notfallstrategien« zählt.[238] In diesem Fall fruchtete es zunächst, denn Wassert nahm für den Moment von weiteren Nachfragen Abstand. Da sie plante, eine Familiengeschichte der Gräfin zu verfassen, glaubte sie, dafür später noch Zeit zu haben. Wie geschickt jene uns gegeneinander ausgespielt hatte, stellte sich erst heraus, als Lothfels, Wassert und ich nach Aufdeckung der Belege für Kaisers Hochstaplerexistenz offen miteinander redeten. Veelen spricht hier von Sicherung der Hinterbühne durch gezielte Vermeidungsstrategien, die beispielsweise darauf hinauslaufen, das Publikum so voneinander zu trennen, dass für die Hochstaplerin keine Rollendilemmata entstehen.[239] Und so war sie für mich die Enkelin des Häftlingsarztes, dessen Aufzeichnungen eine wissenschaftliche Sensation versprachen, für Wassert die Freundin und Berufskollegin, deren weiter gefasste Familiengeschichte der Erzählung harrte, für Lothfels die Brücke zum Vatikan sowie die Vertraute, die zur Bewältigung eigenen Schmerzes endlich einmal ihrer Hilfe bedurfte.

Kujau wollte reich werden, Wilkomirski berühmt oder in seiner Opferidentität anerkannt, je nachdem, welcher Sichtweise man sich anschließt. Magdolna Kaiser wollte beides: Reichtum und Berühmtheit. Gefährlich sind sie alle drei. Denn neben den Schäden, die sie im Leben Einzelner anrichten, entfalten sie gesamtgesellschaftlich eine verheerende Wirkung: Sie schüren generell Zweifel an der Authentizität von – oft ohnehin spärlichen – Quellen zum sogenannten

Dritten Reich. Denn »das ist das perfide an den Lügnern: ihr schleichendes Gift [...] immer bleibt irgendetwas kleben«, wie es die bereits erwähnte Marie Sophie Hingst in einer Entgegnung auf Zweifler an ihrer Geschichte treffend formulierte.[240] Sie spielen damit all jenen in die Hände, die die Erkenntnisse der Forschung zum Nationalsozialismus und insbesondere den Holocaust ohnedies für eine Lüge halten. Bedienen sie sich wie Wilkomirski, Kaiser und viele andere der Geschichten und Erfahrungen realer Opfer, missbrauchen sie diese ein weiteres Mal.

Hochstapelei sei eine »kulturelle Praxis«, konstatiert Wieland Schwanebeck im Vorwort zu dem von ihm herausgegebenen Sammelband »Über Hochstapelei«.[241] Doch wie ihr auf die Schliche kommen? Nicht weniger als 19 sogenannte Realkennzeichen, mit deren Hilfe die Lügengebäude von Hochstaplern geprüft werden könnten, führen die Autoren eines darin enthaltenen Beitrags auf, der sich mit ebendieser Frage befasst. Doch selbst unter Rückgriff auf derart komplexe und gut standardisierte Verfahren, so ihr ernüchterndes Fazit, sei die Fehlerquote noch immer hoch und liege nicht selten bei bis zu 35 Prozent. Erfolgreich seien Hochstapler vor allem dann, wenn sie ihre Imaginationen mit gefälschten Dokumenten untermauern könnten. Nur durch die Entdeckung solcher Falsifikate, deren Beweiskraft offenkundig ist, seien sie allerdings auch zweifelsfrei zu enttarnen.[242] Dieses Schicksal ereilte selbst Simonides.

Magdolna Kaiser wollte hoch hinaus: als Betrügerin, Hochstaplerin, Fälscherin. Und betrachtet man nur das, was wir mit unseren bescheidenen Mitteln hinsichtlich ihrer Betrügereien jenseits der gefälschten Erinnerungen aufdecken konnten, hatte sie es in dieser Hinsicht bereits weit gebracht. Es scheint, als sei ihr die Kontrolle über ihre weitgespannten Aktivitäten gerade in dem Moment entglitten, als ihre Geltungssucht sie dazu verleitete, die eigene Person entschlossen in den Vordergrund zu rücken. Pflegte sie bis dahin den Nimbus des ehrenvollen »Alles für andere, nichts für mich selbst«, lenkte sie nun die Aufmerksamkeit auf die kleine Magda und deren schmerzensreiche Familiengeschichte. Doch sobald »dieses kleine Wunder« die

Bühne betrat, war es um Kaisers Instinktsicherheit geschehen. Die Anzeichen für ihren Niedergang wusste sie nicht mehr korrekt zu deuten.

Doch ist damit tatsächlich das Ende der Geschichte erreicht? Kaiser sitzt im Gefängnis und ist – zumindest zurzeit, im Sommer 2019 – ihres öffentlichen Wirkungskreises beraubt. Kurz vor ihrer Verhaftung lancierte sie allerdings auf verwickelten Wegen schon eine neue Herkunftsgeschichte. Sie sei eigentlich die uneheliche und damit heimliche Tochter des 2007 verstorbenen römisch-katholischen Pariser Erzbischofs Jean-Marie Kardinal Lustiger. Der als Aron Lustiger geborene Sohn polnischer Juden, ein Cousin des Historikers und Holocaust-Überlebenden Arno Lustiger, war im Versteck in Orléans zum Katholizismus konvertiert. »Das Geständnis des Hochstaplers«, meint der Philologe Thomas Rahn, »ist [...] das verborgene Telos der Hochstaplerkarriere [...]. Das Verbrechen bereitet eine große Erzählung vor.«[243] Wir dürfen gespannt sein.

Jan Philipp Reemtsma

Versprochener Glamour
und erlogene Finsternis

Sie lesen in diesem Buch die Geschichte einer ungewöhnlich bizarren
Betrügerei, eine Hochstaplergeschichte. Und die Geschichte ihrer Entdeckung. Die Entdeckung durch den polnischen Historiker Bogdan
Musial hängt mit der besonders eigentümlichen und befremdenden
Seite dieser hochstaplerischen Betrügerei zusammen, die zum Titel
dieses Buches geführt hat. Eine ungarische Gräfin, die keine ist, die
unter anderem für afrikanische Krankenhäuser sammelt, die es nicht
gibt, und das Geld einsteckt, die sich als Leibärztin zweier Päpste ausgibt, was gelogen ist, will auch noch Nachkomme eines Auschwitzüberlebenden sein, den es nicht gab. Um diesen Teil ihres gelogenen/
erdichteten Lebens glaubhaft zu machen, wendet sie sich an den Historiker, den sie ebenso belügt wie sie mit seiner Hilfe eine verwun-
dert-ergriffene Öffentlichkeit belügen will. Aber das geht schief.

Ich hatte als Gründer und damaliger Leiter des Hamburger Instituts für Sozialforschung Bogdan Musial im Zusammenhang der Aus-
einandersetzungen über die erste Ausstellung über die Verbrechen der
Deutschen Wehrmacht kennengelernt.[1] Musial hatte sich damals über
seine Zunft hinaus den Ruf, auf Quellenpräsentationen ein genaues
Auge zu haben, erworben. Die gleichfalls von mir gegründete und
geleitete Hamburger Stiftung zur Förderung von Wissenschaft und
Kultur hat später Musials Arbeit »Sowjetische Partisanen 1941–1944.

---

[1] Musials Kritik war damals sehr schlagzeilenträchtig gewesen, und es
hatte sich ein Streit entsponnen, der irgendwann mehr politischen als
wissenschaftlichen Charakter trug. Der Umgang des Ausstellungsleiters
Hannes Heer mit Musial war unfair gewesen, was ich, zu spät, einsehen
musste. Als Institutsleiter trug ich für dieses Versäumnis die Verantwortung.

Mythos und Wirklichkeit« (Paderborn 2009) gefördert. Musial sprach mich nun auf eine interessante Geschichte an, die an ihn herangetragen worden sei. Eine Frau Kaiser, Dr. med. und Leibärztin des Papstes, die aus dem ungarischen Zweig der Familie Batthyány stamme und für dieses und jenes stehe – unter anderem als Förderin eines Programms der Budapester Szent-István-Universität für Studierende des Königreichs Bhutan[II] –, habe sich an ihn gewandt wegen ihres jüdischen Großvaters, eines Arztes, der nach Auschwitz deportiert worden, dort Josef Mengele unterstellt worden sei und mit ihm zusammen habe arbeiten müssen. Überlebt habe er, weil Mengele ihm geholfen habe, bei der Auflösung des Lagers zu entkommen – und der Großvater habe sich revanchiert und später Mengele geholfen unterzutauchen. Dieser Großvater habe ein Tagebuch hinterlassen. Musial soll es in ihrem Auftrag herausgeben. Musial fragte mich, ob die Stiftung die für eine solche Edition nötigen Recherchen finanzieren würde. Ich habe zugesagt.

Der Leser, der ja schon weiß, dass es sich um eine Betrugs- und Hochstaplergeschichte handelt, mag hier die Brauen runzeln. Ungarische Gräfin plus Vatikanärztin plus internationale Wohltäterin plus jüdischer Großvater und Auschwitzüberlebender – und Mengele ist auch noch dabei? Ein bisschen viel, gewiss. Aber so ist das nun einmal mit den Geschichten, die Hochstapler erzählen: Sie sind kaum glaublich, denn sonst hätte es keinen Sinn, sie zu erzählen, und dass sie geglaubt werden, liegt unter anderem daran, dass man meint, niemand werde sich doch etwas so offensichtlich Unglaubwürdiges zusammenlügen. Es kommt noch mehr zusammen – worauf noch einzugehen sein wird. Unwahrscheinlichkeit ist zudem ein relativer Begriff. Dort, wo in der Geschichte Ungewohntes geschieht, geschieht, was zu anderer Zeit eben nicht zu erwarten gewesen ist, trivialerweise. Wo die Bräuche an einem Hof umgestellt werden, weil sich das

---

[II] Das es wirklich gibt und dessen Zustandekommen in Anwesenheit der bhutanischen Königinmutter an der Universität in Budapest gefeiert wurde.

Verständnis von Machtausübung geändert hat, finden sich Karrieren, die zuvor nicht möglich gewesen wären. An einem Ort wie Auschwitz, wo Gewalt in einem Ausmaß und in Formen geschah wie an keinem anderen Ort, findet man Vorfälle und Zufälle, für die die gewohnten Maßstäbe des Wahrscheinlichen nicht mehr passen. Mit einem »Das kann nicht sein, so etwas macht doch keiner« kommt man nicht weiter. Gleichwohl ist bei neu entdeckten Dokumenten Vorsicht geboten. Weil für den Historiker immer Vorsicht geboten ist – nicht aus generalisiertem Misstrauen, sondern weil er die Quelle, die er meint, vor sich zu haben, qualifizieren muss. Was sie ist, wie sie zustande gekommen und auf uns gekommen ist – dergleichen mehr. Darum ging es eben in der Recherche, über die ich mit Musial gesprochen hatte.

Was versprachen wir uns von diesem Tagebuch? Fast jede neu entdeckte Quelle über jeden historischen Ort kann auf ihre Weise etwas Neues dem Wissensstand hinzufügen, und über die Tätigkeiten der Häftlingsärzte in Auschwitz gibt es Detailwissen, aber kein systematisches, und jedes Detail wird das bisherige Bild ergänzen und mag es ändern. Zumal wenn es um eine, wie man in diesem Fall hätte sagen können, Doppelexistenz gegangen wäre: einen Helfer der Mithäftlinge und einen Handlanger eines Massenmörders, der auf dem Schindanger des Lagers in Eigenregie eine »medizinische Versuche« genannte Hölle errichtete und betrieb. In diesem Zusammenhang gibt es nichts Normales, nicht nur in moralischem Sinne nicht, was sollte das auch sein. Und dass in einem Leben, das der eine oder andere als besonders bestaunen mag – Mitglied in einem namhaften und alten Adelsgeschlecht, medizinische Tätigkeit an einem Nicht-Allerweltsort –, noch Weiteres hinzukommt, das auf ganz andere Weise »besonders« genannt werden mag, macht die Sache nicht »unwahrscheinlicher«. Probabilitäten addieren sich nicht. Wenn einer einen Sechser im Lotto hat, ist es nicht besonders unwahrscheinlich, dass er – »ausgerechnet« – an einer Krankheit stirbt, die außer ihm nur noch sechstausend Leute auf der Welt haben.

Nein, gerade die Kulmination an Unwahrscheinlichkeiten in der Geschichte, die Sie gelesen haben, verlieh ihr fast so etwas wie Glaubwürdigkeit – niemand erfindet doch etwas, das so »an den Haaren herbeigezogen« wirkt. Das Ende der Geschichte ist banal. Die Hochstaplerin ist enttarnt; das Tagebuch ist eine Fälschung; die von ihr Geprellten kommen teilweise in die Presse, sie kam ins Gefängnis. Dennoch ist die Geschichte auf Kopfschütteln machende Weise »gut«, spannend allemal und interessant zudem, weil Hochstaplergeschichten fast immer spannend sind und das, was sie spannend macht, stets viel anthropologischen Einblick in das Funktionieren des Kulturwesens Mensch gibt. In diesem besonderen Falle Einblick in das Funktionieren des Kulturwesens Mensch in Mitteleuropa in der zweiten Hälfte des zwanzigsten, zu Beginn des 21. Jahrhunderts.

Wenden wir uns einem anderen Fall zu. Wir kennen den Namen Karl May, wir haben die Bücher vor Augen, auf denen sein Name als Verfasser stand und steht, einige wissen, dass er auch auf Gerichtsakten stand. Karl May war ein kleiner Betrüger und Hochstapler. Bevor er »Karl May« wurde. Als er »Karl May« geworden war, wurde er zunehmend zu einem – ja, was? – großen Hochstapler und Betrüger? Jedenfalls gibt er sich vor seiner Zeit als Autor im Jahre 1864 als der Augenarzt »Dr. med. Heilig«[III] aus, macht sich in einem Kleidungsgeschäft durch Ausstellung eines Rezepts glaubwürdig und lässt sich, ohne dafür zu zahlen, neu einkleiden. Als »Seminarleiter Lohse« interessiert er sich für Pelze, stiehlt einige und kann sich davonmachen, als Notensetzer namens »Hermin« versucht er dasselbe, kann sich aber »mit der Ware, die er erschwindelt, nur vorübergehend aus dem Staub machen«.[IV] Er wird verhaftet, zu einer Gefängnisstrafe verurteilt, nach deren Verbüßung er als »Polizeileutnant« oder »Geheimpolizist« angebliches Falschgeld beschlagnahmt – mehrfach. Er wird

---

[III] Ungefähr so verblüffend doof und lustig wie der Name »Dr. Heilmann« für die serientragende Hauptfigur der ARD-Erfolgs-Krankenhausserie »In aller Freundschaft«. Andererseits ist es doch ein nachdenklich machender Umstand, dass May in seiner autobiografischen Schrift *Mein Leben und Streben* von einer jahrelangen Erblindung in der Kindheit spricht.

[IV] Helmut Schmiedt, *Karl May oder Die Macht der Phantasie*, München 2011, S. 53. Ich folge in diesem Abschnitt der Darstellung dort.

wieder verhaftet, man findet bei ihm den Pass eines fiktiven ameri-
kanischen Generalkonsuls namens Burton. Er entkommt, kommt
zwischenzeitlich bei einer Malwine Wadenbach unter, wo er sich als
Schriftsteller aus Dresden ausgibt, zieht weiter und wird nach einer
Weile »schlafend auf einem Dachboden« aufgegriffen. Er tischt »den
Ermittlungsbehörden eine phantastische Geschichte auf: er heiße
Albin Wadenbach, sei Sohn eines Pflanzers auf Orby, Martinique,
und befinde sich mit seinem jüngeren Bruder auf einer Europareise,
um verschiedene Verwandte zu besuchen, die Geschwister hätten sich
kürzlich getrennt, und versehentlich habe der Bruder dabei alle Aus-
weispapiere mitgenommen«.[V] Es gelingt ihm, vier Wochen lang die
Rolle aufrechtzuerhalten, indem er Briefe an fiktive Personen schreibt,
die er um Unterstützung bittet. Als er aber Malwine Wadenbach in
seine Konstruktion einzubauen versucht und man in Dresden nach
dem Schriftsteller forscht, fällt die Geschichte in sich zusammen und
May wird zu einer vierjährigen Zuchthausstrafe verurteilt.

So weit, so sonderbar – oder auch nicht. So sehr man im Falle Mays
seine betrügerischen Umtriebe mit seinem späteren Phantasieleben
am Schreibtisch in Verbindung bringen mag (er selbst schilderte etwa
sein Entkommen aus Polizeigewahrsam in seiner Autobiografie à la
»Karl May«: »ich zerbrach [...] meine Fesseln und verschwand«), so
wird man doch sagen müssen, dass nur das spätere Leben des sonder-
bar-bedeutsamen Autors May sein betrügerisches Vorleben zu adeln
scheint. Andererseits vermögen diese Hochstaplerexistenzen mehr
oder weniger immer zu faszinieren. Sei es, dass die Phantasieexistenz,
die sich einer oder eine zulegt, durch Kuriosität besticht, sei es, dass
seine oder ihre Opfer so ausnehmend töricht anmuten. Die Fälle wirken so unglaubwürdig wie die Lügenexistenz, die sich der Hochstapler
zulegt. In beidem liegt das scheinbare Geheimnis.

Aber noch einmal zu Karl May. Er wurde als Autor sogenannter Rei-
seerzählungen zunehmend berühmt, die einen verstanden das Ich seiner Old-Shatterhand- und Kara-ben-Nemsi-Erzählungen als das, was

---

V Ebenda, S. 57 f.

es war, eine Erzählfigur, erste Person Präsens, wie es so viele gibt in der abendländischen Literatur, manche verwechselten das Ich mit dem Autor. So was kann passieren. Auch viele der Leser des DDR-Autors Stephan Hermlin hielten den Protagonisten seiner Romane für eine zwar literarisch überformte, aber im Kern autobiografische Figur. Wie viel empirisches Ich steckt in Alfred Anderschs »Kirschen der Freiheit«? Es kommt darauf an, wie sehr jene, die die Bücher lesen, Wert darauf legen, dass das »Ich« der Bücher auch empirisch »stimmt«. Und es kommt entscheidend darauf an, ob der Autor in dem, was er über seine Bücher und sein Leben sagt, solche Identifizierungen sanktioniert. Karl May machte seinen Lesern und Leserinnen ein Angebot, einige (viele) nahmen 's an – und machten ihm das Angebot, diese Rolle nun auch in aller Öffentlichkeit zu spielen. Es wurde ein atemberaubender Zirkus daraus. Er macht Tourneen, füllt Säle. Eine Zeitung berichtet, er habe »im Speisesaal eines Hotels die unsinnigsten Antworten auf ebenso unsinnige Fragen« gegeben. »Er behauptet u. a., er beherrsche ca. 1200 Sprachen und Dialekte, er sei bei den Apachen als Nachfolger Winnetous Befehlshaber von 35 000 Kriegern und erst kürzlich in Mekka gewesen.«[VI] Was war das? 1200 Sprachen und Dialekte? Soll man sagen, das sei derart unwahrscheinlich, dass man es glauben *musste*, weil man es *nur glauben* konnte? Gewiss, wenn jemand vorgibt, außer Deutsch noch Englisch, Französisch und Spanisch zu sprechen – das ist nicht selten. Wenn er noch Russisch und Chinesisch (Mandarin) dazunimmt – bemerkenswert. Noch mehr? Man sagt sich irgendwann: Der schneidet auf, sein Slowenisch – nun, das werden doch nur ein paar Brocken sein, so »guten Tag« und »vielen Dank«. Oder man denkt, es sei doch *so* unwahrscheinlich, dass einer so viele Sprachen beherrscht, dass es *ganz* unwahrscheinlich sei, dass sich jemand mit so etwas brüste. Es kann dazukommen, dass man dazu neigt, einem Menschen seine unwahrscheinlichen Behauptungen zu glauben, weil man nicht glauben mag, dass er so dreist lüge. Man möchte die Dreistigkeit nicht glauben, man möchte keinesfalls glauben, dass er glaubt, man selbst sei

---

VI Ebenda, S. 144.

so dumm, ihm so einen Unfug zu glauben. Gerade dann nicht, wenn man ihm schon ein Stück weit entgegengekommen ist. Wenn man ihm heute nicht mehr glaubt, müsste man einräumen, dass man ihm schon gestern nicht hätte glauben sollen. Um heute nicht mehr dumm zu sein, muss ich einräumen, gestern dumm gewesen zu sein. Wer seinen Karl May da sah und ihn schwadronieren hörte, war ja einer von denen, die an das »Ich« seiner Bücher geglaubt hatten und ihn nun im Fleische sehen wollten, diesen Mann, der recht besehen ein Männchen war ... – wie, *der* soll seine »Fesseln zerbrochen«, einen Grizzly mit dem Messer getötet, einen baumgroßen Indianer mit einem einzigen Schlag niedergestreckt haben? Den einen war das aufschneiderische Ich der Romane schon auf die Nerven gegangen, manche hatten die Bücher darum weggelegt, manche hatten darüber weggelesen, der trotz allem zuweilen spannenden und bunten Geschichten wegen. Die es geglaubt hatten, dem kleinen Sachsen die Heldentaten draußen in der Welt, dem, der doch irgendwie einer von ihnen war und geblieben war, seine philosophischen Kompetenzen, seine Kenntnisse des Koran, mit denen er jeden moslemischen Gelehrten blamieren konnte – warum dann nicht die Sprachkenntnisse auch noch? Wenn man anfängt mit dem Glauben, ist es nicht leicht, wieder aufzuhören, denn man glaubt ja, weil es einem »was gibt«. Wenn einer übers Wasser läuft, wie man sagt, warum soll der nicht auch von den Toten auferstehen?

Als sich David Hume mit der Frage beschäftigte, ob es Wunder geben könne, kam er zu dem Schluss, es könne selbstverständlich Wunder *geben*, aber man habe *nie* Grund, an ein bestimmtes Wunder zu *glauben*. Die Wahrscheinlichkeit, dass wir nicht genug wüssten, um ein Ereignis zu erklären, sei immer größer als die Wahrscheinlichkeit, dass es sich um ein Wunder handele. Damit ist eigentlich alles gesagt. Auch wer Hume nicht gelesen hat, müsste das eigentlich intuitiv wissen. Und doch hängen glaubensbereite Eltern ihren Kindern Bernsteinketten gegen die Schmerzen beim Zahnen um. Sie glauben an die Wirkung, weil es so viele andere tun, weil in ihren Augen Glaubwürdige es ihnen gesagt haben, statt dass sie den Kopf geschüttelt haben und gesagt: »Sonst ja nett die Leute, und was sie so sagen, gut und schön, aber: Bernsteinketten? Ach du liebe Zeit!« Es ist nicht nur eine

Frage der Glaubwürdigkeit, sondern ob man das Außerordentliche in sein Leben lassen möchte. Gerade *weil* man keine Ahnung hat, was in aller Welt eine Bernsteinkette mit den schmerzenden Kiefern eines Kleinkindes zu tun haben könnte, ist es doch schön, sich als Teil eines undurchschaubaren großen Ganzen vorzukommen, in das man einen kleinen, ungewöhnlichen Einblick erhält. Da steht ein »Dr. Karl May« (den »Doktor« führte er tatsächlich auch noch, beinahe zu Recht, eine obskure Institution hatte ihn verliehen) und überstrahlt nicht nur die vielen, die da gekommen sind, ihn zu hören, sondern, nehmt alles nur in allem, alle und jeden, und wer wäre im Angesicht eines solchen Übermenschen nicht bloß ein Hinz oder Kunz? Wie alle Gläubigen erniedrigten sich seine Anbeter, um sich zu erhöhen, denn sie erklärten sich zu seinen Auserwählten. Es geht wie im Film »Das Leben des Brian« der Monty Pythons: »Sehet seine Sandale!« Oder wie im Johannes-Evangelium, auf das die Parodie anspielt: Er wohnte unter uns.

Der oft in solchen Zusammenhängen angeführte Felix Krull, Titelfigur Thomas Manns, ist zwar kein Hochstapler im klassischen Sinn, er will ja gar nicht mehr sein, als er ist, er tut nur einem Adligen eine Gefallen: Dessen Familie hat von ihm verlangt, eine Weltreise zu machen, er will aber lieber in Paris bei seiner Mätresse bleiben. Krull lässt sich aus Freundlichkeit auf einen Identitätstausch ein – auch darum, weil er glaubt, die Rolle des Grafen besser spielen zu können als dieser selbst. Das ist vielleicht auch gar nicht so schwierig. Man schüttelt ja manchmal den Kopf, was für Leute Familien mit großen und alten Namen vorweisen, exzentrisch nur in stupender Banalität. Doch warum schüttelt man eigentlich den Kopf? Wer da *zu* heftig den Kopf schüttelt, sitzt schon ein wenig auf dem Leim. Hat man denn erwartet, dass jemand, weil er ein Prinz Sowieso ist, mit größerer Wahrscheinlichkeit *kein* Dummkopf oder Sonderling ist als einer aus dem großen Graupelhaufen? Es kommt nicht auf den Namen der Familie an, sondern auf die Kopfzahl, und da findet sich mit ziemlicher Sicherheit so einer oder mehrere davon. Man möchte eben doch das Unwahrscheinliche. Im achtzehnten Jahrhundert gab es etliche Schriften, die davon handeln, warum die Menschen an Geistererscheinungen glauben. Die Menschen möchten in der Nähe von solch Glanz des Exzeptionellen stehen, denn wer so angestrahlt wird, ist nicht mehr bloß einer im Dunklen, sondern ein bisschen mit im Licht, mag es auch ein fahles sein.

Erborgtes Licht. Krull war so jemand, seine Anwesenheit strahlte schon, bevor er als Graf die Reise antrat. Er sah besser aus als alle anderen und hatte von Natur ein elegantes Benehmen. Sein Umgang gefiel, und wenn er einem auch nur als Liftboy die gerade richtige Geste und das passende Lächeln auf den Weg mitgab, war der Tag schon halb gemacht. Ja, wer als Hochstapler Erfolg haben möchte, muss es irgendwie *können*. Mann ließ seinen Krull physisch gut aussehen, doch das muss nicht sein. May sah nicht aus wie Old Shatterhand, er brachte es irgendwie anders zuwege. Hitler sah aus wie eine minderwertige Kopie von Chaplins Tramp, aber das störte wenige. Man nennt es »Projektion«. »Man sieht, was man sehen will« – das ist zu wenig. Man sieht, wonach man sich sehnt, es zu sehen. Keine Fata Morgana sieht von sich aus wie eine Oase aus.

Ginge es im Fall, der im vorliegenden Buch geschildert wird, nur um eine gewöhnliche Hochstaplergeschichte – immer in Rechnung gestellt, dass es solche Geschichten nicht gäbe, lebten sie nicht vom Außergewöhnlichen, und dass gewöhnliche Hochstaplergeschichten stets auf ihre eigene Weise ungewöhnlich sein müssen –, es hätte dies Buch nicht werden müssen. Was sie so ungewöhnlich macht, auf ungewöhnliche Weise ungewöhnlicher als Hochstaplergeschichten eben sind, ist die Kombination der Zutaten mancher anderer erzählbarer Geschichten (alter Adel, Oberklassenmildtätigkeit, Medizin an ungewohntem Ort) mit der Aneignung des Schreckens. Wozu brauchte Frau Kaiser Gräfin Batthyány zu allem, was sie den Leuten vorspiegelte zu sein, auch noch einen Großvater, der Häftlingsarzt in Auschwitz war? Wieso setzte sie so viel Energie in diesen Teil ihrer erlogenen Biografie, dass sie, wie ja auch denkbar gewesen wäre, nicht nur hier und da ein Wort über das unklare Schicksal eines jüdischen Verwandten fallen ließ und: »Ich habe seine Spur nicht finden können, fragen Sie nicht …«? Nein, da wurde ein Dokument gefälscht, da wurde kein Komplize gesucht, der irgendwie mitgetan hätte, sondern ein Historiker, der die Echtheit bestätigen sollte – was für ein Vertrauen in die Fälschung! –, da wurde dessen Neugier, die professionellerweise bestand, zusätzlich durch zögerliches Rausrücken von diesem und jenem verstärkt. Sie übertrieb ein wenig, mag sein, aber Hochstapler übertreiben von Berufs wegen. Nicht nur Hochstaplerkarrieren ruinieren sich selbst, wenn ungewöhnliche Erfolge überboten werden sollen. Wenn dies schon gelingt, warum nicht auch noch das und jenes? Das kann ein Sog werden, in den der Hochstapler wie seine Gemeinde geraten. Der Fälscher Kujau lieferte ein Hitler-Tagebuch nach dem anderen und versprach noch Gemälde und Opern. Aber alle solche Gaukler bleiben meist doch bei ihrem Leisten. Vielleicht erfindet sich ein falscher Prinz, dessen Ahnen in Versailles aus- und eingegangen seien, noch eine im sechzehnten Jahrhundert aus politischen Gründen (um dem Zaren einen Gefallen zu tun) an den Hof eines Großchans verheiratete Cousine. Das Bild wird bunter, und wer kann es überprüfen?

Ein erlogener jüdischer Großvater, der ein Auschwitz-Überlebender ist (mit all dem Zubehör, das sich die Hochstaplerin dazu erfindet, um mit einer besonderen adoptierten Düsternis aufwarten zu können) passt für unser Empfinden erst einmal nicht in das Muster. Ein wenig Nachdenken kann klären, wieso es doch passt, wenn Frau Kaiser-Batthyány auch vielleicht die Erste ist, die einen solchen Mix von alten Würden, neuem Society-Caritas-Glamour und dem, was man nur mit gesenkter Stimme erwähnt (das aber doch vielleicht talkshowtauglich sein könnte à la »Was hat das mit Ihnen gemacht, als Sie erfuhren, dass Ihr Großvater …?«), zusammenrührt.

Was bis in die zweite Hälfte des zwanzigsten Jahrhunderts hinein alles andere als ehrenvoll war, was man lieber verschwieg, nämlich Opfer eines Verbrechens geworden zu sein (oder einen familiären Bezug zu Opfern historischer Großverbrechen zu haben), wurde zu etwas, was positive Aufmerksamkeit hervorrufen konnte.[VII] Was Leid

---

[VII] Näheres zu dieser Tradition in Jan Philipp Reemtsma, »Die Memoiren Überlebender. Eine Literaturgattung des 20. Jahrhunderts«, in: ders., *Mord am Strand. Allianzen von Zivilisation und Barbarei*, Hamburg 1998, S. 227–253, sowie Winfried Hassemer und Jan Philipp Reemtsma, *Verbrechensopfer. Recht und Gerechtigkeit*, München 2002, S. 30–46.

und Bedrohung – und zusätzlich Scham – bedeutet hatte, wurde zu etwas, mit dem man Achtung erwerben konnte. Beides sind irrationale Akte. Wer Opfer eines Verbrechens wird, muss sich dessen nicht schämen, und ebenso wenig besteht ein Grund, darauf stolz zu sein. Aber es kam eine Zeit, in der man so behandelt wurde, als sei es ein Grund, stolz zu sein. Ein ebenso merkwürdiger wie bezeichnender Beleg dafür ist der Fall Wilkomirski. Im Jahr 1995 erschien ein Buch von einem Schweizer Autor namens Binjamin Wilkomirski, der über seine im Laufe einer Psychotherapie wiedererinnerte Vergangenheit als ein Kind, das deutsche Konzentrations- und Vernichtungslager überlebt hatte, schrieb. Die Schilderungen waren voll von grauenhaften Details, den Lesenden verschlug es die Sprache. Das Buch wurde bekannt, der Autor berühmt, er erhielt Preise. Es gab Zweifel an dem Buch, aber die Zweifler – darunter renommierte Historiker – blieben unter sich. Bis der Schweizer Journalist Daniel Ganzfried den Schwindel – oder war es eine Autosuggestion? – aufdeckte.[VIII] Wilkomirski hieß in Wahrheit Bruno Dössecker und hatte eine zweifellos extrem unglückliche und belastende Kindheit in einer Pflegefamilie in der Schweiz gehabt. Warum dichtete er sich noch eine weitaus gräßlichere an?

Sigmund Freud schrieb 1909 den Aufsatz »Der Familienroman der Neurotiker«, Thema ist das immer mal wieder auftretende Phänomen, dass jemand glaubt, von »edlerer Herkunft« zu sein, als er eigentlich ist, es mag ihn ein Prinz mit einem klingenden Namen gezeugt haben.[IX] Der Fall Wilkomirski bietet uns den Fall eines fiktiven Herkommens, wie es schrecklicher nicht auszudenken ist, und es wirkte mehr, als

---

[VIII] Vgl. Daniel Ganzfried, »Die geliehene Holocaust-Biographie«, in: *Die Weltwoche, Nr. 35 vom 27. 9. 1998, S. 45f.*, und Stefan Mächler, *Der Fall Wilkomirski. Über die Wahrheit einer Biographie*, Zürich 2000.

[IX] Die Hauptfigur von Jean Pauls Roman *Der Komet* ist der Apothekersohn Nikolaus Markgraf, der glaubt, vom Markgrafen Nikolaus gezeugt worden zu sein, und nun auf die Suche nach ihm geht – die Suche wird zu einem Pilgerzug derer, die ihm diese Geschichte glauben. (Sogar der Vater fühlt sich durch diesen fiktiven Seitensprung seiner [verstorbenen] Frau mitgeadelt.)

ein Adelsbrief das gekonnt hätte. Über einen, der sich mit einer adligen Herkunft brüstet, kann man sich immer noch lustig machen, aber das geht hier keinesfalls, abgesehen davon: Warum sollte man? »Wilkomirski« rühmte sich ja nicht seines Schicksals, er erzählte nur davon, die Achtung wuchs ihm zu. Sein Buch gewann übrigens auch literarische Auszeichnungen, man lobte die Kunst der eindringlichen Schilderung. Nachdem der Schwindel (Betrug/Selbstbetrug) aufgeflogen war, war von einem literarischen Wert des Buches nicht mehr die Rede.

In unserem Fall war eine »Gräfin Batthyány« nicht genug, nicht Bhutan (zumal das eine kuriose, wenn auch ergaunerte, so doch vorzeigbare Realität war), nicht Vatikan, nicht Afrika-Caritas. Es musste noch – wie soll man's formulieren? – »Auschwitz her«. Die Schwierigkeit, hier angemessene Worte zu finden, zeigt das Problem. Es liegt etwas vor wie eine Blasphemie. Es ist natürlich keine. Auschwitz, das deutsche Vernichtungslager nahe der polnischen Stadt Oświęcim, ist kein Heiligtum. Die Gedenkstätte Auschwitz ist am Ort eines Massenverbrechens errichtet, man gedenkt dort massenhaften Mordes, der Folter, des Hungers, der Krankheiten – und informiert darüber. Es ist ein gigantischer Friedhof derer, deren Namen wir kennen, und der Namenlosen. Am Platze ist, wenn man sich am Ort befindet und wenn man über ihn redet, Pietät. Und, ja, ein erlogener Auschwitz-Überlebender ist, ebenso wie die erlogenen dort angeblich ermordeten Verwandten einer Deutschen, die sich mit ihnen in einem Blog interessant zu machen suchte, als ihr eine angemaßte Existenz als Sexualtherapeutin nicht interessant genug zu sein schien,[X] pietätlos. Das Wort mag vielen zu matt klingen, aber größerformatige à la »Blasphemie« treffen es eben nicht. Der Mord heilt den Ermordeten nicht, und ebenso wenig, wie ein Massenmord »irgendwann bloß Statistik« ist, trifft das Gegenteil zu: Er wird nicht zu einem heiligen Ereignis. Man kann das grauenhaft-Ungewöhnliche ebenso wenig in eine

---

[X] Vgl. Martin Doerry, »Die Historikerin, die 22 Holocaust-Opfer erfunden hat«, in: *Der Spiegel* 23/2019, S. 112–115.

Gewöhnlichkeit des mit Zahlen Erfassbaren zwingen, wie man sich eine Sakralroutine ausborgen kann, um damit irgendwie emotionell fertigzuwerden. Jedenfalls sollte man es nicht versuchen. Aber Letzteres geschieht. Banales Leben sucht sich eine Sakralität des Bösen, um etwas davon zu haben: düsteren Glamour. Hier trifft ein weiteres Wort neben dem »pietätlos« wohl doch: pervers. Im Falle Kaiser-Batthyány haben wir es mit einer Betrügerin, einer Hochstaplerin und einer zu tun, deren Sucht nach Aufmerksamkeit in die Perversion kippt.

Dank

Zur Aufdeckung der hier erzählten Geschichte eines Fälschungsversuchs haben viele beigetragen. Nicht alle möchten namentlich erwähnt werden, doch ihnen allen gilt mein Dank.

Wolf-Rüdiger Osburg und seinem Team danke ich für die kluge inhaltliche Begleitung und die Entschlossenheit, mit der sie sich dieses Buches angenommen haben.

Doch ohne die Hamburger Stiftung zur Förderung von Wissenschaft und Kultur wäre all dies nicht möglich gewesen. Sie hat mir auch in dem Moment zur Seite gestanden, den jeder Wissenschaftler fürchtet: Wenn einem klar wird, dass man einer Hochstapelei aufgesessen ist. Für diese unverbrüchliche Unterstützung bis zur Vollendung dieses Buches gilt ihr und insbesondere ihrem Stifter Jan Philipp Reemtsma mein tiefempfundener Dank.

Anmerkungen

1 Die Abschrift – samt Fehlern – entspricht der mir zugesandten Notiz.

2 Siehe z. B. Gerald L. Posner und John Ware, *Mengele. Die Jagd auf den Todesengel*, Berlin 1988; Karl Heinz Roth, »Die wissenschaftliche Normalität des Schlächters – Josef Mengele als Anthropologe«, in: *Dokumentationsstelle zur NS-Sozialpolitik, Mitteilungen I*, 1985, S. 1–10.

3 Zu der Vernichtungsaktion siehe z. B. Andrej Angrick, »Aktion 1005«. *Spurenbeseitigung von NS-Massenverbrechen 1942–1945. Eine »geheime Reichssache« im Spannungsfeld von Kriegswende und Propaganda*, 2 Bde., Göttingen 2018, Bd. 2, S. 1093 f.

4 Benoît Massin, »Mengele, die Zwillingsforschung und die ›Auschwitz-Dahlem Connection‹«, in: *Die Verbindung nach Auschwitz. Biowissenschaften und Menschenversuche an Kaiser-Wilhelm-Instituten. Dokumentation eines Symposiums*, hg. von Carola Sachse, Göttingen 2003, S. 201–254, hier S. 238.

5 Die folgende Darstellung orientiert sich an Massin, »Mengele«; den ausgesprochen lesenswerten Beitrag zog ich – ebenso wie den Sammelband *Die Verbindung nach Auschwitz*, in dem er erschienen war – damals heran, um mir eine erste Orientierung zu verschaffen.

6 Josef Mengele, *Rassenmorphologische Untersuchung des vorderen Unterkieferabschnitts bei vier rassischen Gruppen*, Diss. phil., München 1937; ders., »Sippenuntersuchungen bei Lippen-Kiefer-Gaumenspalte«, in: *Zeitschrift für menschliche Vererbungs- und Konstitutionslehre* 23 (1939), S. 17–42; zu seinen Beiträgen z. B. in der Zeitschrift *Der Erbarzt* siehe Jg. 4 (1937), S. 140 f., Jg. 6 (1938), S. 17, Jg. 8 (1940) S. 59 f. und S. 116, sowie Jg. 9 (1941), S. 213 f.

7 Massin, »Mengele«, S. 222.

8 Ebenda, S. 238.

9 Paul J. Weindling, »Akteure in eigener Sache. Die Aussagen der Überlebenden und die Verfolgung der medizinischen Kriegsverbrechen nach 1945«, in: *Die Verbindung nach Auschwitz. Biowissenschaften und Menschenversuche an Kaiser-Wilhelm-Instituten. Dokumentation eines Symposiums*, hg. von Carola Sachse, Göttingen 2003, S. 255–282, hier S. 274–277.

10 Bogdan Musial, *Deutsche Zivilverwaltung und Judenverfolgung im Generalgouvernement. Eine Fallstudie zum Distrikt Lublin 1939–1944*, Wiesbaden 1999; ders. (Hg.), »Aktion Reinhardt«. Der Völkermord an den Juden im Generalgouvernement 1941–1944, Osnabrück 2004.

11 *Die Auschwitz-Hefte. Texte der polnischen Zeitschrift »Przegląd lekarski«
über historische, psychische und medizinische Aspekte des Lebens und
Sterbens in Auschwitz*, hg. vom Hamburger Institut für Sozialforschung,
2 Bde. und Erg.-Bd., Hamburg 1994.

12 Die Beglaubigung erfolgte am 15. 4. 2014 in München durch Notar
Florian Brunner: URNr. 0470F/2014.

13 Die Originalakten des Höß-Verfahrens werden im Warschauer Haupt-
archiv des IPN (AIPN) unter der Signatur GK 196/82-103 verwahrt; die
Ermittlungen gegen Josef Mengele finden sich im IPN Krakau: Akta
Główne Prokuratora S 51/05/Zn.

14 E-Mail an Prof. Dr. Kaiser-Szentágothay vom 1. 7. 2014 (Privatarchiv).

15 E-Mail an Prof. Dr. Kaiser-Batthyány/Szentágothay vom 15. 12. 2014
(Privatarchiv).

16 E-Mail an Prof. Dr. Kaiser-Batthyány/Szentágothay am 15. 12. 2014, 17:15,
Betreff: Termin am 27. 1. 2015 in Zürich (Privatarchiv).

17 E-Mail an Frau Lothfels vom 18. 12. 2014, 09:48, Betreff: Angelegenheit
Kaiser (Privatarchiv).

18 E-Mail an Frau Lothfels vom 19. 12. 2014, 11:38, Betreff: Angel. Kaiser
(Privatarchiv).

19 Siehe z. B. Weindling, »Akteure«, S. 258 f., S. 266 und S. 271 f.

20 »Biuletyn Informacyjny, 8. 10. 1942, Nr. 39 (143)«, in: *Biuletyn Informacyjny*, Bd. 2: *Przedruk roczników 1942–1943*, Warschau 2002, S. 1096–1105,
hier S. 1098; Danuta Czech, *Kalendarium der Ereignisse im Konzentrationslager Auschwitz-Birkenau 1939–1945*, 2. Aufl., Reinbek bei Hamburg
2008, S. 162.

21 Czech, *Kalendarium*, S. 42f.

22 Bernd C. Wagner, *IG Auschwitz. Zwangsarbeit und Vernichtung von
Häftlingen des Lagers Monowitz 1941–1945*, München 2000, S. 259.

23 Franciszek Piper, *Die Zahl der Opfer von Auschwitz. Aufgrund der
Quellen und der Erträge der Forschung 1945 bis 1990*, Auschwitz 1993,
S. 151–169.

24 Aleksander Lasik, »Die Personalbesetzung des Gesundheitsdienstes der
SS im Konzentrationslager Auschwitz-Birkenau in den Jahren 1940–
1945«, in: *Hefte von Auschwitz* 20 (1997), S. 290–368.

25 Zeugenaussage Prof. Jan Olbrycht vom 13. 11. 1946: AIPN, GK 196/89,
Bl. 166–189, hier Bl. 183.

26 Aussage Dr. Steinberg während des Nürnberger Prozesses (Auszüge),
in: André Lettich, *Trente-Quatre Mois dans les Camps de Concentration. Témaignage sur les crimes »scientifiques« commis par les médecins
allemands*, Tours 1946, S. 42–74.

27 Vernehmungsprotokoll Johann Paul Kremer vom 30. 7. 1947: AIPN, Gl. 196/142, Bl. 22–26, hier Bl. 24; »Tagebuch: Johann Paul Kremer [Auszüge]«, in: *Auschwitz in den Augen der SS: Rudolf Höß, Perry Broad, Johann Paul Kremer*, hg. vom Staatlichen Museum Auschwitz-Birkenau, Auschwitz 1997, S. 140–207.

28 Vernehmungsprotokoll Dr. Władysław Tondos (ehemaliger Häftlingsarzt) vom 15. 7. 1947: AIPN, GK 196/142, Bl. 53–58, hier Bl. 56 f.

29 Schreiben Viktor Brack an den Reichsführer der SS und der Deutschen Polizei Heinrich Himmler vom 23. 6. 1942 (Abschrift): AIPN, GK 196/119, Bl. 4 f.

30 Schreiben Himmler an Brack vom 11. 8. 1942 (Abschrift): AIPN, GK 196/119, Bl. 6.

31 Aussage Dr. Tadeusz Paczuła vom 23. 12. 1966: HHStA Wiesbaden, 631a/548; Befragung Dr. Horst Schumann vom 17. 11. 1966: ebenda, 631a/462, Bl. 529–536.

32 Danuta Czech, »Die Rolle des Häftlingskrankenbaulagers im KL. Auschwitz II«, in: *Hefte von Auschwitz* 15 (1975), S. 5–112, hier S. 57.

33 Aussage Ludwig Gehr vom 14. 8. 1964: HHStA Wiesbaden, 631a/541. Gehr leitete damals das Siemensbüro in Gleiwitz und baute die beiden »Röntgenbomben« auf.

34 Vernehmungsprotokoll Rudolf Höß vom 9. 1. 1947: AIPN, GK 196/103, Bl. 124–141, hier Bl. 132 f.

35 *Der Dienstkalender Heinrich Himmlers 1941/42*, bearb., komment. und eingel. von Peter Witte u. a., Hamburg 1999, S. 162 (Eintrag vom 27. Mai 1941, Fn. 28).

36 Schreiben Prof. Dr. med. C. Clauberg an den Reichsführer SS Heinrich Himmler vom 30. 5. 1942 (Abschrift): AIPN, GK 196/119, Bl. 8–10, hier Bl. 10.

37 Vernehmungsprotokoll Rudolf Höß vom 9. 1. 1947: AIPN, GK 196/103, Bl. 124–141, hier Bl. 132.

38 Dorota Lorska, »Block 10 in Auschwitz«, in: *Die Auschwitz-Hefte*, Bd. 1, S. 209–212, hier S. 209 f.

39 Vernehmungsprotokoll Dr. Adelheid Hautval vom 2. Juli 1956: LASH, Abt. 352.3, Nr. 16459 (ohne Paginierung); Befragung Dr. Horst Schumann am 7. 6. 1968: HHStA Wiesbaden, 631a/463, Bl. 748–753.

40 Schreiben Kanzlei des Führers (Unterschrift unleserlich) an den Reichsführer-SS und Chef der Deutschen Polizei Heinrich Himmler vom 29. 4. 1944: AIPN, GK 196/119, Bl. 7.

41 Befragung Dr. Horst Schumann vom 7. 6. 1968: HHStA Wiesbaden, 631a/463, Bl. 748–753, hier Bl. 749 f.

[42] Befragung Rudolf Höß vom 20. 3. 1947: AIPN, GK 196/109, Bl. 94–100, hier Bl. 95.

[43] Aussage Felicja Pleszewska vom 4. 12. 1947: AIPN, GK196/164, Bl. 181–193, hier Bl. 190; Aussage Dr. Alina Brewda vom 19. 11. 1946: ebenda, GK 196/99, Bl. 59–67, hier Bl. 63; Aussage Dr. Janina Kowalczykowa vom 20. 3. 1947: ebenda, GK 196/109, Bl. 36–96, hier Bl. 62.

[44] »Geheimer Bericht von Dobrosława Klein (nach dem Krieg: Dorota Lorska), Häftlingsärztin im Block 10, über medizinische Experimente im Block 10 an den polnischen Untergrund, ohne Datum, Ende 1943«, in: *Grypsy z Konzentrationslager Auschwitz Józefa Cyrankiewicza i Stanisława Kłodzińskiego*, eingel. und bearb. von Irena Paczyńska, Krakau 2013, S. 225–230. Zu Datierung und Entstehung des Berichtes vgl. Lorska, »Block 10«.

[45] Zitiert nach Hans-Walter Schmuhl, *Grenzüberschreitungen. Das Kaiser-Wilhelm-Institut für Anthropologie, menschliche Erblehre und Eugenik 1927–1945*, Göttingen 2005, S. 320.

[46] Ebenda, S. 320–324, Zitat S. 323.

[47] Bericht des Direktors Eugen Fischer über die Tätigkeit des KWI für Anthropologie vom 4. 12. 1940: APMG, Abt. Rep. 1A, Nr. 2400, Bl. 159–179, hier Bl. 163.

[48] Massin, »Mengele«, S. 204 f.

[49] Ebenda, S. 211–214.

[50] Bericht des Direktors Eugen Fischer über die Tätigkeit des KWI für Anthropologie vom 4. 12. 1940: APMG, Abt. Rep. 1A, Nr. 2400, Bl. 159–179, hier Bl. 194.

[51] Zur Entwicklung der Zwillingsforschung am KWI vgl. Massin, »Mengele«, S. 211–217.

[52] Vgl. u. a. Nikolaus Wachsmann, *KL. Die Geschichte der nationalsozialistischen Konzentrationslager*, München 2015, S. 532–534.

[53] Die dortige wissenschaftliche Mitarbeiterin Karen Magnussen forschte zum Thema Heterochromie (Verschiedenfarbigkeit der Iris) und hatte die Familie Melchau, in der diese Besonderheit gehäuft – bei drei Zwillingspaaren – auftrat, noch im Frühjahr 1943 in Dahlem untersucht. Vgl. Massin, »Mengele«, S. 242 f. Zu Magnussen siehe auch Schmuhl, *Grenzüberschreitungen*, S. 482–502; zur Forschung an »Zigeunern und Zigeunerzwillingen« des KWI-Doktoranden Georg Wagner siehe ebenda, S. 469 f., außerdem Massin, »Mengele«, S. 235.

[54] Mieczysław Kieta, »Das Hygiene-Institut der Waffen-SS und Polizei in Auschwitz«, in: *Die Auschwitz-Hefte*, Bd. 1, S. 213–218.

[55] Massin, »Mengele«, S. 219.

56   Ebenda, S. 209f. und S. 220.

57   Bericht des Hessischen Landeskriminalamts vom 14. 2. 1980 über das
     Strafverfahren gegen Josef Mengele mit biographischen Angaben, gez.
     Schaffert: HHStA Wiesbaden, 461/37976, Bd. 212 (ohne Paginierung).

58   Zu den Verbindungen zwischen Liebau, Verschuer, Mitarbeitern des
     KWI und Mengele siehe Massin,»Mengele«, S. 224–228; Schmuhl,
     Grenzüberschreitungen, S. 476 f. und S. 480.

59   Dr. med. Erwin von Helmersen, Lebenslauf, 20. 9. 1945: IPN Krakau,
     Kr 502/1396, Bl. 52 f. Seine Zugehörigkeit zum KWI verschwieg er
     allerdings hier wie auch in seinen Vernehmungen. Siehe auch Massin,
     »Mengele«, S. 228 f.; Schmuhl, *Grenzüberschreitungen*, S. 481 f.

60   Zwischenberichte aus dem KWI für Anthropologie an die DGF, For-
     schungshalbjahr 1. 10. 1943–31. 3. 1944, Kennwort Spezifische Eiweiß-
     körper, BA Koblenz, R 73/15342, Bl. 64, zitiert nach Massin,»Mengele«,
     S. 232.

61   Zum Projekt»Spezifische Eiweißkörper« siehe ebenda, S. 229–233, sowie
     Schmuhl, *Grenzüberschreitungen*, S. 479 und S. 502–522. Die reichsdeut-
     schen Lager galten seit November 1942 als»juden-«, seit dem Frühjahr
     1943 als»zigeunerfrei«.

62   Zu diesem Schluss kommt Massin,»Mengele«, S. 236–240.

63   Vernehmungsprotokoll Rudolf Höß vom 9. 1. 1947: AIPN, GK 196/103,
     Bl. 121–141, hier Bl. 140.

64   Diese Ansicht vertritt Schmuhl, *Grenzüberschreitungen*, S. 478 f.

65   Eidesstattliche Erklärung Horst Fischer, 16. 5. 1966: BStU, MfS, HA IX/11,
     ZUV Nr. 84, Bd. 2, Teil 1, Bl. 113–120, hier Bl. 117.

66   Robert Jay Lifton, *Ärzte im Dritten Reich*, ungek. Ausgabe, Berlin 1998,
     S. 409. Lifton anonymisierte Münch als Ernst B.

67   So die Aussage der ehemaligen Häftlingsärztin Janina Kościuszko am
     13. März 1947 während der Gerichtsverhandlung im Fall Rudolf Höß:
     AIPN, GK 196/106, Bl. 41–66, hier Bl. 55:»Das war die Zeit, als dort
     [in Auschwitz-Birkenau] Dr. Mengele ein anthropologisches Institut
     gegründet hatte und insbesondere Zwillinge untersuchte.«

68   Massin,»Mengele«, S. 236.

69   Vernehmungsprotokoll Wilhelm Brasse vom 10. 7. 1972: IPN Krakau, S
     51/05/Zn, Bd. 16, Bl. 3017–3021 (alte Signatur). Der polnische Häftling
     Brasse war als Fotograf beim Erkennungsdienst beschäftigt und lichtete
     für Mengele jüdische Frauen, Zwillinge, Drillinge und Kleinwüchsige ab.

70   Helena Kubica,»Dr. Mengele und seine Verbrechen im Konzentrations-
     lager Auschwitz Birkenau«, in: *Hefte von Auschwitz* 20 (1997), S. 369–455,
     hier S. 381.

71 Ebenda, S. 381–384.

72 Massin, »Mengele«, S. 244.

73 Miroslav Kárný, »Das Theresienstädter Familienlager (BIIb) in Birkenau (September 1943–Juli 1944)«, in: *Hefte von Auschwitz* 20 (1997), S. 133–237.

74 Massin, »Mengele«, S. 235.

75 Beide Aussagen zitiert nach Lifton, *Ärzte*, S. 392.

76 Vernehmungsprotokoll Martina Puzyna, London, vom 31.10.1972: HHStA Wiesbaden, 461/37976, Bd. 13, Bl. 12–19, hier Bl. 16.

77 Kubica, »Mengele«, S. 386.

78 Bericht Dr. Otto Wolken vom 17. 4. 1945: AIPN, GK 196/88, Bl. 131–303, hier Bl. 277.

79 Massin, »Mengele«, S. 235 f.

80 Kárný, »Familienlager«, S. 191.

81 Miklós Nyiszly, *Im Jenseits der Menschlichkeit. Ein Gerichtsmediziner in Auschwitz*, hg. von Friedrich Herber, Bearb. der 2. Aufl.: ders. und Andreas Kilian, 3. Aufl., Berlin 2011, S. 94–97.

82 Vernehmung Dr. Rudolf Vitek (Weißkopf) vom 8. 5. 1967: IPN Krakau, S 51/05/Zn, Bd. 20, Bl. 3896–3906, hier Bl. 3897 (alte Signatur).

83 Aussage Dr. Rudolf Vitek (Weißkopf) während der Gerichtsverhandlung gegen Dr. Horst Fischer im März 1966: BStU, MfS, HA IX/11, ZUV Nr. 84, Bd. 169, Bl. 114–124, hier Bl. 115.

84 Vgl. u. a. Aufzeichnungen von Dr. Rudolf Vitek (Weißkopf) im Anschluss an die Vernehmung vom 8. 5. 1967: IPN Krakau, S 51/05/Zn, Bd. 20, Bl. 3907–3917, hier Bl. 3909–3912.

85 Zeugenaussage Prof. Berthold Epstein vom 7. 4. 1945: AIPN, GK 196/99, Bl. 23–36, hier Bl. 35.

86 Zur Tötung von Zwillingen mit heterochromen Augen siehe Vernehmungsprotokoll Erich Muhsfeldt vom 19. 8. 1947: AIPN, GK 196/144, Bl. 80–87, hier Bl. 85 f., sowie die deutsche Übersetzung der Aussage aus dem Polnischen: HHStA Wiesbaden, 461/37976, Bd. 44, Bl. 2–10, hier Bl. 8; Nyiszli, *Im Jenseits*, S. 47 f.; Massin, »Mengele«, S. 243. Zur Zusammenarbeit zwischen Magnussen und Mengele siehe ebenda, S. 247–252.

87 Schmuhl, *Grenzüberschreitungen*, S. 479.

88 Massin, »Mengele«, S. 238.

89 Zu Sektionen von Menschen mit körperlichen Besonderheiten siehe z. B. Nyiszli, *Im Jenseits*, S. 125–130; zur Abtreibungspraxis siehe Vernehmungsprotokoll Dr. Gisella Perl, New York, vom 9. 3. 1973 (deutsche Übersetzung): HHStA Wiesbaden, 461/37976, Bd. 15, Bl. 222–226.

90 Massin, »Mengele«, S. 237f.

91 Weindling, »Akteure«, S. 260.

92 Lifton, *Ärzte*, S. 409.

93 Massin, »Mengele«, S. 237, Fn. 132.

94 Eidesstattliche Erklärung Dr. Horst Fischer vom 16. 5. 1966: BStU, MfS, HA IX/11, ZUV Nr. 84, Bd. 2, Teil 1, Bl. 113–120, hier Bl. 117: »Als SS-Lagerarzt hat er [Mengele] sich in der Hauptsache mit Rassenforschung im Zigeunerlager und Untersuchungen an Zwillingen beschäftigt.«

95 Thomas A., zitiert nach Lifton, *Ärzte*, S. 406.

96 So schildert es Teresa W. in Lifton, *Ärzte*, S. 415 f. Das Pseudonym steht vermutlich für Martina Puzyna. Vgl. auch Zeugenaussage Stanisława Rachwał vom 25. 8. 1945: AIPN, GK 196/84, Bl. 87–152, hier Bl. 138. Rachwał, seit dem 13. 10. 1942 in Auschwitz interniert, arbeitete seit 1943 in der Politischen Abteilung Aufnahme in Birkenau als Häftlingsbürokraft und konnte beobachten, wie Mengele seine Unterlagen über die Zwillingsforschung dem Zugriff der SS-Männer entzog.

97 Im Ghetto Łódź wurde beispielsweise eine Buchausgabe des Romans »Les Vrais Riches« von François Coppée dazu verwendet, autobiografische Aufzeichnungen in vier Sprachen festzuhalten. Siehe: Hanno Loewy und Andrzej Bodek (Hg.), »Les Vrais Riches« – Notizen am Rand. Ein Tagebuch aus dem Ghetto Łódź (Mai bis August 1944), ausgew. und komment. von Jan Philipp Reemtsma, Hörbuchausgabe, München 1999. Zu Beispielen aus Auschwitz siehe: *Grypsy z Konzentrationslager Auschwitz.*

98 Henry Petroski, *Der Bleistift. Die Geschichte eines Gebrauchsgegenstands. Mit einem Anhang zur Geschichte des Unternehmens Faber-Castell,* Basel/Boston/Berlin 1995.

99 Zu Eva Kors Geste und den Folgen siehe z. B.: Jochen Buchsteiner, »Ein Opfer hat das Recht, frei zu sein«, in: *Frankfurter Allgemeine Zeitung* vom 24. 4. 2015; Malte Lehming, »Keiner muss sich für sein Verzeihen rechtfertigen«, in: *Der Tagesspiegel* vom 27. 4. 2015; »Überlebende streiten über Versöhnungsgeste«, in: *Spiegel online* vom 27. 4. 2015, http://www.spiegel.de/panorama/justiz/Auschwitz-prozess-versoehnungsgeste-von-eva-kor-sorgt-fuer-streit-a-1030852.html [11. 7. 2019].

100 Der Link zur englischsprachigen Berichterstattung der Universität über die Veranstaltung ist mittlerweile gelöscht.

101 Zeugenaussage Dr. Jan Grabczyński vom 30. 6. 1946: AIPN, GK 196/85, Bl. 170–173, hier Bl. 172: »Pańszczyk führte auch Operationen durch, obwohl er mit dem Arztberuf nichts zu tun hatte.« Der polnische Häftling Mieczysław Pańszczyk arbeitete von Juni 1940 an als Pfleger im

Krankenbau des späteren Stammlagers. Vgl. auch Oszkár Betlen, *Leben auf dem Acker des Todes*, Berlin 1962. Betlen, ein ungarischer Kommunist und »Drahtschuster« (Elektriker) von Beruf, kam im Frühjahr 1943 als Häftlingspfleger in das Krankenrevier in Auschwitz-Monowitz: »Ich lege Verbände an, gebe Spritzen, schneide Furunkel auf. Manche Patienten reden mich mit ›Doktor‹ an« (S. 99). Siehe auch Vernehmung Dr. med. Stefan Buthner (Budziaszek) vom 22. 7. 1971: Fritz Bauer Institut, 4 Js798/65, Bd. 7, Bl. 1270–1292. Der ehemalige Häftlingsarzt schilderte die damalige Situation als »unhaltbar« (Bl. 1272).

102 Zeugenaussage Dr. Stanisław Suliborski vom 21. 1. 1947: AIPN, GK 196/161, Bl. 307–308. Dr. Suliborski, Auschwitz-Häftling seit dem 15. August 1940, wurde im September 1940 erst als Häftlingspfleger, später bis zu seiner Entlassung aus dem Lager am 10. Februar 1942 als Häftlingsarzt im Stammlager beschäftigt.

103 Im neu errichteten Nebenlager Jawischowitze kamen im Sommer 1942 zwei tschechisch-jüdische Häftlingsärzte zum Einsatz. Bericht Dr. Stefan Buthner (Budziaszek) vom 2. Und 3. 2. 1974, aufgezeichnet von Tadeusz Iwaszko: APMO, Oświadczenia, Bd. 88a, Bl. 1–61, hier Bl. 18 f.

104 Kieta, »Hygiene-Institut«, S. 213 [Hervorhebung im Zitat].

105 Gegenüberstellung der Todesfälle in den Konzentrationslagern im 2. Halbjahr 1942 und 1. Halbjahr 1943, SS-Wirtschafts-Verwaltungshauptamt, Amt D/III, Oranienburg, 22. September 1943 (Kopie): AIPN, GK 196/117, Bl. 124.

106 Die Auswertung der erhalten gebliebenen Bücher mit Einträgen zur Belegstärke des Abendappells für den Zeitraum 19. 1. 1942 bis 19. 8. 1942: AIPN, GK 196/92, Bl. 1–118, hier Bl. 91–97.

107 Schreiben an die 1. Lagerärzte der Konzentrationslager (darunter Au = Auschwitz) vom 28. 12. 1942, SS-Wirtschafts-Verwaltungshauptamt, Amtsgruppe B, SS-Brigadeführer und Generalmajor der Waffen-SS [Georg Lörner] (Abschrift): AIPN, GK 196/94, Bl. 142 f.

108 Ebenda.

109 Bericht Dr. Stefan Buthner (Budziaszek) vom 2. und 3. 2. 1974, aufgezeichnet von Tadeusz Iwaszko: APMO, Oświadczenia, Bd. 88a, Bl. 1–61.

110 Ebenda; Vernehmung Stefan Budziaszek vom 5. 3. 1948: AIPN, GK 164/179/4, Bl. 29–40. Siehe auch Ewa K. Bacon, *Saving Lives in Auschwitz. The Prisoners' Hospital in Buna-Monowitz*, West Lafayette 2017, S. 51–72.

111 Prof. Dr. Berthold Epstein, Erklärung unter Eid vom 3. 3. 1947 (Abschrift): AIPN, GK 151/460, Bl. 358–363, hier. Bl. 359; Bericht Berthold Epstein vom 11. 3. 1945 (russische Übersetzung): GARF, f. 7021, op. 108, d. 46, Bl. 36–40, hier Bl. 36.

[112] Bericht Dr. Stefan Buthner (Budziaszek) vom 2. und 3. 2. 1974, aufgezeichnet von Tadeusz Iwaszko: APMO, Oświadczenia, Bd. 88a, Bl. 1–61.

[113] Zeugenvernehmung Dr. Otto Wolken am 24. 11. 1972: HHStA Wiesbaden, 461/37976, Bd. 12, Bl. 210–213, hier Bl. 210 Rückseite.

[114] Zeugenaussage Władysław Fejkiel vom 10. 10. 1946: AIPN, GK 196/89, Bl. 17–28, hier Bl. 17 f.

[115] Vernehmungsprotokoll Dr. Horst Fischer vom 11. 8. 1965: BStU, MfS, HA IX/11, ZUV Nr. 84, Bd. 4, Bl. 219–222, hier Bl. 222.

[116] KL Auschwitz, Häftlings-Personal-Karte von Roman Zenkteler [sic] (Kopie). Zenkteller, von 1914 bis 1918 Feldarzt im deutschen Heer, wurde nach Internierung im Offizierslager Neu-Brandenburg (als Oberleutnant der polnischen Armee) am 5. 9. 1941 von der Stapo Schwerin mit der Begründung»(Intelligenzpole) Polit.Pole« in das KL Auschwitz eingewiesen: AIPN, BU-VI-55141-51(2)/15.

[117] Viktor E. Frankl, … trotzdem Ja zum Leben. Ein Psychologe erlebt das Konzentrationslager, mit einem Vorwort von Hans Weigel (Juni 1977), E-Books Kösel.

[118] Kieta,»Hygiene-Institut«, S. 213.

[119] Czech, Kalendarium, S. 347; Zeugenaussage Prof. Berthold Epstein vom 7. 4. 1945: AIPN, GK 196/99, Bl. 23–36.

[120] Lucie Adelsberger, Auschwitz. Ein Tatsachenbericht, 2., verb. Aufl., Bonn 2005, S. 49.

[121] Zeugenaussage Prof. Berthold Epstein vom 7. 4. 1945: AIPN, GK 196/99, Bl. 23–36, hier Bl. 25.

[122] Aussage Karel Minc während der Gerichtsverhandlung gegen Dr. Horst Fischer im März 1966: BStU, MfS, HA IX/11, ZUV Nr. 84, Bd. 169, Bl. 76–94, hier Bl. 93.

[123] Aussage Dr. Rudolf Vitek (Weißkopf) während der Gerichtsverhandlung gegen Dr. Horst Fischer im März 1966: BStU, MfS HA IX/11 ZUV Nr. 84, Bd. 169, Bl. 114–124, hier Bl. 115.

[124] Vernehmungsprotokolle Dr. med. Rudolf Vitek vom 20. 1. und 10. 3. 1966: BStU, MfS, HA IX/11, ZUV Nr. 84, Bd. 17, Bl. 114–124 und Bl. 125–130; Aufzeichnungen Dr. med. Rudolf Vitek im Anschluss an die Vernehmung vom 8. 5. 1967: IPN Krakau, S 51/05/Zn, Bd. 20, Bl. 3907–3917 (alte Signatur).

[125] Vernehmungsprotokoll Dr. med. Rudolf Vitek (Weißkopf) vom 8. 5. 1967: IPN Krakau, S 51/05/Zn, Bd. 20, Bl. 3896–3906, hier Bl. 3889 (alte Signatur).

126 Aufzeichnungen Dr. med. Rudolf Vitek (Weißkopf) im Anschluss an die Vernehmung vom 8. 5. 1967: IPN Krakau, S 51/05/Zn, Bd. 20, Bl. 3907–3917, hier Bl. 3909 (alte Signatur).

127 Tadeusz Szymański, Danuta Szymańska und Tadeusz Śnieszko, »Das ›Spital‹ im Zigeuner-Familienlager in Auschwitz-Birkenau«, in: *Die Auschwitz-Hefte*, Bd. 1, S. 199–207, hier S. 205.

128 Vernehmungsprotokoll Martina Puzyna, London, vom 31. 10. 1972: HHStA Wiesbaden, 461/37976, Bd. 13, Bl. 12–19.

129 Zitat ebenda, Bl. 14. Siehe auch Vernehmungsprotokoll Dr. med. Katarzyna Łaniewska vom 17. 8. 1966: IPN Krakau, S 51/05/Zn, Bd. 17, Bl. 3287–3292, hier Bl. 3291 (alte Signatur). Łaniewska war zu diesem Zeitpunkt Blockärztin in Block 23 im Birkenauer Frauen-Häftlingskrankenbau.

130 Vernehmungsprotokoll Martina Puzyna, London, vom 31. 10. 1972: HHStA Wiesbaden, 461/37976, Bd. 13, Bl. 12–19, hier Bl. 14 f.

131 Ebenda, Bl. 15.

132 Ebenda, Bl. 16.

133 Ebenda, Bl. 18.

134 So die Schilderung in Protokoll 32, aufgenommen am 28. Juli 1945 im Amtsgebäude der Landeskommission zur Fürsorge deportierter ungarischer Juden. Dr. Miklós Nyiszli, Arzt aus Nagyvárod (deutsche Übersetzung): HHStA Wiesbaden, 461/37976, Bd. 13, Bl. 57–62, hier Bl. 57 f. Die Kopie des ungarischen Originals findet sich ebenda, Bl. 52–56. In seinen 1946 erschienenen Erinnerungen ließ Nyiszli den Arbeitseinsatz im Betonkommando unerwähnt und behauptete, Mengele habe bereits bei Nyiszlis Ankunft an der Rampe in Auschwitz-Birkenau nach Ärzten gesucht, die in Deutschland studiert hatten und sezieren konnten. Er, Nyiszli, habe sich als einziger von 50 Ärzten aus dem Transport gemeldet. Nyiszlis Erinnerungen sind nicht ohne sachliche Widersprüche. Dr. Otto Wolken, von Juli 1943 bis Januar 1945 Häftlingsarzt in Birkenau, kam in einer Aussage im Jahre 1972 dennoch zu dem Schluss:»Der Kern der Substanz dieser hier in Rede stehenden Darstellung [Mengeles Wirken in Auschwitz-Birkenau] ist aber meines Erachtens zutreffend.« Vernehmungsprotokoll Dr. Otto Wolken, Wien, vom 24. 11. 1972: HHStA Wiesbaden, 461/37976, Bd. 12, Bl. 210–213, hier Bl. 213. Zu Körner: Czech, *Kalendarium*, S. 684 (Körners Häftlingsnummer 169840 wurde am 20. Dezember 1943 vergeben); Ernst Klee, *Auschwitz. Täter, Gehilfen, Opfer und was aus ihnen wurde. Ein Personenlexikon*, 2. Aufl. Frankfurt a. M. 2015, S. 227.

135 Protokoll 32, aufgenommen am 28. Juli 1945 im Amtsgebäude der Landeskommission zur Fürsorge deportierter ungarischer Juden. Dr. Miklós Nyiszli, Arzt aus Nagyvárod (deutsche Übersetzung): HHStA Wiesbaden, 461/37976, Bd. 13, Bl. 57–62, hier Bl. 57 f. Siehe auch Vernehmungsprotokoll Erich Muhsfeldt vom 16. 8. 1947: AIPN, GK 196/144, Bl. 66–76. Demzufolge leitete Muhsfeldt nach eigener Aussage (Bl. 75) die Krematorien I und II. Nyiszli glaubte, ihm habe nur Krematorium I unterstanden.

136 Nyiszli, *Im Jenseits*, S. 77.

137 Ebenda, S. 27–29.

138 Ebenda, S. 29.

139 Protokoll 32, aufgenommen am 28. Juli 1945 im Amtsgebäude der Landeskommission zur Fürsorge deportierter ungarischer Juden, Dr. Miklós Nyiszli, Arzt aus Nagyvárod (deutsche Übersetzung): HHStA Wiesbaden, 461/37976, Bd. 13, Bl. 57–62, hier Bl. 58.

140 Vernehmungsprotokoll Erich Muhsfeldt vom 19. 8. 1947: AIPN, GK 196/144, Bl. 80–87, hier Bl. 86.

141 Nyiszli erwähnt Brandt weder in seinen Erinnerungen noch in seiner Aussage vom 28. 6. 1945, auch in Aussagen anderer taucht der Name nicht auf. Muhsfeldt hingegen spricht in der hier zitierten Aussage noch ein zweites Mal von »Brand«: »Mengele, Brand, Thilo und andere« hätten ankommende Transporte auf der Rampe selektiert. Es könnte sich um Günther Brandt (1898–1973) handeln, einen promovierten Mediziner und Anthropologen, der von 1931 bis 1933 als Assistent am KWI für Anthropologie angestellt war. 1934 ging er zur SS und wurde Stabsführer im Rasse- und Siedlungshauptamt. Während des Krieges diente Brandt in der Kriegsmarine, nach dem Krieg praktizierte er als Facharzt. Vgl. Ernst Klee, *Das Personenlexikon zum Dritten Reich*, Frankfurt a. M. 2003.

142 Vernehmungsprotokoll Erich Muhsfeldt vom 19. 8. 1947: AIPN, GK 196/144, Bl. 80–87, hier Bl. 85 f., zitiert nach der deutschen Übersetzung aus dem Polnischen: HHStA Wiesbaden, 461/37976, Bd. 44, Bl. 2–10, hier Bl. 8. Vgl. zu dieser Sektion auch Nyiszli, *Im Jenseits*, S. 43–46.

143 Vernehmungsprotokoll Dr. Gisella Perl, New York, vom 9. 3. 1973 (deutsche Übersetzung): HHStA Wiesbaden, 461/37976, Bd. 15, Bl. 222–226.

144 Ebenda, Bl. 226.

145 Bericht Dr. Otto Wolken vom 17. 4. 1945: AIPN, GK 196/88, Bl. 131–303, hier Bl. 277 und Bl. 246.

[146] Zeugenaussage Dr. Otto Wolken vom 22. 6. 1945 im Beisein von Jan Sehn: AIPN, GK 196/88, Bl. 79–97, hier Bl. 92.

[147] Vernehmungsprotokoll Dr. Hajdu Arpad (Armin Sreter), 4. 5. 1972: HHStA Wiesbaden, 461/37976, Bd. 26, Bl. 36–39, hier Bl. 37.

[148] Ebenda, Bl. 38.

[149] Zeugenaussage Dr. Alina Brewda vom 19. 11. 1946: AIPN, GK 196/99, Bl. 59–67, hier Bl. 59 f.

[150] Vgl. u. a. Czech, *Kalendarium*, S. 407; Eintrag Ludwik Fleck in: *Stanford Encylopedia of Philosophy*, https://plato.stanford.edu/entries/fleck/ [23. 6. 2019].

[151] Aussage Prof. Géza Mansfeld, ohne Datum (April 1945): AIPN, GK 196/86, Bl. 12–23.

[152] Zeugenvernehmung Henri Limousin vom 18. 12. 1946: AIPN, GK 196/99, Bl. 1–12.

[153] Nyiszli, *Im Jenseits*, S. 48.

[154] Siehe z. B. Angrick, »*Aktion 1005*«, Bd. 2, S. 1095–1097.

[155] Appell an die internationale Öffentlichkeit vom 4. März 1945, unterzeichnet von Prof. Géza Mansfeld, Prof. Berthold Epstein, Dozent Dr. Bruno Fischer, Prof. Henri Limousin: GARF, f. 7021, op. 108, d. 46, Bl. 8–11.

[156] Ebenda.

[157] Befragungsprotokoll Prof. Berthold Epstein vom 7. 4. 1945: AIPN, GK 196/99, Bl. 23–36, hier Bl. 35.

[158] Zeugenvernehmung Tadeusz Joachimowski vom 18. 4. 1972: IPN Krakau, S 51/05/Zn, Bd. 11, Bl. 2110–2118; Ulrich Völklein, *Josef Mengele. Der Arzt von Auschwitz*, Göttingen 1999/2000, S. 134 f.

[159] Nyiszli, *Im Jenseits*, S. 155 f.

[160] Erklärung Dr. Miklós Nyiszli, Nagyvárod, im März 1946, abgedruckt in: ders., *Im Jenseits*, U4.

[161] Adelsberger, *Auschwitz*, S. 178, Fn. 40.

[162] Siehe https://web.archive.org/web/20131217204523/http://bulovka.cz/o-nemocnici/sedmdesatpet-let-nemocnice-na-bulovce [letzter Zugriff: 1. 5. 2019]. In der Zwischenzeit hat Stephan Heinrich Nolte mit »Fragmente zum Schicksal des Prager Pädiaters Berthold Epstein (1890–1962)«, Marburg, Juli 2018, ein unveröffentlichtes Manuskript zum Thema vorgelegt.

[163] Lucie Adelsberger an Fritz Weinschenk, Attorney-at-Law, 29. 3. 1970: Fritz Bauer Institut, Ermittlungsakten 4 Js 798/64, Bd. 4, Bl. 694.

[164] Vgl. u. a. Bericht vom 11. 12. 1973 über den Fall Roman Zenkteller, ehemaliger Arzt im Lager Auschwitz, der Hauptkommission zur Untersuchung der Hitlerschen Verbrechen (Unterschrift unleserlich): AIPN, BU 2188/225, Bl. 57 f.

[165] Schreiben Kazimierz Smoleń, Direktor des Staatsmuseums Auschwitz-Birkenau, vom 7. 5. 1981 an die Hauptkommission zur Untersuchung der Hitlerschen Verbrechen in Polen: AIPN, GK 165/368, Bl. 1; Klee, *Auschwitz*, S. 398.

[166] Vernehmungsprotokoll Eugen Reach (geb. 1877) vom 21. 2. 1945: GARF, f. 7021, op. 108, d. 3, Bl. 104–107.

[167] Vernehmungsprotokoll Géza Mansfeld (geb. 1882) vom 21. 2. 1945: GARF, f. 7021, op. 108, d. 3, Bl. 108–110.

[168] Klee, *Auschwitz*, S. 411; Bericht Dr. med. Erwin Valentin (geb. 1883) vom 17. 2. 1945: GARF, f. 7021, op. 108, d. 33, Bl. 22–29.

[169] Sari J. Siegel,»Treating an Auschwitz Prisoner-Physician: The Case of Dr. Maximilian Samuel«, in: *Holocaust and Genocide Studies* 28, H. 3 (Winter 2014), S. 450–481.

[170] Vgl. Hans-Joachim Lang, *Die Frauen von Block 10. Medizinische Versuche in Auschwitz*, Augsburg 2011.

[171] Ausführlich u. a. ebenda.

[172] Siehe»Geheimer Bericht«, S. 226. Zum Gesundheitszustand der fünf Frauen siehe Aussage Dr. Alina Brewda, Tel Aviv, vom 6. 4. 1967: HHStA Wiesbaden, 631a/539 (ohne Paginierung).

[173] Siegel,»Treating«, S. 464–467, geht vom Todesdatum 1943 aus; dasselbe gilt für die Gedenkstätte Yad Vashem, siehe http://yvng.yadvashem.org/nameDetails.html?language=de&s_lastName=&s_firstName=&s_place=&itemId=11622901&ind=0&winId=1670565279013487007 [12. 7. 2019], und die Angaben auf dem Kölner»Stolperstein«: https://museenkoeln.de/ns-dokumentationszentrum/default.aspx?s=2523&sfrom=1196&stid=1808&buchstabe=S [12. 7. 2019]. Vom Todesjahr 1944 sprechen verschiedene Zeugen: Zeugenaussage Felicja Pleszowska vom 24. 10. 1946: AIPN, GK 196/89, Bl. 76–85, hier Bl. 82; Zeugenaussage Isaack Mandelbaum vom 27. 10. 1945: ebenda, GK 196/148, Bl. 80–84; An die internationale Öffentlichkeit, 4. März 1945, Prof. Dr. Mansfeld (Ungarn), Prof. Dr. Berthold Epstein (Prag), Dozent Dr. Bruno Fischer (Prag) und Prof. Henri Limousin (Frankreich): GARF, f. 7021, op. 108, d. 46, Bl. 8–11. Während Samuel laut seiner Assistentin Pleszowska im Mai 1944 dem Hörensagen nach liquidiert wurde, weil er sich mit einem SS-Mann gestritten habe, lässt Mandelbaums Aussage auf den Frühsommer 1944 schließen. Die ehemaligen Häftlingsärzte Mansfeld, Epstein, Fischer und Limousin

erinnerten sich, Samuel sei Ende Juli/Anfang August 1944 nach Birkenau gebracht und dort erschossen worden, damit er das Geschehen nicht mehr bezeugen konnte.

[174] United Nations War Crimes Commission, Staffs of the German Concentration Camps. N. I Auschwitz-Birkenau, November 1945: AIPN, GK 196/118, Bl. 18–42, hier Bl. 35.

[175] List of Perpetrators, Auschwitz Concentration Camp, War Crimes Group (US) APO 633: AIPN, GK 196/118, Bl. 43–129, hier Bl. 103.

[176] Zeugenaussage Erna Fleig vom 12. 1. 1955: LASH, Abt. 352.3, Nr. 16459 (ohne Paginierung).

[177] Siehe z. B. Eric Friedler, Babara Siebert und Andreas Kilian, *Zeugen aus der Todeszone. Das jüdische Sonderkommando in Auschwitz*, Lüneburg 2005.

[178] Gutachten Prof. Jan Olbrycht vom 26. 3. 1947: AIPN, GK 196/111, Bl. 206–247, hier Bl. 234.

[179] Standortbefehl Nr. 25./44 vom 11. 5. 1944 des Lagerkommandanten KL Auschwitz I: AIPN, GK 196/121, Bl. 120 f.

[180] *Lost Album of Auschwitz. The 116 Images of Photographic Album of Karl Hocker, Commander in Auschwitz*, hg. von Javier Gómez Pérez, o. O. 2014.

[181] Vernehmungsprotokoll Rudolf Höß vom 31. 1. 1947: AIPN, GK 196/131, Bl. 159–165.

[182] Zur Zeichentabelle siehe http://www.timediver.de/Altungarische_ Szekler_Kerbschrift_Rov%E1s%EDr%E1s.html [12.7.2019] und http:// www.obib.de/Schriften/AlteSchriften/Runen/Ungarisch/Runen.html [12. 7. 2019].

[183] Siehe u. a. Hermann Langbein, *Menschen in Auschwitz*, Wien 1987, S. 187, S. 257 und S. 386; Vernehmungsprotokoll Arthur Paschek vom 11. 12. 1955: LASH, Abt. 352.3, Nr. 16459 (ohne Paginierung).

[184] Vernehmungsprotokoll Dr. Jan Grabczyński vom 30. 9. 1946: AIPN, GK 196/85, Bl. 170–173; Aussage Dr. Jan Grabczyński im Gerichtsprozess gegen Rudolf Höß am 20. 3. 1947: ebenda, GK 196/109, Bl. 12–35.

[185] Siehe z. B. Langbein, *Menschen in Auschwitz*, S. 255–257.

[186] Dieser Frage wird in meiner ausstehenden umfassenden Untersuchung zum Thema Häftlingsärzte nachgegangen.

[187] Zeugenaussage Felicja Pleszowska vom 24. 10. 1946: AIPN, GK 196/89, Bl. 76–85, hier Bl. 81.

[188] Gutachten Prof. Jan Olbrycht vom 26. 3. 1947: AIPN, GK 196/111, Bl. 206–247, hier Bl. 234.

189 Adelaide Hautval,»Médecine et crimes contre l'humanité –
Témoignage«. Übersetzung: Hermann Unterhinnigshofen,
Manuskript 1996, S. 46, zit. n.: Ernst Klee, *Auschwitz, die NS-Medizin
und ihre Opfer,* überarb. Neuausg., Frankfurt a. M. 2001, S. 443.

190 »Geheimer Bericht«, S. 226.

191 Langbein, *Menschen in Auschwitz,* S. 262 f.

192 Eugeniusz Gołębiewski,»Historia ›Numeracji‹ w polskiej sieci telefonicznej«, Warschau, 8. 10. 2006: https://archiwum.uke.gov.pl/files/
?id_plik=1198 [12. 7. 2019].

193 Attila Kirády, *Emberkisérletek a náci haláltáborokban,* Pécs 2015, S. 237.

194 Simon Wiesenthal, *Az igazság malmai ... Emlékezések,* Budapest 1991.
Die deutsche Ausgabe *Recht, nicht Rache. Erinnerungen* erschien 1988 in
Berlin.

195 Imre Kertész, *Roman eines Schicksallosen,* Berlin 1996. Die ungarische
Originalausgabe erschien 1975.

196 István Örkény, *Das Lagervolk. Roman,* Frankfurt a. M. 2010. Die ungarische Originalausgabe erschien 1947. In Deutschland ist Örkény auch
wegen seiner sogenannten Minutennovellen bekannt.

197 Der Beitrag ist online verfügbar unter http://www.multesjovo.hu/hu/
aitdownloadablefiles/download/aitfile/aitfile_id/2479/ [12. 7. 2019].

198 Stefánia Mándy, *Az ellopott történelem. Versek 1944–1992,* Budapest 1992.

199 Schriftvergleichsgutachten Prof. Dr. Ewa Gruza vom 28. 1. 2016 (in polnischer Sprache). Original im Besitz des Verfassers. Da Gruza anfangs
nur Scans von uns erhielt, hatte sie ihr Ergebnis mit der Einschränkung
»mit an Sicherheit grenzender Wahrscheinlichkeit« versehen. Diesen
Vorbehalt ließ sie fallen, sobald ihr die Originale vorgelegt wurden.

200 Hier wurde umfänglich vor allem aus dem Buch *Világfájdalom* [Welt-
schmerz] von János Martosi Mórocz, Budapest 1940, sowie aus den
1945/46 angefertigten Protokollen des ungarischen Nationalen Hilfs-
komitees für Deportierte (DEGOB) zitiert und abgekupfert, das rund
5000 ungarische Holocaustüberlebende befragt hatte. Die Protokolle
sind unter www.degob.hu [12. 7. 2019] im Internet zugänglich; das Glei-
che gilt für weitere Titel, die für seitenlange Übernahmen herangezogen
wurden, darunter http://archivum.kanizsaujsag.hu/hirek/23272/
dr-papp-attila-a-vatikan-es-a-magyar-holokauszt [12. 7. 2019] und
https://library.hungaricana.hu/hu/view/KalocsaiPuspokseg
Kozlemenyei_1944/?pg=0&layout=s [12. 7. 2019]. Wieder waren rund
70 Prozent der Aufzeichnungen Plagiate oder angelehnt an andere Texte.

201 Ferenc Garzuly,»*Fekete víz, örvénylő idő*«: *szombathelyi patológiai
jegyzőkönyvek üzenete, 1920–1956,* Vasszilvágy 2006.

202 Ders., »A múlt ányai: A szombathelyi patológia jegyzőkönyveinek üzenete (1920–1946)« [Die Schatten der Vergangenheit: Die Botschaft der Obduktionsprotokolle der Pathologieabteilung in Szombathely (1920–1946)], in: *Vasi Szemle* 2004, http://www.vasiszemle.hu/2004/03/garzuly.htm [12. 7. 2019].

203 »Augen, die die Hölle auf Erden sahen«, in: *Süddeutsche Zeitung* vom 27. 1. 2015.

204 »Fotók: akik túlélték a haláltáborokat«, in: *HVG* vom 27. Januar 2014.

205 Kempinski Hotel Corvinus Budapest, Hotel Reservation Confirmation Number 2806946/54, 27. 1. 2016.

206 Nyiszli, *Im Jenseits*, S. 43–46.

207 Ebenda, S. 125–130.

208 Ergänzende und erweiterte Schriftvergleichs-Expertise, Prof. Dr. Ewa Gruza, vom 7. 4. 2016. Original im Besitz des Verfassers.

209 Hautval, »Médecine«, S. 46, zit. n.: Klee, *Auschwitz, die NS-Medizin und ihre Opfer*, S. 443.

210 Thomas Rahn, »Der Lügner als Autor, der Autor als Lügner. George Manolescus Memoiren und die Psychologie des Hochstaplers«, in: Hartmut Eggert und Janusz Golec (Hg.), *Lügen und ihre Widersacher. Literarische Ästhetik der Lüge seit dem 18. Jahrhundert. Ein deutsch-polnisches Symposion*, Würzburg 2004, S. 55–71, hier S. 63.

211 Stephan Porombka, *Felix Krulls Erben. Die Geschichte der Hochstapelei im 20. Jahrhundert*, Berlin 2001, S. 51.

212 Roberto Ohrt, »Herr Ubu mit blonden Zähnen«, in: *Kultur & Gespenster,* H. 8: *Hochstapler I/II*, Frühling 2009, S. 51–71, hier S. 64, Fn. 7.

213 Zu Pater Florian und Illeret mit Erwähnung der Legasthenie siehe: http://www.illeret.org/ueber-pater-florian [11. 7. 2019]. Außerdem: Florian von Bayern, *Weil es etwas Größeres gibt. Mein Leben in Afrika*, aufgezeichnet von Christian Weisenborn, Freiburg/Basel/Wien 2010.

214 Brief Pater Florian vom 19. 4. 2015 (Privatarchiv).

215 Sonja Veelen, *Hochstapler. Wie sie uns täuschen. Eine soziologische Analyse,* Marburg 2012, S. 79 f.

216 Ebenda, S. 80f. Siehe auch Harald Nicolas Stazol, »Impostors Revisited – oder warum Hochstapler hochstapeln«, in: *Kultur & Gespenster,* H. 9: *Hochstapler II/II*, Herbst 2009, S. 79–87. Stazol spricht in diesem Zusammenhang von der »unbedingten Bereitschaft« der Betrogenen, »sich so viel Sand in die Augen streuen zu lassen, bis sie erblinden« (S. 83).

217 Pressemitteilung der Bayerischen Staatsregierung, 9. Oktober 2015: http://www.bayern.de/terminhinweis-ministerpraesident-seehofer-

verleiht-bayerischen-verdienstorden-an-38-persoenlichkeiten-seehofer-besondere-ehre-fuer-herausragendes-engagement-ordenstraeger-stehen-fuer-zu/?seite=1579 [12. 7. 2019]. Siehe auch »Bayerischer Verdienstorden für Erzbischof Georg Gänswein«, *kathnews* vom 14. 10. 2015, in: http://www.kathnews.de/bayerischer-verdienstorden-fuer-erzbischof-georg-gaenswein [12. 7. 2019].

[218] Veelen, *Hochstapler*, S. 81 f.

[219] Alfons Backes-Haase, »Über topographische Anatomie, psychischen Luftwechsel und Verwandtes«. Walter Serner – Autor der ›Letzten Lockerung‹, Bielefeld 1989, S. 102. Siehe auch Walter Serner, *Letzte Lockerung. Ein Handbrevier für Hochstapler und solche die es werden wollen*, Neudruck München 1981.

[220] Veelen, *Hochstapler*, S. 82–84.

[221] Stefan Hopmann, »Über Hochstapler und andere Pädagogen«, in: *Neue Sammlung. Vierteljahres-Zeitschrift für Erziehung und Gesellschaft* 33 (1993), H. 3, S. 421–436, hier S. 432.

[222] Unterstreichung hier wie in den folgenden Zitaten wie im »Original«.

[223] Zu Simonides und seiner Wirkung siehe die lesenswerte Biografie von Rüdiger Schaper, *Die Odyssee des Fälschers. Die abenteuerliche Geschichte des Konstantin Simonides, der Europa zum Narren hielt und nebenbei die Antike erfand*, München 2011. Der Londoner Ausstellungskatalog ist nach der dortigen S. 116 zitiert.

[224] Zu dem Skandal um die gefälschten Hitler-Tagebücher siehe z. B. Manfred Bissinger, *Hitlers Sternstunde. Kujau, Heidemann und die Millionen*, Hamburg 1984; Günter Kunert, »Die Tagebücher Hitlers«, in: Karl Corino (Hg.), *Gefälscht! Betrug in Politik, Literatur, Wissenschaft, Kunst und Musik*, durchges. Neuausg., Frankfurt a. M. 1990, S. 128–136.

[225] Irene Diekmann und Julius H. Schoeps (Hg.), *Das Wilkomirski-Syndrom. Eingebildete Erinnerungen oder Von der Sehnsucht, Opfer zu sein*, Zürich/München 2002, S. 349 f.

[226] Ulrike Jureit, »Opferidentifikation und Erlösungshoffnung: Beobachtungen im erinnerungspolitischen Rampenlicht«, in: dies. und Christian Schneider, *Gefühlte Opfer. Illusionen der Vergangenheitsbewältigung*, Stuttgart 2010, S. 17–103, hier S. 26 f. Siehe auch Stefan Mächler, »Aufregung um Wilkomirski. Genese eines Skandals und seine Bedeutung«, in: Diekmann/Schoeps (Hg.), *Wilkomirski-Syndrom*, S. 86–131, insb. S. 110f.

[227] Lothar Mertens, »Eine Christin als ›Rabbinerin‹: Karin Mylius«, in: Diekmann/Schoeps (Hg.), *Wilkomirski-Syndrom*, S. 262–272.

[228] Zu Seibert und seinen weitverzweigten Lügengeschichten vgl. insbesondere die ausführliche Reportage von Martin Doerry und Moritz Gerlach, »Der gefühlte Jude«, in: *Der Spiegel* 43/2018 vom 20. 10. 2018.

[229] Egmont R. Koch, *Wagners Geständnis. Wie sich ein SS-Mann als Jude tarnte,* München 2001.

[230] Thomas Gehringer, »›Wagners Geständnis‹: Der Wahrheit dritter Teil«, in: *Der Tagesspiegel* vom 12. 3. 2001. Gehringer referiert hier von Stefan Aust vorgebrachte Zweifel.

[231] Martin Doerry, »Die Historikerin, die 22 Holocaust-Opfer erfunden hat«, in: *Der Spiegel* 23/2019 vom 1. 6. 2019.

[232] Zu Müller siehe Avraham S. Weinberg, *Wilkomirski & Co. – im Land der Täter, im Namen des Volkes,* Berlin 2003, S. 36–39; Michal Bodemann, »Ernst Müller, geb. 1918«, in: *Der Tagesspiegel* vom 7. 12. 2000.

[233] Zu weiteren Beispielen siehe Weinberg, *Wilkomirski & Co.,* S. 35, S. 45–56 und S. 65–71; Diekmann/Schoeps (Hg.), *Wilkomirski-Syndrom,* S. 216–261 und S. 288–300.

[234] Zu Wilkomirski und den anschließenden Debatten siehe neben dem bereits genannten Sammelband von Diekmann/Schoeps (Hg.), *Wilkomirski-Syndrom,* die Monografie von Daniel Ganzfried, *... alias Wilkomirski. Die Holocaust-Travestie. Enthüllung und Dokumentation eines literarischen Skandals,* Berlin 2002, sowie die Überlegungen in Jureit/Schneider, *Gefühlte Opfer,* S. 23–25.

[235] Stefan Mächler, »Das Opfer Wilkomirski. Individuelles Erinnern als soziale Praxis und öffentliches Ereignis«, in: Diekmann/Schoeps, *Wilkomirski-Syndrom,* S. 28–85, hier S. 76 f. Siehe auch ders., *Der Fall Wilkomirski. Über die Wahrheit einer Biographie,* Zürich 2000.

[236] Eberhard Jäckel und Axel Kuhn (Hg.), *Hitler. Sämtliche Aufzeichnungen: 1905–1924,* Stuttgart 1980.

[237] Dies., »Zu einer Edition von Aufzeichnungen Hitlers«, in: *Vierteljahrshefte für Zeitgeschichte* 29 (1981), S. 304 f.

[238] Veelen, *Hochstapler,* S. 73–77, insb. S. 75. Die Psychotherapeutin Martha Stout bezeichnet »Krokodilstränen auf Abruf« als »Markenzeichen« skrupelloser Manipulatoren. Siehe dies., *Der Soziopath von nebenan. Die Skrupellosen: ihre Lügen, Taktiken und Tricks,* Wien 2006, S. 113.

[239] Veelen, *Hochstapler,* S. 63 ff.

[240] Alex Rühle, »Wie man Wahrheit kontaminiert«, in: *Süddeutsche Zeitung* vom 8. 6. 2019.

[241] Wieland Schwanebeck (Hg.), Über Hochstapelei. Perspektiven auf eine kulturelle Praxis, Berlin 2014, S. 9–21.

242 Roland Pfister u. a., »Lässt sich ein guter Hochstapler als solcher entlarven? Wenn ja, wie?«, in: ebenda, S. 63–72.

243 Rahn, »Lügner«, S. 69.

244 Bei richtiger Wiedergabe müsste die Zahl 406 lauten. Die Zahl 320 Obduktionen bezieht sich auf das Jahr 1943, nicht 1942.

Quellen und Literatur

Archive

Archiv des Instituts des Nationalen Gedenkens, Warschau (AIPN)
Ermittlungs- und Gerichtsakten zu Rudolf Höß und SS-Personal
des KZ Auschwitz
Ermittlungsakten Josef Mengele, Stefan Budziaszek, Roman Zenkteller, Władysław Dering

Archiv der Max-Planck-Gesellschaft, Berlin (AMPG)
Bestände des KWI

Behörde des Bundesbeauftragten für die Stasi-Unterlagen, Berlin
(BStU)
Ermittlungs- und Gerichtsverfahren gegen Horst Fischer

Fritz Bauer Institut (Bibliothek), Frankfurt a. M.
Ermittlungsakten zu Stefan Buthner (Budziaszek)

Hessisches Hauptstaatsarchiv, Wiesbaden (HHStA Wiesbaden)
Ermittlungsverfahren gegen Josef Mengele, Horst Schumann
Frankfurter Auschwitz-Prozess

Institut des Nationalen Gedenkens, Krakau (IPN Krakau)
Staatsanwaltschaft: Ermittlungsakten zu Josef Mengele

Landesarchiv Schleswig-Holstein, Schleswig (LASH)
Ermittlungsverfahren gegen Carl Clauberg

Staatsarchiv des Museums Auschwitz, Auschwitz (APMO)
Bestand Oświadczenia (Berichte)

Staatsarchiv der Russischen Föderation, Moskau (GARF)
Akten der Außerordentlichen Staatlichen Kommission für die
Feststellung und Untersuchung der Gräueltaten der deutsch-fa-
schistischen Aggressoren und ihrer Komplizen

Literatur

Adelsberger, Lucie, *Auschwitz. Ein Tatsachenbericht*, 2., verb. Aufl.,
Bonn 2005.

Angrick, Andrej, »Aktion 1005«. Spurenbeseitigung von NS-Massenverbrechen 1942–1945. Eine »geheime Reichssache« im Spannungsfeld von Kriegswende und Propaganda, 2 Bde., Göttingen 2018.

»Augen, die die Hölle auf Erden sahen«, in: *Süddeutsche Zeitung* vom
27. 1. 2015.

Die Auschwitz-Hefte. Texte der polnischen Zeitschrift »Przegląd
lekarski« über historische, psychische und medizinische Aspekte
des Lebens und Sterbens in Auschwitz, hg. vom Hamburger Institut für Sozialforschung, 2 Bde. und Erg.-Bd., Hamburg 1994.

Backes-Haase, Alfons, »Über topographische Anatomie, psychischen
Luftwechsel und Verwandtes«. Walter Serner – Autor der ›Letzten
Lockerung‹, Bielefeld 1989.

Bacon, Ewa K., *Saving Lives in Auschwitz. The Prisoners' Hospital in
Buna-Monowitz*, West Lafayette 2017.

Bayerische Staatsregierung, Pressemitteilung vom 9. 10. 2015:
http://www.bayern.de/terminhinweis-ministerpraesident-
seehofer-verleiht-bayerischen-verdienstorden-an-38-
persoenlichkeiten-seehofer-besondere-ehre-fuer-herausragendes-
engagement-ordenstraeger-stehen-fuer-zu/?seite=1579.

»Bayerischer Verdienstorden für Erzbischof Georg Gänswein«, *kathnews* vom 14. 10. 2015, in: http://www.kathnews.de/bayerischer-
verdienstorden-fuer-erzbischof-georg-gaenswein.

Bayern, Florian von, *Weil es etwas Größeres gibt. Mein Leben in
Afrika*, aufgezeichnet von Christian Weisenborn, Freiburg/Basel/
Wien 2010.

Betlen, Oszkár, *Leben auf dem Acker des Todes*, Berlin 1962.

Bissinger, Manfred, *Kujau, Heidemann und die Millionen*, Hamburg/ Zürich 1984.

Bodemann, Michal, »Ernst Müller, geb. 1918«, in: *Der Tagesspiegel* vom 7. 12. 2000.

»Biuletyn Informacyjny, 8.10.1942, Nr. 39 (143)«, in: *Biuletyn Informacyjny*, Bd. 2: *Przedruk roczników 1942–1943*, Warschau 2002, S. 1096–1105.

Buchsteiner, Jochen, »Ein Opfer hat das Recht, frei zu sein«, in: *Frankfurter Allgemeine Zeitung* vom 24. 4. 2015.

Corino, Karl (Hg.), *Gefälscht! Betrug in Literatur, Kunst, Musik, Wissenschaft und Politik*, durchges. Neuausg., Frankfurt a. M. 1990.

Czech, Danuta, *Kalendarium der Ereignisse im Konzentrationslager Auschwitz-Birkenau 1939–1945*, 2. Aufl., Reinbek bei Hamburg 2008.

Dies., »Die Rolle des Häftlingskrankenbaulagers im KL. Auschwitz II«, in: *Hefte von Auschwitz* 15 (1975), S. 5–112.

Diekmann, Irene, und Julius H. Schoeps (Hg.), *Das Wilkomirski-Syndrom. Eingebildete Erinnerungen oder Von der Sehnsucht, Opfer zu sein*, Zürich/München 2002.

Der Dienstkalender Heinrich Himmlers 1941/42, bearb., komment. und eingel. von Peter Witte u. a., Hamburg 1999.

Doerry, Martin, »Die Historikerin, die 22 Holocaust-Opfer erfunden hat«, in: *Der Spiegel* 23/2019 vom 1. 6. 2019.

Ders. und Moritz Gerlach, »Der gefühlte Jude«, in: *Der Spiegel* 43/2018 vom 20. 10. 2018.

Eggert, Hartmut, und Janusz Golec (Hg.), *Lügen und ihre Widersacher. Literarische Ästhetik der Lüge seit dem 18. Jahrhundert. Ein deutsch-polnisches Symposion*, Würzburg 2004.

»Fotók: akik túlélték a haláltáborokat«, in: *HVG* vom 27. Januar 2014.

Frankl, Viktor E., *… trotzdem Ja zum Leben. Ein Psychologe erlebt das Konzentrationslager*, mit einem Vorwort von Hans Weigel (Juni 1977), E-Books Kösel.

Friedler, Eric, Babara Siebert und Andreas Kilian, *Zeugen aus der Todeszone. Das jüdische Sonderkommando in Auschwitz*, Lüneburg 2005.

Ganzfried, Daniel, ... *alias Wilkomirski. Die Holocaust-Travestie. Enthüllung und Dokumentation eines literarischen Skandals*, Berlin 2002.

Garzuly, Ferenc, »A múlt ányai: A szombathelyi patológia jegyzőkönyveinek üzenete (1920–1946)« [Die Schatten der Vergangenheit: Die Botschaft der Obduktionsprotokolle der Pathologieabteilung in Szombathely (1920–1946)], in: *Vasi Szemle* 2004, http://www.vasiszemle.hu/2004/03/garzuly.htm.

Ders., »*Fekete víz, örvénylő idő«: szombathelyi patológiai jegyzőkönyvek üzenete, 1920–1956*, Vasszilvágy 2006.

»Geheimer Bericht von Dobrosława Klein (nach dem Krieg: Dorota Lorska), Häftlingsärztin im Block 10, über medizinische Experimente im Block 10 an den polnischen Untergrund, ohne Datum, Ende 1943«, in: *Grypsy z Konzentrationslager Auschwitz Józefa Cyrankiewicza i Stanisława Kłodzińskiego*, eingel. und bearb. von Irena Paczyńska, Krakau 2013.

Gehringer, Thomas, »Wagners Geständnis«: Der Wahrheit dritter Teil«, in: *Der Tagesspiegel* vom 12. 3. 2001.

Gołębiewski, Eugeniusz, »Historia ›Numeracji‹ w polskiej sieci telefonicznej«, Warschau, 8. 10. 2006: https://archiwum.uke.gov.pl/files/?id_plik=1198.

Hopmann, Stefan, »Über Hochstapler und andere Pädagogen«, in: *Neue Sammlung. Vierteljahres-Zeitschrift für Erziehung und Gesellschaft* 33 (1993), H. 3, S. 421–436.

Jäckel, Eberhard und Axel Kuhn (Hg.), *Hitler. Sämtliche Aufzeichnungen: 1905–1924*, Stuttgart 1980.

Dies., »Zu einer Edition von Aufzeichnungen Hitlers«, in: *Vierteljahrshefte für Zeitgeschichte* 29 (1981), S. 304 f.

Jureit, Ulrike, und Christian Schneider, *Gefühlte Opfer. Illusionen der Vergangenheitsbewältigung*, Stuttgart 2010.

Kárný, Miroslav,»Das Theresienstädter Familienlager (BIIb) in Birkenau (September 1943–Juli 1944)«, in: *Hefte von Auschwitz* 20 (1997), S. 133–237.

Kertész, Imre, *Roman eines Schicksallosen*, Berlin 1996.

Kieta, Mieczysław,»Das Hygiene-Institut der Waffen-SS und Polizei in Auschwitz«, in: *Die Auschwitz-Hefte*, Bd. 1, S. 213–218.

Kirády, Attila, *Emberkisérletek a náci haláltáborokban*, Pécs 2015.

Klee, Ernst, *Auschwitz. Täter, Gehilfen, Opfer und was aus ihnen wurde. Ein Personenlexikon*, 2. Aufl. Frankfurt a. M. 2015.

Ders., *Auschwitz, die NS-Medizin und ihre Opfer*, überarb. Neuausg., Frankfurt a. M. 2001.

Ders., *Das Personenlexikon zum Dritten Reich*, Frankfurt a. M. 2003.

Klinger, Judith, und Gerhard Wolf (Hg.), *Gedächtnis und kultureller Wandel. Erinnerndes Schreiben – Perspektiven und Kontroversen*, Tübingen 2009.

Koch, Egmont R., *Wagners Geständnis. Wie sich ein SS-Mann als Jude tarnte*, München 2001.

Kubica, Helena,»Dr. Mengele und seine Verbrechen im Konzentrationslager Auschwitz-Birkenau«, in: *Hefte von Auschwitz* 20 (1997), S. 369–455.

Kultur & Gespenster. Hochstapler #I/II und #II/II, H. 8 (Frühling 2009) und H. 9 (Herbst 2009).

Kunert, Günter,»Die Tagebücher Hitlers«, in: Corino (Hg.), *Gefälscht!*, S. 128–136.

Lang, Hans-Joachim, *Die Frauen von Block 10. Medizinische Versuche in Auschwitz*, Augsburg 2011.

Langbein, Hermann, *Menschen in Auschwitz*, Wien 1987.

Lasik, Aleksander,»Die Personalbesetzung des Gesundheitsdienstes der SS im Konzentrationslager Auschwitz-Birkenau in den Jahren 1940–1945«, in: *Hefte von Auschwitz* 20 (1997), S. 290–368.

Lehming, Malte,»Keiner muss sich für sein Verzeihen rechtfertigen«, in: *Der Tagesspiegel* vom 27. 4. 2015.

Lettich, André, *Trente-Quatre Mois dans les Camps de Concentration. Témaignage sur les crimes »scientifiques« commis par les médecins allemands*, Tours 1946.

Lifton, Robert Jay, *Ärzte im Dritten Reich*, ungek. Ausgabe, Berlin 1998.

Loewy, Hanno, und Andrzej Bodek (Hg.), *»Les Vrais Riches«* – Notizen am Rand. Ein Tagebuch aus dem Ghetto Łódź *(Mai bis August 1944)*, ausgew. und komment. von Jan Philipp Reemtsma, Hörbuchausgabe, München 1999.

Lorska, Dorota, *»Block 10 in Auschwitz«*, in: *Die Auschwitz-Hefte*, Bd. 1, S. 209–212.

Lost Album of Auschwitz. The 116 Images of Photographic Album of Karl Hocker, Commander in Auschwitz, hg. von Javier Gómez Pérez, o. O. 2014.

Mächler, Stefan, *Der Fall Wilkomirski. Über die Wahrheit einer Biographie*, Zürich 2000.

Mándy, Stefánia, *Az ellopott történelem. Versek 1944–1992*, Budapest 1992.

Massin, Benoît, *»Mengele, die Zwillingsforschung und die ›Auschwitz-Dahlem Connection‹«*, in: *Verbindung nach Auschwitz*, S. 201–254.

Mengele, Josef, *Rassenmorphologische Untersuchung des vorderen Unterkieferabschnitts bei vier rassischen Gruppen*, Diss. phil., München 1937.

Ders., *»Sippenuntersuchungen bei Lippen-Kiefer-Gaumenspalte«*, in: *Zeitschrift für menschliche Vererbungs- und Konstitutionslehre* 23 (1939), S. 17–42.

Mórocz, János Martosi, *Világfájdalom* [Weltschmerz], Budapest 1940

Motorcza, Gyula, Keresse Dr. Mengelét, Budapest 2011

Musial, Bogdan, *Deutsche Zivilverwaltung und Judenverfolgung im Generalgouvernement. Eine Fallstudie zum Distrikt Lublin 1939–1944*, Wiesbaden 1999.

Ders. (Hg.), *»Aktion Reinhardt«. Der Völkermord an den Juden im Generalgouvernement 1941–1944*, Osnabrück 2004.

Nyiszly, Miklós, *Im Jenseits der Menschlichkeit. Ein Gerichtsmediziner in Auschwitz*, hg. von Friedrich Herber, Bearb. der 2. Aufl.: ders. und Andreas Kilian, 3. Aufl., Berlin 2011.

Ohrt, Roberto, »Herr Ubu mit blonden Zähnen«, in: *Kultur & Gespenster,* H. 8, S. 51–71.

Örkény, István, *Das Lagervolk. Roman,* Frankfurt a. M. 2010.

Petroski, Henry, *Der Bleistift. Die Geschichte eines Gebrauchsgegenstands. Mit einem Anhang zur Geschichte des Unternehmens Faber-Castell,* Basel/Boston/Berlin 1995.

Piper, Franciszek, *Die Zahl der Opfer von Auschwitz. Aufgrund der Quellen und der Erträge der Forschung 1945 bis 1990,* Auschwitz 1993.

Porombka, Stephan, *Felix Krulls Erben. Die Geschichte der Hochstapelei im 20. Jahrhundert,* Berlin 2001.

Posner, Gerald L., und John Ware, *Mengele. Die Jagd auf den Todesengel,* Berlin 1988.

Rahn, Thomas, »Der Lügner als Autor, der Autor als Lügner. George Manolescus Memoiren und die Psychologie des Hochstaplers«, in: Eggert und Golec (Hg.), *Lügen und ihre Widersacher,* S. 55–71.

Roth, Karl Heinz, »Die wissenschaftliche Normalität des Schlächters – Josef Mengele als Anthropologe«, in: *Dokumentationsstelle zur NS-Sozialpolitik, Mitteilungen I,* 1985, S. 1–10.

Rühle, Alex, »Wie man Wahrheit kontaminiert«, in: *Süddeutsche Zeitung* vom 8. 6. 2019.

Schaper, Rüdiger, *Die Odyssee des Fälschers. Die abenteuerliche Geschichte des Konstantin Simonides, der Europa zum Narren hielt und nebenbei die Antike erfand,* München 2011.

Schmuhl, Hans-Walter, *Grenzüberschreitungen. Das Kaiser-Wilhelm-Institut für Anthropologie, menschliche Erblehre und Eugenik 1927–1945,* Göttingen 2005.

Schwanebeck, Wieland (Hg.), Über Hochstapelei. Perspektiven auf eine kulturelle Praxis, Berlin 2014.

Serner, Walter, *Letzte Lockerung. Ein Handbrevier für Hochstapler* [= ders., Das gesamte Werk, Bd. 7], hg. von Thomas Milch, München 1981.

Siegel, Sari J., »Treating an Auschwitz Prisoner-Physician: The Case of Dr. Maximilian Samuel«, in: *Holocaust and Genocide Studies* 28, H. 3 (Winter 2014), S. 450–481.

Stazol, Harald Nicolas, »Impostors Revisited – oder warum Hochstapler hochstapeln«, in: *Kultur & Gespenster*, H. 9, S. 79–87.

Stout, Martha, *Der Soziopath von nebenan. Die Skrupellosen: ihre
Lügen, Taktiken und Tricks*, Wien 2006.

Tadeusz Szymański, Danuta Szymańska und Tadeusz Śnieszko, »Das
›Spital‹ im Zigeuner-Familienlager in Auschwitz-Birkenau«, in:
Die Auschwitz-Hefte, Bd. 1, S. 199–207.

»Tagebuch: Johann Paul Kremer [Auszüge]«, in: *Auschwitz in den
Augen der SS: Rudolf Höß, Perry Broad, Johann Paul Kremer*, hg.
vom Staatlichen Museum Auschwitz-Birkenau, Auschwitz 1997,
S. 140–207.

»Überlebende streiten über Versöhnungsgeste«, in: *Spiegel online* vom
27. 4. 2015, http://www.spiegel.de/panorama/justiz/Auschwitz-
prozess-versoehnungsgeste-von-eva-kor-sorgt-fuer-streit-a-
1030852.html.

Veelen, Sonja, *Hochstapler. Wie sie uns täuschen. Eine soziologische
Analyse*, Marburg 2012.

*Die Verbindung nach Auschwitz. Biowissenschaften und Menschenver-
suche an Kaiser-Wilhelm-Instituten. Dokumentation eines Symposiums*, hg. von Carola Sachse, Göttingen 2003.

Völklein, Ulrich, *Josef Mengele. Der Arzt von Auschwitz*, Göttingen
1999/2000.

Wachsmann, Nikolaus, *KL. Die Geschichte der nationalsozialistischen
Konzentrationslager*, München 2015.

Wagner, Bernd C., *IG Auschwitz. Zwangsarbeit und Vernichtung von
Häftlingen des Lagers Monowitz 1941–1945*, München 2000.

Weinberg, Avraham S., *Wilkomirski & Co. – im Land der Täter, im
Namen des Volkes*, Berlin 2003.

Weindling, Paul J., »Akteure in eigener Sache. Die Aussagen der
Überlebenden und die Verfolgung der medizinischen Kriegsverbrechen nach 1945«, in: *Verbindung nach Auschwitz*, S. 255–282.

Wiesenthal, Simon, *Az igaszág malmai… Emlékezések*, Budapest 1991;
dt. Ausg.: *Recht, nicht Rache. Erinnerungen*, Berlin 1988.

Bildnachweis

Privatbesitz des Autors: S. 63 (2), 105, 109, 117, 122, 124, 127, 131 (l.), 144

www.antikvarium.hu: S. 131 (r.)

US Holocaust Memorial Museum, Washington, D. C.: S. 53, 103
Die in diesem Buch ausgedrückten Ansichten oder Meinungen
sowie der Kontext, in dem diese Fotos verwendet werden, geben
weder die Ansichten oder Grundsätze des United States Holocaust
Memorial Museum wieder, noch lässt sich aus dem Abdruck der
Bilder schließen, dass das Museum diese Ansichten und Meinungen befürwortet oder unterstützt.